林占熺与中国菌草

黄世宏◎著

海峡出版发行集团
THE STRAITS PUBLISHING & DISTRIBUTING GROUP
福建人民出版社

图书在版编目（CIP）数据

林占熺与中国菌草 / 黄世宏著. --福州：福建人民出版社，2022.4
ISBN 978-7-211-08116-5

Ⅰ. ①林… Ⅱ. ①黄… Ⅲ. ①林占熺－先进事迹 Ⅳ. ①K826.3

中国版本图书馆CIP数据核字（2022）第041533号

林占熺与中国菌草
LIN ZHANXI YU ZHONGGUO JUNCAO

作　　者：黄世宏
责任编辑：余祥草　季奎奎　张辉兰
美术编辑：王　玮
出版发行：福建人民出版社　　电　　话：0591-87604366(发行部)
网　　址：http://www.fjpph.com　　电子邮箱：fjpph7211@126.com
地　　址：福州市东水路76号　　邮　　编：350001
经　　销：福建新华发行（集团）有限责任公司
印　　刷：福建新华联合印务集团有限公司
地　　址：福州市晋安区福兴大道42号
开　　本：700毫米×1000毫米　1/16
印　　张：23
字　　数：253千字
版　　次：2022年4月第1版
印　　次：2022年4月第1次印刷
书　　号：ISBN 978-7-211-08116-5
定　　价：78.00元

习近平向菌草援外20周年暨助力可持续发展国际合作论坛致贺信

2021年9月2日，国家主席习近平向菌草援外20周年暨助力可持续发展国际合作论坛致贺信。

习近平指出，菌草技术是“以草代木”发展起来的中国特有技术，实现了光、热、水三大农业资源综合高效利用，植物、动物、菌物三物循环生产，经济、社会、环境三大效益结合，有利于生态、粮食、能源安全。我长期关心菌草技术国际合作，2001年中国首个援外菌草技术示范基地在巴布亚新几内亚建成落地，至今这一技术已推广至全球一百多个国家，合作紧扣消除贫困、促进就业、可再生资源利用和应对气候变化等发展目标，为促进当地发展和人民福祉发挥了重要作用，受到发展中国家普遍欢迎。

习近平强调，中国愿同有关各方一道，继续为落实联合国2030年可持续发展议程贡献中国智慧、中国方案，使菌草技术成为造福广大发展中国家人民的“幸福草”！

序｜为了项公的嘱托

林占熺

“发展菌草业，造福全人类。”这沉甸甸的十个大字，是1996年时任中国扶贫基金会会长、福建老省委书记项南为我题赠的墨宝。如今，它已深深地镌刻在福建农林大学菌草研究所菌草园的大理石碑上，成为我们“菌草人”的座右铭和奋斗目标，不断勉励着我们刻苦钻研，开拓创新，勇攀高峰，把菌草技术推向全国，推向世界。

“项背相望路弯弯，南风绿野心丹丹。高山平湖日光照，风范永存八闽山。”这是项南同志1997年11月10日去世后，社会各界敬送的众多挽诗中的一首。当时，年逾九十的中国佛教协会原名誉会长赵朴初，也亲笔撰写了210字的《项南同志哀辞》，字字情深，笔笔凝练，语重心长，称颂有加。项老之所以为世人所推崇、敬仰和爱戴，在于他是一位“非常之人”，是我国改革开放的先行者，思想开明，胆识过人；在于他是振兴现代农业、造福八闽城乡的实干家。早在20世纪80年代初期，他即致力于环境保护，大力提倡植树造林，治理水土流失。可以说，八闽大地那数不尽的巍巍青山与滔滔林海，蕴含着项老当年倾注的心血。

我与项老同是闽西连城客家人。他主政福建期间，我在福建农学院（今福建农林大学）工作。当时他曾到学校视察调研，但他身担重任，我们无缘结交。与他相识，缘于菌草技术的发明推广。1991年，项老亲笔题赠“发展菌草，造福人类”八字条幅，同年又题赠了“优化生态，菌草工程，扶贫济困，富国利民”十六个字。那是他对菌草技术寄予的殷切厚望。

菌草技术，不是一时冲动的突发奇想，也不是机缘巧合的偶然发现，它源于我的人生经历，也是无数次科学试验的果实。

我从小生长在农村，闽西的青山绿水养育了我。少儿时期放牛、种地、砍柴、挑煤，经历了饥荒、疾病和贫困，农民的艰难困苦深深烙印在我的脑海之中。耕读传家是客家人秉承不变的优良传统，为了让子孙后代不再“脸朝黄土背朝天”，父母千辛万苦送我去读书。高考填报志愿时，改变人生命运、改变农村贫苦落后面貌的强烈愿望，让我选择了农业院校。1968年从福建农学院毕业后，我先在三明宁化插队，而后被分配到当时全国有名的三明真菌研究所，从事食用菌科研工作。当时，被视为先进技术的食用菌段木人工栽培方兴未艾，大量的林木特别是生长缓慢的阔叶树被砍伐。我在积极推广技术的同时，心底隐隐感到：这种以消耗森林资源为代价的发展，如何能持续长久？食用菌的生产若靠大量砍伐树木、使用大量的麸皮等，势必产生“菌林矛盾”和“菌粮矛盾”，长此以往，将制约食用菌生产的可持续发展。此时，三年困难时期食用野草充饥的深刻记忆让我萌发了“以草代木”的想法：既然牛可吃草，人可吃草果腹，那么如果能够用草来替代树木种菇，岂不是解决了人类生存发展的大问题？然而，1975年，组织上将我调回母校福建农学院从事行政和党务工作，技术研究我一时无暇顾及了。

1983年春，我随同福建省科技扶贫考察团来到革命老区龙岩长汀县，这里是土地革命战争时期中央苏区的核心组成县份，当时被誉为“红色小上海”。然而，在这块曾经为中国革命作出重大牺牲的红色土地上，我们看到的是生活仍然贫苦的百姓，看到的是满目疮痍的山川。当时长汀县河田、三洲一带是全国有名的极强度水土流失重灾区。放眼望去，到处千沟万壑，支离破碎。这块客家母亲河汀江上游的最大盆地，曾经是繁荣富庶的鱼米之乡，却由于近百年来人为和自然破坏，生态失衡，让人不忍目睹。此时此刻，“以草代木”栽培食用菌致富一方、种草治理水土流失绿化山川的强烈愿望，再一次在我胸中涌动。回学校后，我便挤出时间，开始了“以草代木”栽培食用菌研究试验的艰辛历程。1986年秋，用芒萁、五节芒等野草作为原料栽培食用菌、药用菌获得成功，菌草技术从此诞生。当时，我并未想到，我会因此与项老结缘。

我与项老的相识相交，是在1991年他离开福建，担任中国扶贫基金会会长之后。项老1980年底赴福建工作，直到1986年离开，先后任中共福建省委常务书记、第一书记、书记。其间，我们未曾单独谋面，但他思想开拓，思路清晰，作风务实，清正廉洁，赢得社会广泛赞誉，我也早有耳闻。特别是他针对福建“八山一水一分田”的省情，提出并极力倡导念好“山海经”，号召保持青山绿水、造福一方百姓，强调智力开发、以智取胜，重视发挥教育科研人员的作用等思路，均给我留下深刻的印象。也是在1983年春，项老带着专家和技术人员专程来到长汀河田，视察水土保持工作，并总结出水土保持“三字经”，掀起了全省治理水土流失的热潮。他的诸多业绩政声为海内外所传颂，我也为福建有这样一位“父母官”而感到无比自豪和由衷敬佩。

1991年，我发明的菌草栽培食用菌技术被列为国家级星火计划重中之重项目。当时，一些人对这一新生事物存有异议，有的说没有理论依据，甚至个别人对此无端怀疑并对我进行人身攻击。作为技术发明人，我虽然充满自信，但仍感到压力不小。这年5月的一天，我正在尤溪县山区推广菌草技术，忽然接到中共福建省委办公厅的电话，说回闽调研的项老要接见我，与我谈菌草技术问题。遗憾的是，等我赶回福州时，却得知他老人家身体不适，无法接见我。我留下一份汇报材料后又折返尤溪。不久，我收到项老的一份题词：“发展菌草，造福人类。”那一刻，我激动的心情无法自抑！

1992年5月，菌草技术在日内瓦国际发明展上荣获大奖。我领奖归来途经北京，同行有人建议说，何不顺便去找项老当面汇报菌草技术发展情况？我当时想，我与项老素不相识，他肯见我吗？想不到经联系后，项老高兴地说：“你们明天早上来吧，我等你们。”第二天一见面，项老就向我表示祝贺。在听完我的汇报后，他说，菌草技术是一项很有发展前途的新技术，要多在贫困地区推广，并想办法使之早日走向世界，使之发挥更大的效益。项老还语重心长地说：农业科技工作者有了科技成果，一要走下去，即到农业生产第一线去，到农村去，到农民最需要的地方去；二要走出去，即走出实验室，走出校门，走出国门，走向世界。谈话间，得知我也是连城人，项老心情沉重地说：“我们的家乡还很穷，菌草技术很适合在那里发展，能否在连城也搞个点试验一下？”告别时，我拿出两小包用菌草栽培的竹荪给项老品尝。他接过竹荪，笑着说，这很珍贵，舍不得吃掉，就留在基金会里做个标本吧！

此后的几年里，围绕着如何加快发展菌草业这个主题，我与项老又见过几次面。每次见面，他总是谈笑风生，详细了解菌草技术的研究、推广进展情况，关切地询问我在工作中遇到的困难和问题，并站在全局的视野上，帮助出主意、想办法，给予指导、鼓励。

1996年初夏，我到北京就发展闽西菌草产业带的立项问题向项老汇报。其间，我谈到，至今社会上仍有一些人对菌草技术不理解、不支持，我只好低头走自己的路。没料到项老一听我的话，当即双目凝视着我，激动地说："你应该是抬起头走自己的路，让别人去说。"就在这次谈话中，项老又题写了"发展菌草业，造福全人类"十个大字。尽管这一题词比5年前题写的"发展菌草，造福人类"只多了"业"和"全"两个字，但我感到项老对菌草的思考与期盼更进一步了，他希望能加快菌草产业化，加快走向全世界的步伐。如今，这幅题词镌刻在一块大理石石碑上，立于福建农林大学菌草研究所门前，时时鼓励和鞭策着我们"菌草人"。

同年9月，我出差到北京，听说项老因心脏不好住院，便到医院探望。他看到我非常高兴，不顾身体虚弱，以崭新的视野就发展菌草业的问题与我谈了整整一个小时。回想起来，当时项老谈到的诸如发展菌草业一定要拓展市场、统一对外，走规模化、产业化之路，要用经济的办法、企业的办法搞好菌草技术推广的试点、示范工作，要成立一个全国性的菌草技术研究机构，结合实践需要深化对菌草技术的研究等观点，触及了菌草业跨世纪发展的关键与要害，可以说是高瞻远瞩，为我们指明了发展方向。

这年年底，为了推动菌草技术产业化发展，项老出院不久便在相关企业之间穿针引线，并通知我赴京去见北京中实公司总裁。12月16

日下午5时，项老率我们一行来到中实公司。我向公司领导介绍完菌草技术后，项老接过话题高度概括说："菌草技术我是看准的，依据有三条：第一可以保持水土，优化生态，持续发展；第二，可与扶贫工程密切结合，可以千家万户参与，千家万户致富；第三，世界市场非常大。"项老还强调指出，这是带有全球意义的技术革命。他说，目前技术是成熟的，技术与生产结合的问题也解决得比较好，但是市场还没解决好，解决这个问题，需要企业介入。此次北京之行，更让我切身体会到项老办事认真、雷厉风行的风格，更让我敬佩项老的视野开阔、远见卓识，感受到项老对菌草事业的殷切关怀之情。

1997年5月，在北京召开的闽西老区发展促进会顾问理事联席会上，项老作了较长的讲话，其中又谈及菌草技术的应用推广工作。他指出：龙岩地区在产业规划上，要找出一个符合自己发展道路的、具有龙岩自己特色的产业，而且形成产业带，它不是一家一户搞的，而是千家万户搞的，是什么呢？目前，龙岩有两件事情可以做。第一就是发展菌草栽培食用菌，或者叫菌草技术。龙岩出了一个能人叫林占熺，这个人在世界都有点名气，过去就搞食用菌，有香菇、木耳、猴头菇等几十种，叫绿色食品，对人身体健康有很大好处，在日本、法国非常风行，供应量远远不够。福建的食用菌是全国之冠，在全国搞得最好，但也带来一个大问题，就是把福建的阔叶树都砍掉了。食用菌发展了，森林破坏了，环境破坏了。不保护，福建阔叶树就会被砍光了。林占熺发明的用草代替阔叶树，叫菌草技术。这项技术的好处是可以帮助贫困农民脱贫，当年就脱贫。这是千家万户都可以搞的，当年搞当年就可以脱贫。我建议龙岩市尽快建立一个绿色食品总公司，用经济形式领导这一工作，保证农民种了香菇有人收购，以后可以出口，这不是农民自己可以做得了的，要我们来做，或者是私人企业家做。这件事搞好了，就有龙岩自己的特色。最近，中国扶贫基金会开了一个全国推广菌草栽培食用菌座谈会。龙岩应当比其他地方搞得好。要把研究机构、销售机构建立起来。这个产业可以带动千家万户，也就是公司加农户的办法。第二件事就是建议在龙岩办一个肉类联合加工厂，覆盖闽粤赣老区，带动老区人民致富。我得知项老的讲话时，再一次真切感受到项老对老区人民的一往情深，以及他对菌草技术寄予的厚望，也因此深感自己责任重大、使命光荣。

我最后一次聆听项老的教诲是在他谢世前几天。那一天，他和我通了约半个小时的电话。他要我在技术推广中设法解决资金和市场问题，增强建立牢固的“根据地”的思想。他认为，闽、粤、赣可以成为世界上最主要的菌草产业“根据地”。我问项老最近身体好吗，他回答说很好。没想到这次通话竟成为永诀。

项老离开人世已经有15个年头了，但他的谆谆教诲、殷殷寄望一直铭记在我心中，激励着我矢志不渝、攻坚克难、开拓进取、勇攀高峰。可以告慰项老的是，这十多年来，我们的脚步从未停滞。菌草技术正在快速走向世界，菌草产业发展也迎来新的春天。目前，菌草技术研究不断深化，已可用45种菌草栽培55种食用菌、药用菌，并在菌物饲料，生物质能源，治理水土流失、荒漠化与流沙，保护生态环境，扶贫开发，国际合作等领域，不断取得重大突破。至2012年底，菌草技术已在全国32个省份的391个县（市、区）推广，并传播到全球87个国家。尤其可以告慰项老的是，在当年他殚精竭虑、倾心关注的长汀水土流失治理问题上，菌草技术同样发挥了独特的作用。早在1993年，我们就在长汀河田开展种草种菇、治理水土流失的试验并取得经验。2012年春，为落实习近平副主席关于进一步抓好长汀水土流失治理工作的重要批示精神，福建农林大学与当地政府在河田镇开展菌草治理水土流失的“顽症”——崩岗的试验，短期内即见成效。与此同时，我们在西藏林芝地区米林县开展的高海拔地区菌草治理流沙试验项目，也通过了专家组现场验收。菌草技术的运用，已拓展延伸为生态建设、环境保护的新途径和手段。还可以告慰项老的是，近些年在国家有关部门和福建省委、省政府的关心、支持下，菌草技术研发取得重大进展：2011年12月，科技部批准“国家菌草技术工程研究中心”立项建设；2012年10月，国家发改委批准建立“菌草综合利用开发技术国家地方联合工程研究中心”。这两个国家研究中心相继落户福建农林大学，菌草技术研究和菌草产业发展进入了新的历史时期。

人生相识知几许，高山流水遇知音。在我心目中，项老不仅是智者，是长辈，更是我的引路人。他对菌草事业的高瞻远瞩、全力支持和殷切厚望，给予我无穷的力量。

技术创新无止境，坚定地走自己的路，让菌草青青惠人间，这是项老的嘱托和遗愿，也是我终生为之奋斗的任务和目标。我一定不辜负项公的嘱托，以“发展菌草业，造福全人类”的更大作为，告慰九泉之下的项公。

2013年2月5日

目录

题　记 / 1

第一章　心中装着“一把草” / 3

一个农民的儿子，面对严酷的生态现实，经过激烈的思想斗争，最终锁定了自己的人生目标：弃“官”搞科研，全身心投入攻克“菌林矛盾”这道世界难题，走科技扶贫、创新奉献之路，实现“以草代木”栽培食用菌、药用菌的梦想，让野草变成山珍，把论文写在祖国的大地上！林占熺心中装着“一把草”。

第二章　奇骏奋蹄草上飞 / 13

“草创”之路，不知经历了多少艰难：一千多个日日夜夜的艰苦攀登，无数个寂寞、失望与无眠之夜，一次次试验、失败、再试验、再失败的艰辛……林占熺在一年又一年送走寒冬、迎来初春、走进盛夏、等来金秋中，终于在1986年的一个深夜等来了第一朵用芒萁培育出来的香菇。接着，野草栽培食用菌新技术诞生了，菌草业的一扇全新的大门开启了，“以草代木”作为一门新兴学科，迈进了科技的殿堂。

第三章　心血红彤染青草 / 23

1989年，为了让菌草技术尽快从实验室走向农村，成为农民的“摇钱树”，林占熺与助手在福建尤溪县大规模推广菌草技术。路上，发生了车祸：他们乘坐的长途客运汽车翻滚进了十几米深的山沟里，林占熺头部遭到猛烈撞击，不省人事……

当年，尤溪县14个乡（镇）112个村推开，共有4236户农户参与菌草示范生产，完成584.3万袋菌草种植，产值1300多万元，农民纯收入近900万元。

第四章　“金草”之歌响天外 / 33

1996年，在首届菌草技术国际研讨会上，林占熺正式为菌草确定英文名“Juncao”。有人担心外国人不明此为何物。“弄不清楚的人，欢迎他们到中国菌草技术的发源地来了解、学习。”林占熺说，“我就是想让世界知道，这是中国人的一个发明。”

菌草技术一时享誉海内外，面对国外抛来的“红绣球”，林占熺毅然将这一发明技术留在国内用于扶贫，用于保护生态，把研制出的“金草”奉献给国家，兑现在党旗下宣誓的初心。

第五章　瑞草笑傲寒霜天 / 43

科技创新之路是曲折不平的。菌草技术在国际上获奖之后，林占熺遭遇了一生中少有的挫折与打击。除了他的弟弟在菌草试验中因高压锅爆炸而献身外，他还遇到了一些误解和责难。但更多的人鼓励他要振作起来：“一项新技术被人评头论足不可怕，中国共产党就是在谩骂声中成长壮大的。仰起头来，走自己的路！”

尽管历尽艰辛，但林占熺并不孤独，菌草事业始终得到党和人民的关心与支持。他从悲痛和愤懑之中站了起来，向另一个扶贫点——“贫瘠甲天下”的宁夏彭阳县进发。

第六章 神草富民西北域 / 51

闽宁对口扶贫协作使菌草技术助力脱贫攻坚在宁夏回族自治区成功落地。时任福建省委副书记习近平担任福建省对口帮扶宁夏领导小组组长，他要求帮扶就要拿出福建的优势来，并把菌草技术列入帮扶的项目。在宁夏荒芜的戈壁，菌草不仅能代替树木用来种植各种食用菌，而且根系发达，可以防风固沙，因此成为扶贫的最优选择。菌草技术很快在宁夏推广开来，山里人不仅尝到了当地罕见的山珍蘑菇的滋味，更走出一条脱贫致富的康庄大道。

在闽宁镇脱贫发展宝贵经验的激励下，30多年来，林占熺带领团队顺势而上，以超乎常人的热情和毅力，推广菌草技术，把菌草技术播种到神州大地，为欠发达地区脱贫攻坚作出贡献。

第七章　万里远洋飘草香 / 97

小小菌草，走出国门，扬名海外。20多年来，林占熺团队以菌草技术为媒，跨越千山万水，深入近50个贫穷国家，特别是欠发达、生态脆弱的国家，作为“绿色使者”传播、推广菌草技术，为他们送上脱贫致富、保护生态的“中国草”，取得了一个个突破性的显著成果，赢得了他们的敬佩和好评。

“中国菌草”，在中外交流交往中架起了一座座友谊之桥，为全球减贫、可持续发展贡献了中国方案和中国智慧。

第八章　创新平台显身手 / 189

“创新与产业化是菌草技术长盛不衰的根本动力，也是菌草可持续发展、造福人类的保证。”林占熺团队主动作为，在利用菌草技术有效治理生态的同时，推进菌草相关产业迅猛发展。菌草技术不仅用于生产食（药）用菌，还可以生产菌草饲料与菌草菌物饲料，发展菌草生物质能源，制造菌草生物材料（纤维板、纸张等），形成一条造福人类的巨大产业链。

第九章　“圣草”治理绿黄河 / 217

菌草技术在贫困地区成功推广，不仅帮助人们摆脱了贫困，还为保护环境、促进可持续发展开辟出一条新路径。种植菌草既为菌菇栽培提供了充足原料，又有效缓解了牧场旱季青饲料匮乏的问题，促进了畜牧业发展，还为当地治理水土流失，治理荒漠化、沙化、石漠化作出了示范。

林占熺团队经过研究探索，选育出从黄河源头至入海口均可种植的菌草品种。经过精心筛选和培育的绿洲系列草种，在黄河上游的青海贵德，甘肃庆阳，内蒙古阿拉善、鄂尔多斯等地安全越冬，成为多年生草种，有效地解决了高寒地区年年种植菌草的难题，填补了黄河流域种植多年生菌草的空白，为在黄河全流域建立菌草绿色生态屏障开辟了新途径，为治理大江大河生态提供了可靠的经验。

第十章 百年献礼表初心 / 275

宏伟的事业是奋斗出来的，是拼搏出来的，是脚踏实地做出来的。林占熺及其团队根据国家确定的2035年基本实现社会主义现代化的远景目标，初步确定未来15年分四步走：根据国家战略需要，在技术上支持各地创建各具特色的“菌草科技创新产业园”，在党的百年生日到来之时，在黄河沿岸关键的地段，创造三个以上面积万亩左右的“菌草科技创新产业园区”，发展绿色经济，“植物、动物、菌物”三物循环生产，实现经济、社会、环境三大效益结合，以优异的成绩向党的百年诞辰献礼。

第十一章　向命运共同体奋进 / 305

林占熺团队几十年专注研发“以草代木”的菌草技术，以及与联合国相关部门富有成效的合作，使菌草技术被列为“中国—联合国和平与发展基金项目”，这为加强发展中国家通过菌草技术发展可持续农业，不断提升菌草科学研究国际化与产业化水平提供了良好契机，让菌草技术为“一带一路”建设，为构建人类命运共同体作出更大的贡献。

后　记 / 349

题记

草，常人多视之为弱小，很难引起重视。其实，“草”字有多解。“草，百卉也”（《说文》），何其林总壮观！“草”作动词用时，则有“生曰草”（《楚辞·悲回风》）。甚至，“草”还有“创造”“创立”之义。

香菇与野草，本不相干。但有个异想天开的中国人，让它们结合，菌草由此诞生。

那是1986年，林占熺用野草替代树木栽培香菇成功，此草即菌草——可用来培养食用或药用真菌的草本植物。今天，菌草之用已远超字面含义，在脱贫、治沙、畜牧、发电等可持续发展前线，菌草释放出巨大潜力。

1996年，在首届菌草技术国际研讨会上，林占熺坚持为菌草确定英文名“Juncao”。有人担心外国人不明此为何物。“弄不清楚的人，欢迎他们到中国菌草技术的发源地来了解、学习。”林占熺说，“我就是想让世界知道，这是中国人的一个发明。”

林占熺的菌草创新之路越走越宽，目前已选育了45种菌草，菌草技术从“以草代木”种菇扩展到治理生态、生产饲料肥料、发电、制板材等众多领域。

中国菌草也越走越远，从福建扩展到宁夏、西藏、贵州、内蒙古、甘肃等多个地区，从中国传播到巴布亚新几内亚、缅甸、卢旺达等全球100多个国家。

第一章　心中装着“一把草”

一个农民的儿子，面对严酷的生态现实，经过激烈的思想斗争，最终锁定了自己的人生目标：弃“官”搞科研，全身心投入攻克“菌林矛盾”这道世界难题，走科技扶贫、创新奉献之路，实现“以草代木”栽培食用菌、药用菌的梦想，让野草变成山珍，把论文写在祖国的大地上！林占熺心中装着“一把草”。

夜已深沉，万籁俱寂。

林占熺打开窗户，迎着刺骨的山风伫立着。此刻，他的思绪像大海的波涛一样，在激烈地翻滚着。

这是1983年的初春时节，林占熺随同福建省科技扶贫考察团，来到革命老区龙岩长汀县。白天看到的一幕幕揪心的景象，夜里在他心中一幅幅回放着。

“悬河”，这一曾经给黄河沿线百姓带来巨大灾难的情景，竟然出现在福建长汀县河田镇罗地村。这里的“悬河”，已高出两边的耕地一两米，就像一条沙石筑就的渡槽，横亘在你眼前，梗在你的喉咙。登上“悬河”河堤，朝四面望去，山丘荒秃、植被稀疏，两岸的耕地在沙化，日益贫瘠，庄稼广种薄收，一派凄凉。生态环境的恶化，还导致了农民生活的贫困。

他们走进一户“五老”人员的家。只见那低矮的泥土屋里，床上仅有的一床棉被，被套已经破洞连连，棉絮支离破碎，根本无法遮体御寒，夜里只好加盖蓑衣。墙头多处裂隙，阵阵寒风穿过，冷厉如刀，只好搬来谷席围住，权作抵挡。

当年，为了新中国，这家主人将丈夫送上前线，丈夫在血与火的战斗中献身了。

“叔叔，我很饿，能给我一点地瓜片吃吗？”这家邻居的小孩用瘦弱的小手拉着林占熺，用客家话轻声地说。

小孩的要求不高，却像一丝寒风袭进林占熺的心里，林占熺的手不由得微微颤抖起来。

“能不能给这位革命烈士家属一些特殊照顾？能不能想办法给这孩子先弄点吃的？”林占熺难受地转过身，对县里的陪同人员说。

“像这样的贫困户不是一户两户，难办啊！”这位陪同人员羞愧地回答，然后背过身去。

眼前的情景深深地刺痛了林占熺，他的心在流血。

这里，多少家是烈士的家，多少人是红军的后人，今天他们却还过得如此艰难，如此无助！

山风吹走了天上的星星，夜更深更黑了。林占熺关好窗户，回到床上。当夜，他失眠了。

“这就是孕育了中国革命的闽西红土地？”

“怎样才能让老区人民彻底告别饥饿，拥有美好的家园呢？”

寒夜、山风、破被、陋墙，悬河、沙石、小树、枯草，不停地在林占熺的脑海中浮现翻滚着。

林占熺努力压抑着心中的烦乱，开始思索。

救穷？救急？修复生态，得有时日，但也刻不容缓。有没有什么法子能把救穷与修复生态结合起来，一箭双雕甚至一石三鸟，让荒山秃山披上绿装，让百姓早日告别贫穷呢？

林占熺是地道的农家子弟，出生于闽西连城乡下的一个贫困家庭。他忘不了一家人起早摸黑、辛勤劳作，但在祖父去世时，家里仍凑不足买棺材的钱。祖母先是把家门口的一块地卖了，最后不得不下狠心，含泪把女儿卖了，再把那块地赎回。从此，父亲的心里就像灌了铅，眉头就像上了锁。

1949年，春雷响彻神州大地。林占熺发现父亲紧锁的双眉解开了，脸上还不时地露出爽朗的笑容。父亲当上了村干部、连城县人大代表、村夜校校长。每天晚上听完课回家后，他总会情不自禁地唱起刚学会的歌，“解放区的天是明朗的天，解放区的人民好喜欢……”他在自家的土地上精耕细作，成为远近闻名的种田能手，评上了地区劳模，并把劳模会上政府奖给他的一副铁耙珍藏起来：入合作社时，他将铁耙藏起来；“大炼钢铁”时，又把它藏在不易被人发现的猪圈里。

1959年至1961年，闽西红土地粮食紧缺，饥饿问题凸显，一些乡村的农民不得不用野菜、观音土充饥。林占熺就读的中学中，有学生用芒萁等野草来充饥，想方设法填饱肚子。

一天清晨，邻居急匆匆地赶到林占熺家，颤抖地对林占熺的父亲说：“孩子已经连续几天用观音土充饥了，快不行了，求你帮帮咱一起把他送到医院抢救，看孩子有没有福气活下去。”

但他们的努力没能挽回那个生命。黄昏时分，林占熺见父亲与邻居迈着沉重的脚步，用竹椅抬着小孩，在村外小山坡的荒地上挖了一个穴，含泪把这个被饥饿夺走的生命掩埋了。

去时能哭，回时尸冷。残酷的一幕，把林占熺年轻的心撕裂了。

红土地获得新生不等于告别了饥饿。当时，长汀、连城、上杭、武平是全国贫困县，有贫困户9.1万户，49万多人，人均年纯收入不到200元，人均口粮不足200斤；曾经被誉为“红色小上海”的革命圣地长汀，却是水土流失的重灾区。老区的人民要彻底解决温饱问题、走上幸福之路，任重道远，还得“长征”。

东方放白，林占熺起身走出陋室，他的心鼓依然敲个不停：“生态！贫穷！草！”

林占熺是一个有梦想的少年，从小受客家传统文化的熏陶，有着善良的心灵和坚毅的性格。当听到老师讲述苏联科学家米丘林把苹果树北移，使不少农民增收的故事时，他就默默下定决心，将来也要依靠科技的力量为农民造福；当从电影上看到国外用联合收割机收割小麦又快又省力时，他也编织过梦想：以后也要用学到的知识来减轻农民繁重的劳动负担，改善他们的生活。

科学有无穷的神奇，创新有无穷的力量；科学能出奇迹，创新能造福人类！此时，林占熺心急火燎，要的就是科学创新！要依靠科技创新的力量，化平凡为神奇，让野草变山珍。

1964年林占熺参加高考，农民出身的情结，改变农村贫穷面貌、改善农民生活的强烈愿望，使他在填报志愿时选择了农业院校，最后如愿考进福建农学院，迈入了农业教育与科研的殿堂。在大学里，他如饥似渴地学习农业科学知识。1966年6月13日，他终于实现了多年的愿望，在鲜红的党旗前庄严宣誓：为党的事业奋斗终生！

大学毕业后，林占熺一头扎进福建三明山区，那里是全国闻名的食用菌研发和生产基地。1971年到1975年，他任职于三明地区真菌研究所。当时，该所的食用菌研发位居全国前列，我国也已从国外引进段木栽培食用菌技术，后改用木屑。但一直在农村一线滚打的林占熺，很快发现这一技术的致命问题：用段木、木屑栽培食用菌，一些农民腰包鼓起来了，段木育菇成为农村脱贫的重要产业，但也造成大量树木遭到砍伐，生态环境遭到严重破坏，各地“菌林矛盾”日益突出，最终必将诱发生态灾难。

后来，各地为了减轻树林遭破坏的压力，改用木屑、麸皮和米糠为原料、以塑料薄膜筒为栽培容器的木屑栽培法，减少木材用量。这一做法虽然可以节省一些木材，但仍离不开木材，而且新增的小麦、麸皮等辅助材料，也引发了“菌粮矛盾”。以林占熺熟悉的三明市为例，全市采用木屑栽培法，以一年生产10亿筒计，每年需要4万公顷耕地种出的小麦来做辅助材料。随着菌业的迅速发展，这些辅助材料的价格不断上涨，自20世纪70年代以来，麸皮的价格就涨了十来倍。所以，以林、粮为原料的食用菌栽培技术，已难以适应菌业发展与保护生态的要求。

如能“以草代木、发展菌业”，那该多好啊！它将一举多得，成为发展经济、保护生态的有效途径。

探索、攻克“以草代木”“以草代粮”栽培食（药）用菌的课题，就这样摆在了林占熺的眼前。

20世纪70年代初，林占熺曾到山东沂源扶贫，途经黄河时，他生平第一次看到黄河断流，非常吃惊。“这么大的一条河流会断水，这是万万没有想过的。黄河是我们的‘母亲河’，是祖国的‘血脉’

啊！”黄河沿岸的生态问题，让他大为震撼，加深了他“以草代木”发展菌业，既增加农民收入又保护生态的想法。

回来后，林占熺多次向相关部门与同仁表达这一发展思路，很多人赞同并支持他的观点。然而，“以草代木”栽培食（药）用菌的想法，在当时实在太过大胆、太过超前了，它是一种前无古人的创新，既无先例可循，又无现成材料可以借鉴。新的想法还没付诸实践，各种闲言碎语就传开了：有人觉得这是异想天开，根本不可能；也有人说“林占熺搞的是大倒退、大破坏”。

更遗憾的是，时隔不久，林占熺被调回母校福建农学院从事行政工作，一干就是8个年头。对林占熺来说，“乌纱帽”犹如“紧箍咒”，让他欲罢不能，十分无奈。

当时，林占熺是全院最年轻的处级干部，是学校生产处副处长、机关第二党支部书记。8年里，他思想解放、兢兢业业，敢于承担责任、以身作则、清廉正派，受到大家的好评。特别是他刚到学校沙县洋坊教学实验农场任党支部书记时，这个拥有256名职工的农场，因吃“大锅饭”严重，年产值才3万多元，职工月工资最低16.2元、最高才38元，农场每年还要亏损7.7万元。为了改变这一现状，服务好教学科研工作，林占熺不顾当时农村还没有实施生产承包责任制，冒着可能被撤职、处分甚至开除党籍的风险，于1977年率先在农场实行岗位经济责任制，很快使农场生产明显改观，第一年扭亏为盈，第二年职工的收入增长了两倍。他的改革精神深得学校领导的赏识。几位主要领导先后找他谈话，肯定他的工作成效，希望他能在行政方面继续发挥所长。

充满阳光的仕途，正摆在他的前面。

可是，从政就得舍下科研。“以草代木”发展菌业的想法，他已提出多年，但一直没有付诸实践，研发老是被耽搁，而“以木产菌”的做法仍在盛行，生态仍旧遭到破坏。

“难道就不能放弃这光明的仕途，从处级岗位主动‘下岗’，专心致志从事菌草科技研究？”林占熺心理斗争很激烈。

“我是农民的儿子，为农民多做些有益的事是我的本分；作为一名学农的共产党员，科技扶贫更是我义不容辞的责任。我不能再等下去了！为了破解‘菌林矛盾’这道世界难题，为了给子孙后代留下绿水青山，实现自己提出的想法和课题，必须敢于从自己做起！我不带头去实践，还要等谁靠谁去做？”林占熺越想心里越明朗，越想决心越坚定。

科技创新，不仅需要创新的思路，更需要愿意为之奋斗献身的人。林占熺终于锁定了自己的人生目标：让野草变山珍，走一条“把论文写在祖国的大地上”的创新之路，走一条科技扶贫、无私奉献之路！

林占熺心中装着“一把草”，从行政岗位下来，踏上了科技创新之路……

第二章　奇骏奋蹄草上飞

“草创”之路，不知经历了多少艰难：一千多个日日夜夜的艰苦攀登，无数个寂寞、失望与无眠之夜，一次次试验、失败、再试验、再失败的艰辛……林占熺在一年又一年送走寒冬、迎来初春、走进盛夏、等来金秋中，终于在1986年的一个深夜等来了第一朵用芒萁培育出来的香菇。接着，野草栽培食用菌新技术诞生了，菌草业的一扇全新的大门开启了，“以草代木”作为一门新兴学科，迈进了科技的殿堂。

虫声唧唧，晚风习习。几颗星星泛着苍白的光，疲倦地眨着眼。

这是1986年的一个深夜，已经十分疲惫的林占熺正准备收拾实验仪器，回家休息。这时，菌种瓶瓶壁上的一个物体让他眼睛突然一亮，他急忙站起来，冲了过去，靠前仔细一瞧，没错，是用芒萁做培养基的菌瓶里，长出了一朵香菇。

“真的，奇迹出现了！”

“第一朵用芒萁培育的香菇长出来了！”

林占熺兴奋得差一点跳起来，就像当年哥伦布发现新大陆一样。他坐下来长长地舒了一口气，热泪止不住地从脸颊滚落下来。

用野草栽培食用菌的新技术诞生了！

木腐菌与草腐菌的界限被打破了！

菌草业的一扇全新的大门开启了！

一千多个日日夜夜的奋斗以成功告终！

喜极而泣，林占熺感觉他是世界上最幸福的人。

几年来的酸甜苦辣，一下子全部涌上他的心头。

自从1983年那次长汀之行回来后，林占熺义无反顾，一头扎进野草育菌的“梦幻王国”。

可是，让野草变山珍的梦想刚启程，他就面临“五无”的窘境：无现成的经验借鉴，无“正式研发单位”可申请立项，无可供研发的实验室，无研发资金与设备，无充足的研发时间。

有人挖苦、讽刺林占熺的野草育菇、变废为宝的想法是“奇思异想”“别出心裁”，是“没事找事”，是寻找“轰动效应”。

确实，找遍当时的文字记载，香菇、木耳、灵芝等食（药）用菌的人工栽培，都离不开树木。无论是自然生还是人工种，香菇、木耳、灵芝等食用菌都长在树木上。常用于栽培香菇的阔叶树，又被称为“香菇树”。世界菌业强国日本也把食用菌称为“森林之子”。

鱼与熊掌，二者不可得兼，但林占熺偏要两全其美。

他想：“什么叫创新？创新就是没人敢做而你做了，而且做成了。正因为没有人做过，没有现成的路可走，才更需要我们共产党人去探索、攀登，去冲锋陷阵。”

“草”创之路，不知有多少艰难。

为了获得科研经费，林占熺递上了“野草栽培食用菌”立项报告，但因不是正式科研单位，报告被退了回来。“没关系，有为就能有位，只要能尽快拿出成果，有关部门肯定会鼎力支持的。”林占熺默默地安慰自己，给自己加油鼓气。

为了解决研发实验室问题，林占熺背着家人，以个人的名义向学校总场工程队借了5万元，分秒必争地盖起了300平方米的实验室。

一位好友得知后，担心地拉着林占熺的手说：“你疯了吗？你的

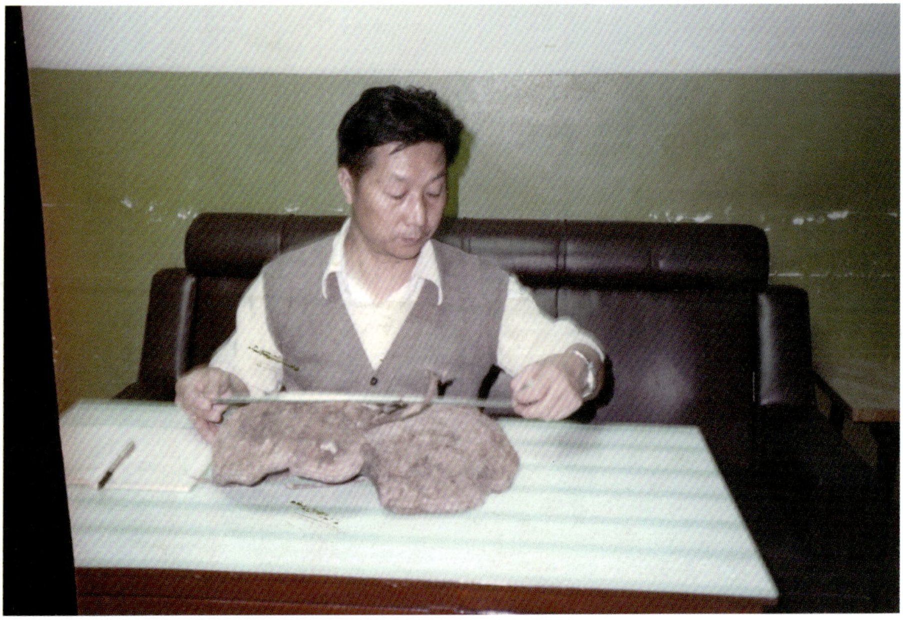

◎ 林占熺在做实验

月工资才50多元，加上你爱人的工资，全家月收入也才百把元。万一试验搞砸了，这笔等于你一家月收入500倍的债务，你拿什么去还？”

家里人后来知道了，也无法理解，都不支持他这一冒险的做法，甚至连上小学的小女儿都嘟着嘴说：“爸爸，欠钱是要还的，你欠下人家这么多钱，全家怎么替你还？”

林占熺坚持自己的做法。他急啊！他盼着实验室能尽早投入使用。

实验设备缺乏，林占熺则因陋就简，多方设法：扛来饲料粉碎机作为替代品，将选中的野草粉碎作为培养基；花8分钱买来一根铁线，自制接种针，作为分离菌种的工具；向学校其他实验室借来20支玻璃试管，用于培育菌种……

当时，林占熺的肩上还挑着学校生产处副处长、机关第二党支部书记等行政担子，每天仍有大量的行政和党务工作要处理，没有太多时间从事“草”的科研。特别是学校还给他一个硬任务：一定要解决好学校征地招工的工人的就业与生活问题，绝不能“后院起火”，引发学校的不稳定。

这是一件多么不容易的事。白天，常有人围着林占熺要求解决各种繁杂的问题，甚至到晚上了还有人找上门与他纠缠。有一天晚上，十几个人突然冲到林占熺家闹事，其中一人还扬言：“再不解决问题，就把你从楼上扔下去！”他们多数是基层群众，拖家带口，生活艰辛。林占熺经常顾不得吃饭，耐心倾听他们的困难与意见，释疑解惑，尽力让矛盾在互相尊重和沟通交流中得到解决。

在林占熺看来，时间就像海绵里的水，挤一挤总会有的。他把试验、研发的时间锁定为每天晚上7点半看完中央电视台《新闻联播》后，至子夜时分；每天清晨5点半起床后，至上午8点上班前；各个节假日。他起早贪黑地做着试验，把吃饭和睡觉的时间都“挤”出来了，在科技攀登的艰难之路上蹒跚前行。看到他黝黑的脸庞日益瘦削，两眼经常通红，有人心疼地劝他：“占熺，你可不要玩命啊！”他却微笑着回答：“要想在科学研发方面有所发明、有所创新，仅靠正常的上班时间是不够的，不把业余时间好好‘挤’出来，就别想有所突破！”林占熺是在玩命啊！

“草，百卉也。”林林总总，不计其数的草，哪种能代木？哪种含有的营养成分高？

林占熺首先要突破的难关是选择“以草代木”的高品质的草种。

神农尝百草的故事，在新时代重演。

草本植物种类繁多，仅我国就有3万多种。林占熺在研究中发现，并不是所有的草本植物都适合作为食（药）用菌培养基。有些草本植物不仅不适宜食（药）用菌菌丝体生长，而且有副作用，甚至有毒；有的虽然能使菌丝体和子实体正常生长，但产量偏低或质量欠佳；有的成本较高。经过长期综合观察、论证与筛选，林占熺最终确定：以芒萁作为“以草代木”的突破口。因为芒萁质地与阔叶树接近，木质素含量较高；曾被作为粮食的代用品，他和同学曾吃过用芒萁和面粉混合做成的饼干，可见它含有一定的营养成分，对人的身体健康没有妨碍，而且芒萁在我国分布很广。

林占熺在学校南区山上砍了芒萁、五节芒，又与助手们从福州郊区琅岐买来两车芦苇，加工成食用菌培养基，植入世界菇类产量居第二位的香菇菌种，“野草变菇”的试验就这样正式开始了。

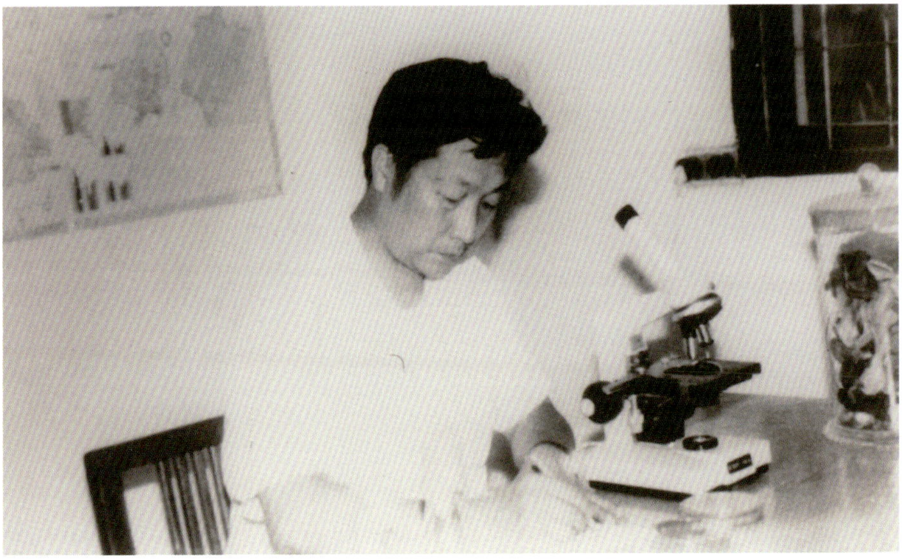

◎ 林占熺在做实验

香菇菌株有上百种，有高温型的，有中温型的，也有低温型的，因都是不会讲话的菌类，只能用“拉郎配”的办法，从中找出“情投意合”、愿意“终身相随”的一对。

不知度过多少个寂寞、冷清的夜晚，不知经历了多少个难眠的深夜，不知尝过多少次试验、失败、再试验、再失败的艰辛。一年又一年，送走寒冬，迎来初春，走进盛夏，等来金秋，一千多个日日夜夜就这样过去了，林占熺仍然找不到适合在芒萁培养基中种植的香菇，芒萁长出香菇的奇迹仍然没有出现。

林占熺没有绝望，没有放弃。面对枯燥的试验数据，他坚持比对分析，悉心调配菌料，日复一日年复一年。林占熺坚信：“事情再难，思路目标正确就不难。”“成功往往诞生于一百个问号之后。”

苍天不负有心人，奇迹真的出现了！1986年的那个深夜，瓶壁上长出了第一朵用芒萁培育出来的香菇，证明了“以草代木”栽培食用菌的设想是科学可行的。

奇迹，给林占熺带来了无限的希望和信心。

林占熺乘胜追击。真正的科学可以经受反复试验的考验。

他改用塑料薄膜袋来栽培菌草香菇，先做80筒，除了用芒萁做培养基，还有一部分塑料薄膜袋里装的是类芦、五节芒等野草，同样都长出了香菇，全都成功了。他依葫芦画瓢，在仙游县的农户家示范生产，同样获得成功。林占熺仍不满足，觉得没有上千筒的试验成功，还不能算圆满的成功。只有都做成了，才更具有说服力。

林占熺一不做二不休，又以食用菌场的名义，向学校生产处借了一万多元资金，建立更多示范点，扩大试验的规模，开展新一轮试验。新一轮试验又成功了。

与此同时，他不断总结经验、完善技术，利用三级筛选法，经过反复试验，用野草配成76个不同的食用菌培养基配方，成功栽培出香菇、毛木耳、黑木耳、盾形木耳等10多种食用菌，并筛选出适合芒萁、五节芒等野生菌草栽培的菌株40多种。

更让林占熺兴奋不已的是，一份份检测报告带来了喜讯：芒萁、类芦、五节芒等野草的粗蛋白质及磷、钾、镁等矿物质的含量，均比传统栽培食用菌的杂木屑高，一般可高3—6倍。这些野草不仅可以替代木屑，还可以替代麸皮、米糠来栽培食（药）用菌。用优选的野草栽培出的食（药）用菌，不仅富含人体必需的氨基酸，而且风味不亚于用木屑栽培出来的。检测报告还证明，菌草栽培食用菌新技术不仅能够有效地开发利用草资源，而且大大提高了自然资源的有效利用率和物质能量的转化率。

1987年4月25日，春光明媚，柳绿花红。福建农学院组织专家对用芒萁、类芦、五节芒等野草栽培出来的香菇等食用菌进行鉴定。鉴定结果很快出来了："成果为国内外首创，在同等条件下，产量较木屑栽培高，质量好，经济效益显著……开辟了一条不受林木资源制约的发展食用菌生产的新路，具有应用价值和理论意义。"第二天，《福建日报》在头版"八闽快讯"上，刊发了这条振奋人心的好消息："野草可以种植食用菌"，人类可以"点草成金"！

鉴定通过仅一周，与时间赛跑的林占熺于5月1日在福建农学院办起了首期野草栽培食用菌培训班。来自福建连城、连江、罗源、顺昌、泰宁、建宁、上杭、南靖、柘荣等10多个县的菇农们，满怀兴奋与期盼赶来学习，成为菌草技术的第一批引进者和示范者。

1988年3月，时任福建省省长王兆国看到省政府主办的《经济动态》上刊登了宁德县引进“以草代木”技术栽培香菇的消息后，专门作出批示：“对宁德县‘以草代木’发展香菇生产的科学方法和经验要认真总结、积极推广。这项工作做好了，不仅可以大力发展草种香菇，取得好的经济效益，更重要的是可以保护森林资源，可以取得更大的社会效益和生态效益。”

很快，“以草代木”种菇技术在福建一些贫困地区推广开来。林占熺相继在福建连城、尤溪、宁德等多个县市建立起“以草代木”栽培香菇、木耳的示范点，示范效果都很不错。福建省科委不仅将其正式列入“福建省科技兴农项目”，还将“以草代木”栽培食（药）用菌的情况向国家科委作了汇报。不久，科技部也将菌草技术列为“星火计划”重中之重的项目之一，向全国推广。

香菇等食用菌是木腐菌的传统理论被否定了，木、草、菌的学科界限被打破了。

菌草作为一门新兴的学科，开始迈进科技的殿堂。

林占熺骑着飞驰的骏马，扬鞭奋蹄草上飞。

第三章　心血红彤染青草

1989年，为了让菌草技术尽快从实验室走向农村，成为农民的“摇钱树”，林占熺与助手在福建尤溪县大规模推广菌草技术。路上，发生了车祸：他们乘坐的长途客运汽车翻滚进了十几米深的山沟里，林占熺头部遭到猛烈撞击，不省人事……

当年，尤溪县14个乡（镇）112个村推开，共有4236户农户参与菌草示范生产，完成584.3万袋菌草种植，产值1300多万元，农民纯收入近900万元。

长途客运汽车在山区的蜿蜒小道上盘旋着，车窗外十几米、几十米深的深沟飞速退去。就在一个急拐弯处，汽车突然失控，朝右边十几米深的山沟翻滚下去。坐在第二排的林占熺，只感觉头部突然遭到一阵猛烈的撞击，而后便不省人事……

“老林！老林！老林！出车祸了，你没事吧？”随同的助手吴兆辉从倒翻的汽车里爬了出来，连连叫着，却没听到回答。他焦急地哭了。

朦胧中，林占熺似乎听到有人在呼叫他的名字，他想答应，但没有力气，嘴巴只一微张，又合回去，没有应答。一会儿，他好像又听见有人在急促地喊着：“会爆炸！会爆炸！”他很想用力动一下身，却怎么也动不了。他想，这下一定活不了了。

“就这样与菌草告别？太早了！菌草事业刚起步，我想干的事还多着呢。就这样走掉，太对不起等待我的农民兄弟，也太对不起家人和朋友们。”他又昏迷过去了。

“林老师！林老师！你快醒醒，快睁睁眼睛啊！你可不要吓我。”总算找到了林占熺的吴兆辉，看到林占熺毫无反应，着急地哭喊着。山谷里回响着小吴悲怆的声音：“林老师！你不能走，不能走啊！菌草事业才刚刚开始。”

苍天护荫好心人。在小吴的哭喊中，林占熺慢慢地睁开双眼。“醒了！醒了！”抢救人员和小吴异口同声、欣喜欲狂地叫道。林占熺紧紧地握住小吴的手，用微弱的声音问道：“我们采到的标本和材料都还在吗？”当小吴向他点点头时，林占熺露出欣慰的微笑。

林占熺被抢救人员送往医院抢救。医生诊断：左肋骨断了两根。固定之后，医生见他一声疼痛都没叫，钦佩地说：“是条硬汉！”并吩咐道：“伤得不轻，起码得住在医院观察、医治7天。”

这是发生在1989年林占熺赴尤溪县推广菌草新技术路上的惊险一幕。

为了让菌草技术尽快从实验室走进农村，成为广大农民致富的“摇钱树”，林占熺决定挑战自己——选择推广难度较高的尤溪县作为示范菌草新技术、开展菌草扶贫的重点推广县。尤溪县是全国24个重点林业县之一，林业资源相对丰富，但那些年为了发展菌业，森林资源也受到不少破坏。只要用实践证明尤溪县同样需要用菌草来培育食用菌，菌草同样能让尤溪农民增收致富，那么其他地方的推广难题就迎刃而解了。在省农委、省科委、三明市政府等的支持下，林占熺首先选择尤溪县溪口镇、梅仙乡进行试点。

当地农民从没听说野草能种出香菇来，不少人用怀疑的眼光看着这位穿着简朴、不像教授的教授。有的甚至私下议论：“野草能长出菇，这与石头会唱歌有什么不同？不会是骗子吧！”

无奈之下，林占熺承诺："亏了我包赔，赚了我一分钱不要。总可以吧！"

林占熺带着两位尤溪籍的学生反复解释，才有27户农户表示愿意成为示范户。从此，林占熺经常一心挂两头，一个人当作两个人用。他经常周末上午忙完学校生产处的事务，下午便急匆匆地赶到福州台江码头，搭乘开往尤溪的船只，第二天清晨就赶到溪口镇和梅仙乡挨家挨户指导，每个月常常来回跑四五趟。

多少个夜晚，林占熺站在船头，望着当空的明月，听着潺潺的闽江水，思索着菌草事业的发展问题。他深感推广新生事物是多么的不易，实现科技突破有几多的磨难。他思索着这趟要完成的任务，心里惦记着刚种下的香菇长势如何、有没有发生意外；想着刚入门的菇农兄弟翘首以盼他们能早点到来。他思念着家人，想到自己多年来全身心地投入菌草事业，对爱人、孩子的陪伴、关心实在太少了，亏欠太多了，不知什么时候能给予补偿……他常常思绪万千，难以入眠。等船只

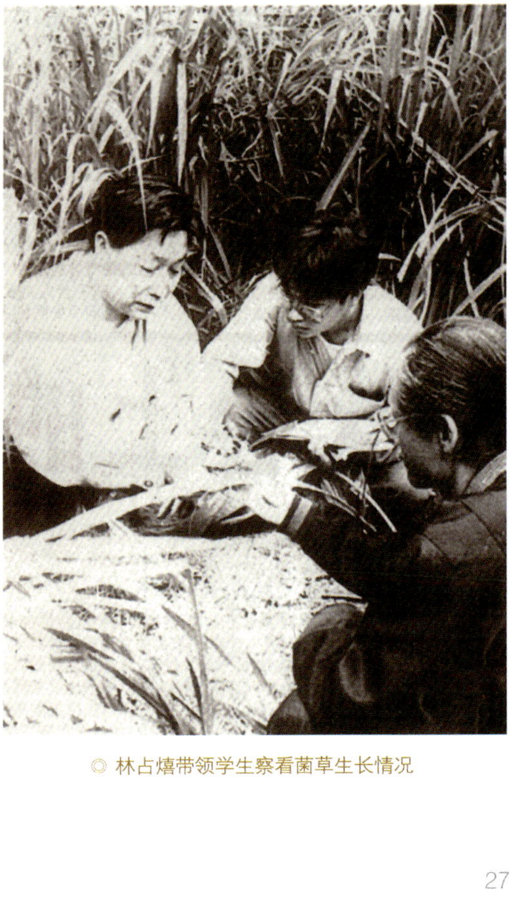

◎ 林占熺带领学生察看菌草生长情况

慢慢靠近尤溪口，天已蒙蒙发亮。他马上又乘拖拉机或骑自行车，翻山越岭，赶赴菌草示范点，走村串户，手把手地指导传播菌草技术。

当时选择的菌草技术推广示范村多数条件较差，林占熺等人经常在村里的仓库过夜。仓库里肥料等的各种味道很是熏人，各种小虫更是不停地往他们身上“进攻”。林占熺等人只好把全身能用衣服包住的地方都严严实实包裹着，连脖子都包了起来，但小虫仍不罢休，拼命往体内钻，又痛又痒，让他们无法入睡。但想到白天参加培训班的菇农掌握菌草技术后发出的朗朗笑声，听到屋外传来示范户连夜加班粉碎菌草的隆隆机器声，林占熺心里顿时舒服好多，不知不觉便进入梦乡。

躺在医院病床上的林占熺，想到与示范点农民的约定，想到他们打来的求教电话，像热锅上的蚂蚁，左躺不是，右躺也不是。住院第四天，他心中的煎熬比伤痛还难受，执意要出院。

“农民指望我们的菌草帮助他们早日脱贫致富。如果时机抓得好，今年他们每户起码可以增收两三千元。我受点苦不要紧，只要他们收入能增加就行。他们的笑容是治好我伤痛最好的良药。”林占熺动情地解释道。家人和医生怎么拦都拦不住，只好让他绑着绷带提前出院。林占熺忍着疼痛，朝着他挂念的示范点出发。

“工作随着志向走，成功伴着坚持来。”1988年，林占熺在尤溪推广菌草技术获得成功：最早选择种菇的27户农户全部获得丰收；溪口镇、梅仙乡两个试点乡镇共种植香菇5.23万筒；随后，又在尤溪县14个乡（镇）112个村全面推开，共有4236户农户参与示范生产，当

◎ 1989年8月，尤溪县孟板村河滩沙地菌草喜获丰收，测得亩产鲜草12吨

年生产584.3万袋，产值1300多万元，农民纯收入近900万元，为全国重点林区运用菌草技术发展菌草业提供了成功的范例。1990年至1991年，尤溪县菌草种菇产值达到4426万元，每户农户创收9600元。

1988年至1995年，林占熺先后47次赴尤溪推广菌草技术，举办了120多期菌草培训班，前来听课的农民越来越多，总计近2万人次，他的足迹踏遍尤溪100多个村落。而且，林占熺没有收取尤溪县政府和当地农民分文的讲课费。

海拔830米的台溪乡后隔村全村共489人，属于典型的贫困村。该村首次用菌草栽培香菇31.7万筒，当年就人均增收1022元。联合乡连云村试种第一年示范户收入翻了一番多。山里的农民数着钱，兴奋地说："照这样下去，我们'一年脱贫，二年致富，三年盖新房，四年讨媳妇'的梦想，就能成真啦！"看着这一场面，林占熺脸上绽放出灿烂的笑容。

1991年12月19日，三明市政府对尤溪县的菌草科技兴农项目组织验收。面对丰硕的成果，面对这一投入少、接受易、见效快的新技术，参加验收的有关领导和专家一致认为：发展菌草生产是一条林菌两旺、千家万户受益的可持续发展的新路。国家科委农业司司长深入联合乡连云村示范点现场考察后由衷地表示，"以草代木"栽培食用菌，是可以形成支柱产业的好项目。

"近水楼台先得月。"作为菌草技术发源地的福建省，菌草技术推广走在全国前列。1986年至1990年，菌草技术被福建省列为科技兴农项目在省内推广应用。据国家科委农村中心和福建省科委组织验收的数字，1991年至1995年，福建共示范推广菌草食用菌12.39亿筒（袋），累计增加产值22.46亿元，节约阔叶树木材51.26万立方米，增加就业49万人，取得了显著的经济、社会和生态效益。

"尤溪效应"产生了。1987年至1990年，广西、浙江、广东、江西、安徽、江苏、陕西等省份相继来福建取经，引进、推广菌草新技术，取得了良好的效益。陕西汉中扶贫办时任主任侯铁飞，开着吉普车、带着干部赶到福建参观学习。他动容地将中国地图横竖对折，对林占熺说："汉中处在我国正中心。如果汉中能够推广成功，那么就可以向南向北逐步发展。欢迎你尽快到汉中推广菌草技术。"

不久，林占熺专门赶赴汉中举办为期一周，有173名扶贫干部参加的菌草技术培训班，并派菌草技术人员到汉中驻点指导，推动当地菌草技术扶贫事业的发展。汉中地区11个县（区）的82个乡镇331个村，很快推广起菌草技术。1996年至1999年间，汉中共栽培菌草菇2038万筒，鲜菇总产量2649.48万公斤，新增产值5248.35万元，农户纯收入2414.24万元。在彬县，农民利用当地的废弃窑洞栽培香菇、平菇，每年生产400万袋，年产值超1000万元。

实践证明，林占熺首创的菌草技术是一项周期短、投资少、经济效益高、生态效益好的实用技术，特别适用于广大老少边穷地区。菌草技术也得到中国扶贫基金会的重视，被中国扶贫基金会列为科技扶贫的首选项目。

第四章　“金草”之歌响天外

1996年，在首届菌草技术国际研讨会上，林占熺正式为菌草确定英文名“Juncao”。有人担心外国人不明此为何物。“弄不清楚的人，欢迎他们到中国菌草技术的发源地来了解、学习。”林占熺说，“我就是想让世界知道，这是中国人的一个发明。”

菌草技术一时享誉海内外，面对国外抛来的“红绣球”，林占熺毅然将这一发明技术留在国内用于扶贫，用于保护生态，把研制出的“金草”奉献给国家，兑现在党旗下宣誓的初心。

1994年4月，“金草”之歌在法国首都巴黎奏响。

在第85届国际（法国）发明展颁奖厅，颁发给国外参展者的大奖——“国土资源规划部奖”即将宣布。

“获得这一奖项的是中华人民共和国参展者林占熺，请上台领奖。”第一次宣读时，林占熺不懂法语，没听出来。主持人第二次宣读时，林占熺听出似乎是在叫自己的名字，但又担心听错了，闹出笑话，不敢贸然上台。主持人第三次宣读时，一位懂法语的华人叫道：“林占熺先生在哪里？你得奖了，快上台领奖！”林占熺才连忙整理一下身上那套已穿多年的西装，快步朝领奖台走去。掌声雷鸣般响起。

这是何等不易！这是何等殊荣！

国际评委会在颁奖词中指出：“菌草栽培食用菌综合技术是一项国土整治和开发普遍适用的技术。”

林占熺望着台下热烈鼓掌欢呼的与会者，回想这趟来之不易的参展之旅，平时本不善言谈的他却充满激情地对着全场的听众说：

“我是来自中国福建省的一位发明者。作为一个发明者，能在这里获奖是值得高兴和庆贺的；但我认为，更值得高兴和庆贺的是，自己的发明能在自己的祖国和世界各地推广应用。我深信：我的这项发明，在不久的将来，一定能在我的祖国、在世界各地得到广泛的应用。”

话音刚落，全场又响起热烈的掌声。林占熺看到，台下的华人有的兴奋地跳了起来，有的热情地相互拥抱，有的正用手帕擦着夺眶而出的热泪……“中国，中国！”“菌草，金草！”欢呼声响彻会场，经久不息。

林占熺从领奖台走下来时，颁奖厅内的中国驻法使馆的官员、工作人员，旅居法国的华人，来自海峡两岸的参展人员和新闻媒体记者，向他拥过来。有的与他拥抱祝贺，有的紧紧握住他的双手，有的请他签字留念，还有的邀他参加庆祝鸡尾酒会。一个来自台湾的参展者怀着敬佩的心情走到林占熺面前敬酒，高兴地说：“我们中华民族是最聪明的。来，为中国人干杯！”

可是，没有多少人知道，为了这次参展，林占熺多少个夜晚辗转难眠，付出了多少代价。

在1992年第20届日内瓦国际发明展上，国际评委评价菌草技术“是为人类提供优质菇类食品，为发展畜业提供优质饲料的最经济、最合理的新途径”，荣获展会金奖和日内瓦州奖。因此，中国发明协会再次推荐菌草技术参加1994年第85届国际（法国）发明展。去还是不去，林占熺一时举棋不定。

1992年，林占熺应邀参加日内瓦国际发明展时，单位没有这项开支。为能成行，他不得不咬紧牙关借了39500元。展会上，林占熺的“以草代木”“以草代粮”栽培食用菌技术一炮打响，不仅获得金奖，还荣膺本次展会唯一的政府奖——日内瓦州奖，实实在在地为国家争了光，但这笔欠款至1994年还没还清。

当主持人请林占熺发表获奖感言时，因为是第一次在国际展会上遇到这样的场面，他一时不知说什么好，只非常简单地讲了一句“Thank you very much”，就急急忙忙地走下领奖台。

下来后，在场的一些华人有点惋惜地走到他面前说：“林老师，你看有的人得了小奖，都不忘抓住机会在领奖台上大讲一通，表现好大一阵子。而你得了大奖，怎么只讲那么简单一句话，就仓促走下来了呢？”

第二天，中国代表团不少参展的同志问林占熺：“昨晚一定高兴得睡不着觉吧？”林占熺不知如何回答才好。那天晚上，林占熺确实一夜没睡好觉。除了因为获奖而高兴，向自己的亲朋好友分享这一喜讯外，他还为回去后怎样还清因参展欠下的债务而犯愁呢！

林占熺更不会忘记，当他回到福建时，家乡给他送来了充满温馨与敬佩之情的祝贺。1992年4月27日，时任福建省省长贾庆林、常务副省长陈明义等在福州西湖宾馆亲切地会见林占熺，衷心祝贺他发明的“菌草代木代粮栽培食用菌方法”在国际发明展上获得殊荣。“你们付出心血得了大奖理所当然。这不仅是你们的光荣，也是全省人民的光荣。对鼓舞全省人民建设社会主义现代化决心有很大作用，感谢你们为四化建设、科技发展作出了有益的贡献。”贾庆林语重心长地说，“我们要建立让科研能尽快转化为生产力的良性循环机制，让科研成果走出实验室，为社会创造财富。”

1994年参加国际（法国）发明展，林占熺是再次举债前往的。

“旧债未清，再举新债，值得吗？”赴巴黎参展前，林占熺反复地问着自己。

有人不客气地对林占熺说：“你再举债下去，恐怕到下一代也还不清。”

但另一种观点很快在他心中占了上风：在参展的1000多个新发明项目中，菌草技术具有很强的竞争力，如能参展，可能再次脱颖而出，可以通过这样知名的国际平台，向全世界宣告：菌草技术是由中国人发明的。

林占熺越想越豁然开朗：作为共产党员，要把国家利益放在高于一切的位置上，为了告诉全世界菌草技术是中国人发明的，我再穷也要争取去，还要全力以赴夺取奖项。即使借的钱要几代人才能还清，也值得！他还提醒自己：“如果这次能获奖，我一定要在领奖台上好好为中国人多讲几句。”

出发前一天晚上，林占熺专门到北京北太平庄食品店购买了二十几包比方便面还要便宜的“三合面”，为展会期间的三餐备足了主食。展会用餐时间，他就选择大家不易发现的地方，“享用”这一特殊的“国际展快餐”。

跨过高山，飞过大海，菌草技术这项重大发明，很快传遍了五大洲。

美国、日本等国的企业家敏锐地看到这一发明的巨大潜力，认为这一发明将是一座取之不尽的“富矿”，纷纷设法找到林占熺，向林占熺抛来“红绣球”。

一个美国商人追到广州，找到正在参加学术会议的林占熺说：

“你的专利太有价值了。如果你愿意，你可以到美国我的企业来工作，你会得到十分优厚的报酬：你本人一个月工资8000美元，陪同前往的爱人每月6000美元。我们先签两年的合同，期满后双方有兴趣的话，可以续约。”

这实在太有诱惑力了！当时，1美元可兑换8.7元人民币，也就是说，林占熺如果同意把专利交给对方，并到美国工作，夫妻俩一个月收入有12万元，是他们当时月工资的1000多倍，实在太悬殊了。而且，作为一个来自农村的大学毕业生，林占熺家境确实也比较困难，需要钱，家里有四个老人，还有十几个“小字辈”需要他帮助培养。另外，他自己欠下的债务，也要尽快还清。所以，许多人都认为他会接住天上掉下的“红绣球”，选择去国外发展。

但林占熺心里却装着另一笔“中国账”。他认为，这笔“中国账”要比“个人账”重要千倍万倍。

中国的阔叶树资源有限，而草资源却十分丰富，宜草山地、坡地比比皆是，面积在60亿亩以上，是全国耕地面积的3倍还多。只要能利用其中3%的草地来发展菌草业，就可以生产菇类食品13500万吨以上，创造产值5400亿元以上，增加5400万个就业岗位。如果菌草技术能得到很好的推广，其经济、社会、生态效益不可估量！如果能形成一个数千亿元产值的可持续发展的新产业——菌草业，那将有多少农民可以增收致富啊！个人收入即便几百万元、几千万元，与成千上万的农民钱袋里增加好几千亿元相比，哪一个多、哪一个少，哪一个分量轻、哪一个重，林占熺再清楚不过了。将这一发明技术留在国内用于扶贫，用于保护生态，用于为国家经济社会发展作贡献，才能真正体现一个共产党人的价值。

林占熺再次想到他获国际大奖后路过北京，顺道向老省委书记、时任全国扶贫基金会会长项南汇报时的情景。项南听到有美国企业老板要高薪聘用林占熺去美国工作，立即谆谆教诲道："占熺，你把自己发明的菌草技术，拿去发财，当然是合法的，但它只能富了个人。如果你能用菌草技术来扶贫，让广大农民更快脱贫致富，才能真正实现你的人生价值……"

为此事，林占熺的家族还在连城老家开了一个家族会议。

"机会难得，机不可失，最好前往。"

"用个人发明的科学技术获取报酬，名正言顺、合法合规，不必束手束脚、顾虑重重。"

"没钱难办事，我们非富裕之家，这下可以解决不少燃眉之急。"

"科学无国界，把菌草技术发明带到美国，同样可以服务社会。"

"还是去吧！等赚到钱你要扶贫照样可以去。"

……

会上，不少家族成员极力主张让林占熺去美国。

但林占熺耐心地陈述自己不去的理由。他说："科学无国界，但科学家有祖国，科学技术有专利，就看它属于哪个国家，为谁服务。这项发明，今后的潜力非常大。我想把菌草技术专利留在国内，为广大迫切希望脱贫致富的农民服务，为国家作点贡献。我如果去了，即使成为百万富翁、千万富翁，今后可能会帮助外国人来赚中国的钱，我会成为罪人啊！"

会议一度陷入僵局。

最后，林占熺父亲发话：“大家不要再争了。当初我送他去大学念书，也不是指望他去挣大钱。家训要我们清清白白做人，认认真真做事；为人民服务，为国家做事。就尊重他的选择吧！”

林占熺婉言谢绝了对方的盛情邀请，平静地对这位富商说：“几十万、上百万美元确实是不小的数字，但只能富了我一个人、一家子；而教会中国广大农民利用菌草技术，栽培食用菌、保护生态、发展菌草产业，富的是千家万户，得利的是千千万万人。我愿选择后者。”

日本一家企业还没等林占熺从国外回来，就派人到福建农业大学，提出愿以高价购买林占熺的发明专利，并表示愿意高薪聘任林占熺，家属也可以安排工作。林占熺明确告诉对方，转让菌草技术专利使用可以，但专利所有权仍归中国。当林占熺把发明专利使用权转给这家公司后，他没有选择留在日本，而是很快回到福建农业大学，继续开展菌草技术研究与扶贫工作。这是中国农业发明专利使用权转让国外的第一例。

1996年金秋时节，首届菌草业发展国际研讨会在福建省福州市举行。这是菌草技术诞生以来召开的第一次国际研讨会。

当时，对于什么是菌草尚没有一个公认的科学界定，一些报道也只是简单地称其为“野草可以长菇”。实际上，不是所有的野草都能用来种菇，如断肠草也是一种野草，就不能用来育菇。此外，对于什么叫菌草，各国也各有叫法和表达方式，尚未形成共识。

研讨会来了不少国际知名的食用菌专家学者，林占熺觉得这是给菌草一个准确的界定，并取一个世界通用的名字的好机会。最好能通过这次会议，让食用菌界认定：菌草技术是中国人发明的，其发源地在福建农业大学。

会上，林占熺提出对菌草、菌草技术、菌草业的界定建议：“可以作为栽培食（药）用菌培养基的草本植物，简称菌草；运用菌草栽培食（药）用菌和生产菌体蛋白饲料的技术，简称菌草技术；运用菌草技术及相关技术形成的产业，简称菌草业。”

这一界定，得到与会多数专家学者的认同与支持。

但当讨论给菌草起一个国际通用的名字时，与会专家学者各有想法，提出了20多个名字，其中不少人主张用英文来命名。

林占熺这下可急了，他急忙找到德高望重的世界热带菇业协会副主席张树庭等人，迫切地建议：“菌草技术是中国人发明的一项新技术，最好能用汉语拼音来取名。”

“这样国外有些人弄不清楚怎么办？”

“弄不清楚的人，欢迎他们到中国菌草技术的发源地来了解、学习。”

在张树庭等专家学者的大力支持下，菌草最后以汉语拼音“Juncao”作为国际通用名字。

林占熺把“青草”留给自己，把科研得来的“金草”献给了国家，兑现了他踏进大学校门、在党旗下宣誓的诺言。

第五章　瑞草笑傲寒霜天

科技创新之路是曲折不平的。菌草技术在国际上获奖之后，林占熺遭遇了一生中少有的挫折与打击。除了他的弟弟在菌草试验中因高压锅爆炸而献身外，他还遇到了一些误解和责难。但更多的人鼓励他要振作起来：“一项新技术被人评头论足不可怕，中国共产党就是在谩骂声中成长壮大的。仰起头来，走自己的路！”

尽管历尽艰辛，但林占熺并不孤独，菌草事业始终得到党和人民的关心与支持。他从悲痛和愤懑之中站了起来，向另一个扶贫点——“贫瘠甲天下”的宁夏彭阳县进发。

树大招风，名高引谤。就在尤溪县菌草技术示范推广搞得热火朝天、成效显著，菌草技术相继在国外展览荣获大奖、知名度越来越高，林占熺全神贯注、全力以赴深入研究菌草技术时，一股无名脏水向他泼来，对他和菌草技术的非议与无理指责在明里暗里滋生蔓延。

什么林占熺是“国际科技骗子”“欺世盗名”“捞取钱财”，什么菌草技术是“开倒车”“走回头路”等，甚至有人写匿名信向国家有关部门“告黑状”，无中生有，颠倒是非。还有少数人找到德高望重的谢联辉院士，当面指责林占熺是个骗子，菌草技术是“乱弹琴”“没科技含量”，搞的是“大倒退、大破坏”……

更让林占熺感到难过和难以接受的是，这些人当中竟然有他多年的同事、同行，也有政府有关部门的工作人员。他们对用阔叶树栽培食用菌给生态带来灾难性后果，应是心知肚明。他们为什么要对菌草技术如此攻击下毒手，如此发难出阴招？

祸不单行。1994年5月21日上午，被林占熺派往安溪县扶贫的小弟林占华，在指导菌草栽培时，因高压锅爆炸不幸身亡。林占熺得知这一噩耗，简直不相信自己的耳朵，双腿一时站立不起来。他立即给好友打了一个电话，紧急借用一部农用车，赶往出事地点。

“都是我害了他，都是我害了他！”林占熺一路不停地痛哭着，声音都哭哑了。“其哀痛欲绝的惨状，是我认识他几十年来从未见过的。”开车的黄先生还清楚地记得当时的情境。

赶到出事地点时，已过了中午时分。现场惨不忍睹：高压锅突然爆炸，一二十米外的玻璃都被震得粉碎，林占华面目全非，当场罹难。遗体抱上农用车放置时，鲜血还在往下滴。林占熺按照家乡习俗，将林占华送回老家安葬。

林占华不幸去世的消息轰动全镇，人们纷纷前来吊唁，各方送来的花圈，摆到了村外。

林占熺一到家，便迈着注了铅似的双腿，走到父亲的床头。他知道，自从父亲得知小弟去世的消息，就卧床不起。白发人送黑发人，这一重锤般的打击可想而知。林占熺已做好被父亲痛打怒骂的准备。

林占熺在父亲床边跪下，向躺在床上的父亲请罪：“是我没有尽责，没有把小弟保护好。父亲，你尽管打我骂我吧！”

没料到深明大义的父亲，反而坚强地从床上坐了起来，强忍悲痛，开口劝慰道：“人要做事，就会有付出。你要保护好你的身体！”

老年丧子对他父亲的打击太大了，原来健康的身体，从此每况愈下，不久就病倒了，一年半后就离开了人间。

林占华是林家22代人中的第一个研究生，就读于福建农学院。研究生快毕业时，林占华因品学兼优，本来可以去当公务员，端“铁饭碗”，但满脑子菌草技术的林占熺，想的是正上路的菌草事业需要人，尤其林占华学的是农业经营管理专业，这样的人才更是紧缺难找，于是林占熺做了林占华的思想工作，让他与自己一起，走菌草研发这条路。万万没料到的是，原来有望成为他菌草事业左膀右臂的林占华，就这样英年早逝了。

十指连心痛。林占熺痛失亲人，痛失事业臂助，心似白雪覆霜。

这些年来，林占熺为了菌草技术，为了脱贫攻坚，愧对家人，不知亏欠了全家多少。

为了使自己能更加集中精力从事科研和脱贫攻坚，林占熺让爱人提前办理退休手续，把全家的家务、教育孩子的任务，甚至菌草研究所的一些勤杂事务等，都承担起来了。

在厦门大学就读的女儿，被选中赴新加坡留学。临行前，考虑到女儿年纪还小，世界观尚未成型，为了让她能正确把握好人生之路，林占熺跟她约法三章：一是为国家去学习，必须牢记学成后回国，为国效力；二是必须选读理工科、自然科学，这样才能用得上人家先进的实验室；三是重大事项必须及时向家里通报。

为了节省开支，在艰难的初创时期，林占熺把至亲派到其他人望而生畏的艰难岗位。

林占熺一年到头为菌草事业忙碌，双休日、节假日也没有空闲，难得有时间与外孙女玩一会儿。天真的外孙女向人家打听，外公一天的工资到底是多少，她想自掏腰包，“买断”外公一天时间，让外公陪她一起玩。后来她就想：愿自己快快长大，能与外公一起去种草、扶贫、治沙……

乌云遮住了天上的太阳，让林占熺摸不着北。他不知道接下去的路要怎么走，要如何才能继续往前走。从不抽烟的他，一根紧接一根地抽着。他又一次来到福建农业大学菌草研究所旁边的小草地，坐着，想着。

这里屹立着刻有福建省委原书记、中国扶贫基金会会长项南勉励林占熺的题词“发展菌草业，造福全人类”的大理石石碑，它是闽西老区扶贫促进会为感谢和激励林占熺从事菌草扶贫事业，特地请人镌刻送来的。

望着那金光闪闪的十个大字，林占熺耳际仿佛又响起老书记的谆谆教导：

“占熺，你发明的菌草技术我看准有三条：第一是保持水土，保护环境，可持续发展；第二是千家万户可以参与，千家万户可以发展，可以和扶贫工程密切结合；第三是世界市场非常大。这是带有全球性的一场技术革命。希望你能通过扶贫服务，为社会作贡献，实现你的生命价值。”

“一项新技术被人评头论足不可怕，中国共产党就是在谩骂声中成长壮大的。仰起头来，走自己的路！”

项书记的睿智与高瞻远瞩，拨开了林占熺头顶的愁云，他的心情又绚烂起来。

是啊！回顾自己十多年所走过的路，尽管历尽艰辛，但自己并不孤独，菌草事业始终得到党和人民的关心与支持。

历届福建省领导相继来到菌草研究所调研，对菌草事业给予关心鼓励，帮助解决、协调前进路上遇到的各种问题。

多位人大代表、政协委员连续多年向省两会提交提案、建议，倡议加大对菌草技术的支持力度，让菌草技术在脱贫攻坚、科技兴农中发挥更大的作用。

谢联辉院士听到针对菌草技术的风言风语之后，特地到菌草研究所看望林占熺。他仔细了解菌草技术的发展情况后，感到这是一项值得大力提倡和保护的新事物。他请林占熺为他提供一份参考资料，并准备一包用菌草技术栽培出的香菇。1995年全国两会期间，作为全国政协委员的谢联辉院士，向大会提交了有关发展菌草业的提案，并在发言中呼吁：大力发展菌草产业，是农村脱贫致富、增加我国食物来源的一项有效措施，建议加速推广菌草技术，把发展菌草产业列为国家重大开发计划。会议期间，谢联辉院士还带着用菌草栽培的香菇，专门找到中国食用菌协会会长，请协会负责人一起见证林占熺菌草技术的成果。听完谢联辉院士充满说服力的介绍，协会负责人深感那些对菌草技术的攻击和偏见是不妥的，表示："这是未来食用菌发展的方向，我们今后一定会全力支持。"

素不相识的老将军熊兆仁、李得安等，多次身着便衣来到福建农业大学菌草研究所，找到林占熺询问菌草技术研究的有关情况及面临的困难，然后主动向有关领导推荐汇报，让菌草技术得到各方面更多的帮助关注，在扶贫事业中发挥更大的作用。

已经退休的同校老教授钱育仁、还振举等，带着他们一生收集研究的一些优良草种——象草、卡松古鲁狗尾草、宽叶雀稗草、拟高粱等，找到林占熺说："把这些草种拿去试试看，也许对你研究菌草会有所帮助。"

1995年，林占熺因陕西彬县运用菌草技术扶贫一事与时任中共中央对外联络部秘书长马恩超在北京相见。当马恩超得知林占熺计划在黄河沿岸建设绿色屏障，治理黄河生态时，他紧紧握住林占熺的手说：“我全力支持你，要跟你一起到黄河种菌草去！”

林占熺终于再次坚信自己走的路是对的，因为走可持续发展之路，是人类社会发展的需要与必然。

发展菌草事业，新的任务在召唤。

“争论只会浪费时间，实践是最好的试金石。”

“做特殊钢铁铸成的硬汉！为弟弟未竟的事业继续奋斗！”

“我不能因为弟弟的不幸停止我的工作，相反，我要做得更好，这才对得起为菌草事业献出生命的弟弟。”他下定决心，“一定要把弟弟没完成的任务一起完成！”

林占熺挺直腰杆，忍着悲痛，背起简易的行囊，带着妻子给他备好的药品和嘱咐——“别忘准时吃药”，朝着另一个菌草扶贫点——号称“苦瘠甲天下”的宁夏彭阳县进发。

第六章　神草富民西北域

闽宁对口扶贫协作使菌草技术助力脱贫攻坚在宁夏回族自治区成功落地。时任福建省委副书记习近平担任福建省对口帮扶宁夏领导小组组长，他要求帮扶就要拿出福建的优势来，并把菌草技术列入帮扶的项目。在宁夏荒芜的戈壁，菌草不仅能代替树木用来种植各种食用菌，而且根系发达，可以防风固沙，因此成为扶贫的最优选择。菌草技术很快在宁夏推广开来，山里人不仅尝到了当地罕见的山珍蘑菇的滋味，更走出一条脱贫致富的康庄大道。

在闽宁镇脱贫发展宝贵经验的激励下，30多年来，林占熺带领团队顺势而上，以超乎常人的热情和毅力，推广菌草技术，把菌草技术播种到神州大地，为欠发达地区脱贫攻坚作出贡献。

一

1996年5月，根据中央“两个大局”的战略思想和开展东西部扶贫协作的决策部署，福建、宁夏两省区党委、政府决定全面开展闽宁对口扶贫协作。时任福建省委副书记习近平担任福建省对口帮扶宁夏领导小组组长，直接组织实施闽宁对口扶贫协作。

1997年春天，福建省对口帮扶宁夏领导小组组长习近平第一次来到宁夏。他深入宁夏最贫困的西海固地区5个县访贫问苦，为如何谋划对口帮扶做调研，找思路。

宁夏西海固地区素有“苦瘠甲天下”之称。联合国专家考察后留下评价：“这里不具备人类生存的基本条件。”

习近平被西海固赤贫的现状深深震撼。他曾在延安贫困地区梁家河插队7年，对西北的贫穷早就有切身体会。然而，当他踏上西海固这片黄土地时，还是被深深震撼：“虽然穷地方我见过，我也住过。

但是到了上个世纪90年代，改革开放好多年了，我们还有这么穷的地方，我心里受到很大冲击。”

时过如飞不等人。其间，福建、宁夏两省区签下一批宁夏急需帮扶的关键性项目，菌草技术被列入帮扶重点项目。习近平提议，将西海固西吉县部分住在“一方山水难养活一方人”地方的村民，迁移到生活条件比较好、位于银川市以南50千米处贺兰山下的一片戈壁滩，设立一个以福建、宁夏两省区简称命名的移民开发区——闽宁村。习近平还提出，福建农业大学教授林占熺发明的菌草技术，是福建省的优势项目，帮扶就要扬长避短，拿出自己拿手的……

使命在身，林占熺也早已闻风而动，到位履职。

在福州飞往宁夏的飞机上，林占熺的心难以平静。他深知，这是

◎ 彭阳县种草以前的地貌

一场没有硝烟的战斗。宁夏有回族、满族、蒙古族、壮族等多个少数民族，是全国最大的回族聚居区。菌草技术能否尽快为帮扶宁夏摆脱贫困发挥作用、作出贡献，是对菌草技术创新水平的又一次“大考”，而且事关为福建争光，为党中央重大决策贡献力量，来不得半点马虎和拖延。

无巧不成书。就在党中央作出中西部地区开展对口帮扶决定的时候，中共中央组织部和中国扶贫基金会在厦门举办针对全国592个贫困县县委书记和县长的培训班，特邀林占熺到培训班介绍如何应用菌草技术扶贫。

“林教授，我是宁夏彭阳县的，我们那儿很穷，我们很想邀请你用菌草技术帮助我们农民脱贫。但我们那儿没你介绍的那些菌草，能行吗？”参加培训班的彭阳县委书记柳富听完林占熺的介绍后，马上找到林占熺迫切地恳求道。

“你们那里有农作物秸秆吗？”

“有，我们那里有种小麦，秸秆资源还较丰富。”

“那我们找个机会，到现场试试看。”

已赴宁夏彭阳县挂职的福建干部许跃国，一听到上述消息，也立即找到林占熺。他一口气说完彭阳可以发展菌草技术的理由后，用力地拉着林占熺的手诚恳地说：“我和彭阳县科委已做好一切前期准备，就等你能早日到来！”

刚刚走马上任的福建省对口帮扶宁夏办公室常务副主任林月婵，也想找林占熺，她想让林占熺用菌草技术，好好灭灭宁夏西海固的贫困恶魔的威风。

期盼！责任！担当！林占熺的心被这一切打动了。他晓得：彭阳县地处宁夏南部山区，属全国最穷的西海固地区。这里的生态环境相当脆弱，菌草技术在这么差的环境中能否应用推广，还很难说。“但如果在这样特别贫困的地方示范成功，在其他地方推广就更有说服力。”林占熺辩证地想着。

三方一拍即合。这时又传来习近平在闽宁两省区第二次对口帮扶联席会议上“点将”林占熺，把菌草技术列入帮扶宁夏的主要项目的消息。林占熺就像接到冲锋令的战士，与助手跑到福建农业大学小卖部要了六个肥皂箱，将菌草种装入纸箱里，马不停蹄地奔向彭阳县。

菌草技术，成为福建帮扶宁夏摆脱贫困的先锋项目，成为宁夏实现脱贫致富的“短平快”项目。彭阳县成为福建菌草技术帮扶宁夏的第一个县。

1997年4月15日，当林占熺一行抵达彭阳县时，已快晚上10点。热情的东道主紧紧握住远道而来的专家们的手，兴奋地说：“辛苦了，总算把你们盼来！晚上好好休息一下，明天我们就可以到实地考察。”

林占熺心急如焚，忘了自己还没用过晚饭，急切地说：“我们还是先去看看那些废弃的窑洞，能否‘废物利用’，用来种菇。如行，我们就不仅能加快推广菌草技术的速度，还可以省下一笔投入。”

原来，不久前，林占熺团队曾到离宁夏彭阳县不远的陕西省彬县推广菌草技术，当地也有不少废弃的窑洞。他们从实际出发，因陋就简，充分利用废弃的窑洞种植菌草香菇，获得成功。可彭阳县与陕西彬县的自然条件有什么差异，窑洞有什么不同，他还不得而知。没有调查研究就没有发言权。科学技术容不得半点想当然，特别是农业技术，更是非到现场探究其所以然不可。

带着手电筒，林占熺一行走进黑灯瞎火的山村。带他们去废弃的窑洞，实地查看这些窑洞有多少、多大，内外的环境、条件如何，调研能否用来种植菌草菇，可种多少，要投入多少，种成后农民会有多少收入……

情况总的还行。这些窑洞的保温、保湿条件都适合，最大的缺陷是通气不大理想，会影响菌草菇的质量。林占熺与村民商讨解决的办法。他们很快想出一个好点子：在窑洞顶上开个换气孔，让空气对流不就行了吗？通气不畅的难题迎刃而解了。

第二天，晨曦微露，林占熺一行又出发了，开始对几个准备率先示范推广菌草技术的乡村展开全面的调研。整整五天，他们穿过一个又一个大山深沟，先后考察了彭阳县几个贫困乡。沿路两边，都是光秃秃的山，寸草不长，风沙扑面，与人们描绘的“地上不长草，天上不见鸟，风吹石头跑”一模一样。他们走进一户人家，主人有40来岁，破旧的土房里找不到一件像样的家具，土窑洞顶上吊了一根绳，拴着一捆发菜；墙角堆放着一麻袋乞讨得到的干粮。主人抚摸着袋子，侥幸地说：“离夏天还有一两个月，还有吃的，能过了。”孩子们光着脚丫，穿着补丁摞补丁的裤子，刺骨的寒风吹打着裸露在外的胳膊。对面破旧的学校里，孩子们上课的教室多数没有门，窗户没有玻璃。有的学校甚至连这样的教室都没有，老师只能用树枝在地上写写画画，向孩子们传授知识。老百姓用水很困难，喝的水要走很远的崎岖山路去运、去挑，而且带着苦咸味。想洗个澡简直是一种奢望，即使是政府的宾馆、招待所里面供客人使用的毛巾，也因缺水少冲洗而发黄变黑……

林占熺明白了，这里的环境条件比想象得更差更糟。“这里确实太穷了，不知要怎样过下去。你们是专家，有知识，要帮我们想想法子啊！”陪同调研的人员充满期待地说。

贫穷！贫穷！林占熺的心沉甸甸的，不知说什么好。

脱贫！脱贫！他一路上不停地想着、记着。

随着调研的深入，林占熺的思路越来越清晰，战胜贫困的信心也越来越足。他看到这里气温相差较大，冬天寒冷，最低温度达到零下二十几摄氏度，一年无霜期不足六个月，年降水量只有几百毫米，水土流失严重，劣势不少。但在彭阳县推广菌草技术，也有优势。这里有较丰富的玉米、小麦等农作物秸秆，加之国家正实施退耕还林还草工程，用于菌草生产的原料不缺；当地使用农药较少，农作物秸秆农药残留少，生产的菌草菇是生态绿色的；农村剩余劳动力充足；海拔高，气候干燥，平均气温较低，可以采取“人无我有”的做法，在南方5—10月因高温不能生产双孢蘑菇等中低温型食用菌、市场缺少食用菌的空档期生产菌草食用菌，满足市场的需要；这里地处黄土高原边缘，土层深厚，可以种植菌草；有不少废弃的窑洞，可用来栽培食用菌，投入少、产出快……

林占熺的脑海中闪现出“窑洞栽菇法”的设想：充分应用废弃的窑洞栽菇，以此克服西北冬季低温度、低湿度的不利条件，实现周年栽菇产菇，生产反季节菌草菇类食品。

1997年6月，推广菌草技术、率先实现脱贫的战役在彭阳县正式打响。林占熺首先下力气培养一批有志于学习菌草技术的技术骨干。当地的农民，一年四季大都以土豆、玉米为主食，平常蔬菜很少上桌，更不晓得蘑菇是何菜肴。他们听说林占熺能帮他们用废弃的玉米秸秆种植出雪白的蘑菇来，将信将疑，动员他们报名参加菌草技术培训班遭到冷遇。经过再三发动，首期六盘山区菌草技术培训班总算在彭阳县开班了。

林占熺与他的助手们带着从福建千里迢迢运来的技术资料、菌种、草种和材料、设备，来到培训点，走上讲台。面对台下文化程度参差不齐甚至有的是文盲的学员，林占熺想方设法，用最通俗易懂的语言，深入浅出地向学员讲解、示范菌草技术。林占熺明白，一种新生事物要让人们一下子接受，是很难的。前些年，他们在福建推广菌草技术时，也遇到同样的情况。但事实证明，只要善于从培训班中

◎ 1998年4月，林占熺技术专家组在宁夏彭阳县开展闽宁菌草技术扶贫六盘山区第一期培训

发现、培养技术骨干，通过他们的实践让其他人看到菌草技术真正能“点草成金”，给他们的生活带来实实在在的变化和好处，就一定能达到星火燎原的效果。

首期培训班结业时，林占熺从参与培训的学员中挑选出27名菌草种菇积极性高、学习用心的农民作为菌草技术扶贫的示范户，指导他们利用废弃的窑洞或搭建简易的菇棚，开始尝试菌草种菇。

每天，林占熺和他的助手们都要沿着蜿蜒崎岖的山间小路，一户户查看示范户的菇情，及时分析解决出现的问题，排除“险情”，才放心地回驻地。有时为了随时观察温度的变化，林占熺等干脆睡在窑洞或菇棚里。

半年后，捷报传来。27户示范户种植平菇均获得成功，户均收入达到2000元。其中收入最高的农户，面积不到50平方米的简易菇棚中，平菇的纯收入高达1万元，比他原来一年种植27亩小麦的收入要多得多。

古城镇张文俊一家五口人，原来一年产粮不足700公斤，人均收入不到300元，生活十分困难。当了示范户后，他当年就增收2500元，不仅买了当年的口粮，还买了化肥、地膜和一头驴，打了一口土圆井，一家人的生活发生了很大的变化。

新集乡牛贩子马继宝一下子建起了4个棚种植菌草蘑菇，面积达560平方米。当年，他增收1.8万元。他激动地说：“我贩了20年的牛，收入还不如一年种植菌草蘑菇的收入。”

事实是最有说服力的动员令。示范户尝到了甜头以后，一听说林占熺来讲课，彭阳县电影院里里外外就挤满了赶来听课的农民，渴望依靠菌草技术脱贫致富。

菌草技术很快在彭阳县推广开来。1998年，古城镇用菌草种植食用菌的自然村由2个发展到5个，示范户也发展到63户。1999年，全县从事菌草生产的乡镇，从古城镇发展到红河等乡镇，共有菇农100多户。2000年，菌草技术开始向宁夏南部山区大面积推广，高峰时发展到5000多户，兴建菇棚5000多个，日产菌草菇达20吨，高峰期可达60—100吨，销往兰州、深圳、上海、银川等地。每个菇棚一年收入最低3000多元，最高5300元，平均4000元左右。彭阳县还建起1个日加工100吨的盐水蘑菇加工厂、3个鲜菇保鲜冷库、1个制种中心，菌草技术实现产业化，为菌草食用菌业持续发展创造了更好的条件。

© 宁夏菇农喜获丰收

山里人不仅尝到了山珍蘑菇的滋味，更看到了一条脱贫致富的康庄大道。

闽宁对口扶贫的成果，得到党中央、国务院领导的充分肯定。2002年，国务院副总理温家宝在一份闽宁扶贫协作调查报告上批示：“福建、宁夏扶贫协作的做法和经验，应该认真总结并予以宣传。”

2003年9月5日，国务院副总理回良玉来到彭阳县闽宁菌草技术扶贫点，视察菌草技术扶贫的成效。听完汇报后，回良玉走进高庄村刘泽家的菇棚，边看边问菌草种菇后家庭的收入情况。当回良玉得知菌草种菇后，刘泽家一家生活有了明显的改善时，高兴地说：“在这里，我看到东西扶贫协作的希望！”

二

1997年7月15日，是我国扶贫史上具有重大意义的日子。闽宁村在宁夏贺兰山东面一片戈壁上破土动工。奠基当天，习近平专门发来贺信。他充满期待地表示：“闽宁村现在是个干沙滩，将来会是一个金沙滩。”闽宁合作迈出新步伐。

彭阳县菌草扶贫初战告捷，使闽宁两省区的领导对菌草扶贫更寄厚望，认为加快菌草扶贫步伐的时机已经成熟。1998年底，菌草技术被引进闽宁村，闽宁村建起了菌草技术扶贫示范基地。

闽宁村地处腾格里沙漠边缘，村民是20世纪90年代由全国最贫困的宁夏西海固原西吉县搬迁过来的，是一个名副其实的“吊庄村”，也是福建省帮扶宁夏的最大的一个“吊庄村”。它地处荒漠平原交织带，干旱少雨，蒸发强烈，年最大降雨量只有186毫米，蒸发量3200毫米，风沙多，农业生产条件有待改善。首批8000多落户在贺兰山下的移民，国家虽然帮助他们建起了新房，但只有人均2亩多的沙漏地，耕作成本高、产量低，1998年人均纯收入才610元，在贫困线上徘徊。有的人移过来不久，又返回原来的老山村。

1998年初春，林占熺带着菌草技术组，在闽宁村一间不足15平方米的旧车库安营扎寨，投入闽宁村菌草技术扶贫示范基地建设。

“林教授，你知道吗？这里是宁夏，不是福建。天气非常恶劣，是个‘天上不飞鸟、风吹石头跑’的地方，没有树也没有草！”当地一位扶贫干部善意地提醒林占熺。

一个好心人得知后，跑来劝林占熺：“这可是一块难啃的硬骨头。已迁过来的人都想往回迁，你怎么反而往这个坑里跳？万一失败了，你前面获得的成绩，也将前功尽弃，到时候你拿什么回福建见家乡父老？”

很快，林占熺他们就领教了这里沙尘暴的威力。夜晚，风沙敲打木门的声响吵得他们无法入睡；清晨起床，房间床上、桌上、地上都盖着一层沙。走出房门，林占熺发现，不少移民真的把新房的门用砖块砌了起来，又回到西吉原住地居住。原因无他，周围能创收的项目少，生计艰难。

乐业才能安居，要使西吉县移民在闽宁村住得下，首先要有活干，要有能赚到钱的活计。菌草技术正是投入少、产出高，周期短、见效快的“短平快”好项目，必须分秒必争地推广开来。

林占熺带领菌草技术小组，时不我待地行动起来。他们从实际出发，针对当地的气候特点，采用菌草栽培双孢蘑菇新方法：在荒漠地上搭起一半在地下、一半在地上的菇棚，这样更容易调节菇棚的温度、湿度，更适合菌草菇的成长。三座菇棚搭建起来后，开始种菇。

刚开始，多位队员因高原反应、水土不服，加上劳累过度，经常流鼻血，甚至病倒。沙尘暴袭击在这里是家常便饭，沙尘暴一来，温度变化莫测，难以掌控，掌握不好，种下的菌草蘑菇可能全军覆没。为了随时掌握菇房温度的变化，为了避免沙尘暴突袭造成损失，林占熺与他的伙伴经常晚上住在菇棚里，不时地观察天气的变化，摸索当地种植菌草蘑菇的规律。

当时，菌草技术在福建已培育成功多种食（药）用菌，除了双孢蘑菇，还有香菇、金针菇、平菇、毛木耳等。有多年实践经验的林占熺心中有数，用发酵法栽培双孢菇技术相对比较简单，新手好掌握，不容易出问题，销售问题也较易解决。福建省是双孢蘑菇的主要产地，也是主要菇类产品集散地，但夏季温度过高，不产双孢蘑菇；而只要建简易菇棚，宁夏夏季就可产双孢菌菇。这样，就可以把福建的市场优势和宁夏的气候特点结合起来，搞反季节种菇，从而解决销售问题。林占熺经过深入探讨思索，决定选择农户较易掌握、市场潜力较大的菇种——双孢蘑菇作为主要种植品种。

林占熺从当地村落分散的实际出发，将菌草扶贫队人员分成9个组，分别承包9个村民点的菌草种双孢蘑菇的工作，驻村进户，人盯人、手把手进行全程服务，尽力使多数农民“一看就懂，一学就会，一做就成”。林占熺还专门给菌草技术扶贫工作队制定了三条铁的纪律：第一，这里是回族聚居地区，要尊重当地少数民族风俗习惯；第二，万一发生矛盾和争执，坚持骂不还口、打不还手；第三，下乡开展技术扶贫，不吃菇农的饭，不拿菇农的一针一线。

很快，一朵一朵白色的双孢菇纷纷破土而出，从堆料算起，不到百天就进入收获期。首批参与示范的菇农走上了脱贫致富之路。眼见为实，越来越多的移民投入菌草育菇的潮流中，主动向林占熺团队取经，加班加点地盖菇棚。小小的菌草双孢菇成了紧俏货，使得广大移民看到在闽宁村安居乐业有奔头。

就在菌草栽菇各项工作顺利推进的当头，林月婵来找林占熺商讨“要事”：“为了提升当地农民菌草种菇的信心，我们能否对菇农生产的产品实行包销？”

林占熺听后懵了，一时不知说什么好。“我们是来搞技术扶贫的。菌草技术是我们的强项，我们可以无偿提供菌草技术的专利，保证菇农生产出优质可口的食用菌。”

沉默片刻，林占熺又说：“这样科技扶贫，是我们去帮助他们，跟老百姓心贴心。如果我们还包销，就可能把菇农和我们的距离拉开了，对方甚至可能会猜疑，我们是不是想在中间赚钱。我觉得科技扶贫工作队的角色，不适合，这个决定要非常谨慎。”

一些扶贫队成员也插话：“市场有起有落、跌宕起伏，我们既要包技术又要包销售，亏了怎么办？这岂不是要我们既当老师，又要保证学生考进好大学；大学毕业后，还要保证找到好工作、娶上好老婆？”

令将不如激将，林月婵果断地说：“你们有没有看到，不少农民至今仍举棋不定，就因他们没有市场经验，担心产出的产品没有销路，血本无归。你们是专家，如果你们对自己的产品销路都没信心，怎么动员农民去种菇呢？如果我们不敢包销，农民就没有信心，那么菌草技术扶贫这件事就难做成了。”接着，她斩钉截铁地说：“菇农的难处，就是我们的大事，就要管到底。为了扶贫大局，我们就要敢于打破常规，特事特办！”

最终，林占熺及其团队豁出去了，他们破例签下了“不平等协议”，承诺不但无偿地提供菌草技术专利用于扶贫，还承担市场风险，产后包销。林占熺吩咐驻点队长黄国勇，在各重要路口贴上“安民告示”，上面写道：“闽宁村菇农种出的菌草双孢菇，工作队全部包销，随采随收，当场兑付，不打白条，并按公布的保护价收购，就高不就低。”农民放心了，纷纷踊跃报名参加种菇，局面总算打开了。

为了让菌草技术更快地在闽宁村落地，林占熺奔波于福建与宁夏之间，先后几十次到宁夏菌草技术示范基地解决技术问题。林占熺为菌草事业去宁夏的次数，多达七八十次。他经常一下飞机，就顾不得休息，直奔菌草技术推广现场，发现问题，解决问题。

在林占熺的带领下，福建农业大学菌草扶贫工作队成为最能吃苦、最能战斗的工作队。他们的生活条件艰苦，担当着常人难以承受的艰难与压力，但没有一个人退却。他们顶烈日、冒风沙，帮助菇农搭建菇棚，这家帮完帮那家，没有一个人叫苦叫累。他们风雨无阻，穿梭在飞沙走石之中，出现在菇农最需要他们的时候。有谁晓得，他们当中的大多数人，跟家里人聚少离多，月收入只有1000多元。许多人在宁夏一干就是十几年，但连宁夏著名的景点沙湖、西夏王陵都没去过。

一天，沙尘暴又突然刮起，一时间飞沙走石，5米之外都看不到人和路，摩托车、自行车、小汽车都无法出行。扶贫队队员杜鸿鹄和罗彪远与菇农约定，当天将前往检查前天新种下的菌草蘑菇。望着越刮越猛的沙尘暴，菇农都以为技术员肯定来不了，但两个“沙人”如约推开了他的家门，正是杜鸿鹄和罗彪远。菇农一时不知说什么好，连忙帮他俩拍打浑身上下厚厚的沙土，请他们进屋洗脸喝茶，嘴里还不停地埋怨：“这么大的风沙，你们还走过来巡查，真叫我们不知说什么好。”杜鸿鹄却满不在乎地说：“菌种刚播下，风沙这么大，我们不来看一看，心里放不下啊！”

一天清早，扶贫队队员黄国楚和林克先骑着摩托车，到十几里路外的双沟巡查菇情。半路上，摩托车坏了，两人只好轮流推着车子前行。到了目的地，两人汗流浃背、气喘吁吁，肚子也饿得咕咕直叫。他俩翻遍口袋，只找到9角钱，买了两根冰棍，权且解渴充饥后，就一家家去查看菌草蘑菇的生长情况。当他们把发现的问题一一解决后，天色已暗下来了。菇农们看到他俩忙了大半天，再三挽留他们吃晚饭。他们却推说肚子不饿，寄放好摩托车，就徒步往回走。出了村子，他俩才感到周身乏力，两条腿像灌了铅一样沉重，一路只能走走歇歇、歇歇走走，直到临近凌晨2点才回到队部。

“你们俩也实在太死板了，干吗不在菇农家吃完饭再回来？”事后，有人感到不可思议，就追问他们。

他俩摇摇头，异口同声地回答：“队里不是有规定，下乡扶贫不能吃菇农的饭吗？”

“具体情况具体处理，你们车子坏了，不能及时返回队部，为什么不可以吃菇农一餐饭？大不了把饭钱交给对方就是了。”

“我们若吃了菇农的饭，对方绝对不会收我们的钱，这样岂不是违反了纪律？”两人还是理直气壮地说。

队员周兴德参加闽宁菌草技术扶贫，一干就是14年。他舍小家顾大家：妻子遇车祸进医院，家人怕影响他工作，出院后才告诉他；2014年他父亲病危，家人也瞒着他……

看到菌草技术扶贫示范基地逐步走向正轨，离出菇的日子越来越近，林占熺想到该重点考虑市场问题了。出菇高峰期，每天将出十几吨的蘑菇，要销往何处是个大问题。他抽空以“商人”的身份来到北京、上海等地，对食用菌市场进行初步调研考察。回来后，他又吩咐队长黄国勇要未雨绸缪，赶在蘑菇还没上市前把市场摸清楚、落实好。

黄国勇在落实好银川市场的客商后，风尘仆仆地赶往乌鲁木齐、包头、兰州、西宁、西安、洛阳等地，调查研究当地市场，结交了一批客商朋友。紧接着，他又快马加鞭地赶到上海。当他得知某大型蔬菜批发市场的食用菌销量较大时，就赶到市场附近的一家小旅馆住下，半夜起来了解早市交易情况。他看到市场确有蘑菇批发，但质量不如宁夏培育的菌草蘑菇好，价格也比较贵，就找到批发商洽谈合作事宜。上海批发商听到西北的戈壁滩能长出蘑菇来，还要千里迢迢来抢占“上海滩”，觉得简直是天方夜谭。黄国勇拿出自己带来的菌草蘑菇的样品，让经验丰富的批发商鉴定，并滔滔不绝地介绍起菌草蘑菇的“绿色”性质与“扶贫”意义。科学的讲解、诚实的态度，让上海批发商觉得这可以做，双方很快达成供销协议。

当年，闽宁村200多个菌草蘑菇示范户均获得产销大丰收，他们的产品通过班机，一批又一批运往上海、西安、兰州、广州等城市。在生产旺季，1000多吨鲜菇全部销售一空，创造产值280多万元。一条又一条闽宁村食用菌快速通道，在宁夏开通。

“闽贺七组”的戴文忠每天下午开始采菇，至深夜可采菇1500多斤。他将采下的菌草蘑菇用拖拉机运送到扶贫工作队队部，值班的队员迅速为他办完所有收购手续，当场支付收购款。不一会儿，这些鲜嫩的双孢菇便包装妥当，送往机场。闽宁村食用菌生产高峰时，每天仅向上海就发去近60吨菇。

从未见过这样场面的机场工作人员连声赞叹道：“荒芜的宁夏能为南方大城市提供鲜菇，这也算宁夏的骄傲！”盐池县城西滩菇农万志俊见此也调侃地说：“我生下来至今，还没坐过飞机呢，而我种的蘑菇，却天天乘飞机，每天一早就进上海的早市。”

这一年，参与菌草种菇的200多户农民，仅种菇一项，人均收入就达到3000元，最高的达到12000元。

1997年至2007年，林占熺主持的菌草研究所，先后派出12批195人（次）技术人员到宁夏传授菌草技术，而且绝大多数成员都是长期驻扎。他们先后为当地农民举办300多期菌草技术短期培训班，参加培训的农民多达3万人次。

从1997年开始，闽宁对口帮扶菌草项目相继在宁夏回族自治区5个地市的15个县实施。菌草业成为闽宁扶贫协作的一个重要产业，一大批农户通过发展菌草生产告别贫困。2000年，宁夏山区各县各选择一个村，作为菌草产业扶贫的示范生产基地，参与农民超过千户。2003年，“闽宁万户菌草产业”启动，扶贫工程采用集中连片、整村推进的发展策略，很快推广到宁夏10个县（市、区）。参与的县（市、区）相继建起了鲜菇冷藏库，并初步建立起销售网络和渠道。到2007年，菌草蘑菇累计创造产值2.669亿元，农户增收1.6603亿元，增加就业22800人，培训菇农48500多人次。宁夏全区累计发展菇农1.75万户，建起菇棚1.7万棚，带动菇农户年均增收5000元，最高达到10万元。闽宁协作菌草技术帮扶被国务院扶贫办选为扶贫案例。

大部分菌草种菇农户走上富裕之路后，亲切地称菌草为“闽宁草”“幸福草”，将菌草技术誉为“摇钱树”“聚宝盆”。他们不仅口袋里的钱多了，观念、精神面貌也发生了深刻变化。

菇农惠特是闽宁村最大的菌草蘑菇栽培户。记得技术员第一次来到他家，动员他种蘑菇时，他觉得不可信，不客气地说：“一个小棚能产几千元，这不是骗人吧！我种了几十亩山地，一年到头也难超几千元。”他的父母亲听后也直摇头，提醒儿子说：“千万别去瞎折腾，咱们几代人种的都是小麦和洋芋，从来没听说宁夏能长菇。”不久，当看到闽宁村菌草示范园区的大棚架上长出白花花的蘑菇时，他心动了。第二天，他又专门去看了一回，发现原来小小的菇蕾真像变魔术一样，比前一天又长大了些。他请技术员再帮他算一算账。一经细算，他感到大可试一试。他马上建起一座生产面积约220平方米的小棚。技术员天天到他家，手把手教他如何栽培菌草菇，没几天，通风、打水、防虫害等菌草种菇技术，他全掌握了。当年他一算账，收入4000元，是种小麦、玉米的好几倍。2002年，一个菇棚的收入增加到8000元，惠特的信心更足了。2003年，他把小棚改建成大棚，当年收入提高到1.6万元。后来，惠特为了实现种菇规模化，加入菌草种植示范园区，按照园区的统一规划，建成砖墙菇棚40间，生产面积达到2000平方米，种菇面积为第一年的10倍。当年，惠特菌草种菇的收入，达到他以前想都不敢想的6万元。

作为闽宁村的第一批移民，当年42岁的谢兴昌带着媳妇和孩子，用一根扁担挑着全部家当，从固原市西吉县王民乡搬了出来。那几年，山里连续干旱不产粮食，逼得他不得不来到闽宁村。当时处于建设初期的闽宁村，周围都是一眼望不尽的戈壁滩。面对黄沙烈日，寻梦的人接踵而来，又相继离去。谢兴昌老婆哭闹着要回去："死也要死在老家院子里！"正当谢兴昌进退两难时，闽宁村奠基了。那天，习近平代表福建省对口帮扶领导小组发来贺信。这时，站在台下专注听着贺信的这位西北硬汉，泪水忍不住溢出。他从贺信中听到，虽然闽宁村目前还是一片荒凉，但这里地势平缓，黄河引水工程正在筹划，不久庄稼将浇上黄河水，一个地方有水有路，就有盼头，看老天眼色等雨种庄稼很快会成为历史，搬到闽宁村一定会有希望！习近平的贺信，让他坚定了留下来奋斗的决心。他说服大家："今后闽宁村是个长粮食的地方，留下吧！"这些年下来，谢兴昌已经搬了几次新家，把土坯房换成砖瓦房，砖瓦房又换成板房，板房又变成二层小楼房，如今住在有9间房的小四合院里。学技术、搞养殖，谢兴昌一家人过着富足安康的生活。

1991年，年仅37岁的王旭斌举家从西吉县搬到闽宁村，原来主要靠打工维持生计，年收入不到千元。1999年，他在自家的院子里建起一个长15米、宽7米的菇棚，当年收入一下子增加到6000元，家庭生活得到很大改善。村里不少人参观取经后纷纷效仿，也建起菇棚，种蘑菇成为各家增收的主要途径。后来，王旭斌感到，以庭院建棚种菇的方式已不适应发展的需求，就带头加入闽宁菌草循环经济科技生态园区，率先在园区内建起了第一个标准大棚，生产面积达到1000平方米，当年收入增加到1万元。

刘昌富是从西吉县迁到闽宁村的首批“种菇致富”的菇农之一。1998年秋天，刘昌富收获了第一茬菌草蘑菇，卖了800多元。当他接过卖菇款时，激动得说不出话。这一年，刘昌富一家增收2.9万元。他这样一干就是6个年头，生活水平不断提高，日子越过越甜。富裕起来的他有了更高的追求，感到“与其让别人来决定菇价，还不如自己决定自己的命运”，就买了一辆三轮摩托车，拉着自己生产的双孢菇，到银川街头叫卖。农商结合，一边种菇，一边卖菇。没多久，因为他的双孢菇色泽好、品质优良，卖得好，菇价从1.80元一斤涨到3.50元一斤，他甚至在银川北环市场开了一个批发摊位，再也不必为种出的菇卖不出好价格而烦心。

回族村民马世海，1991年从西吉县搬迁到闽宁村，全家6口人，靠四处打小工维持生计。2000年开始菌草种菇后，收入一年比一年多，2005年收入达七八千元。靠种菇的收入，他养了6头牛、20只羊，还种了7亩葡萄，建起了6间新房，买了三轮车。致富后的他，自豪地说：“我现在不但不要替人打工，在种菌草蘑菇、葡萄的农忙季节，还要雇人到我这里来打工。”

另一位回族村民马老汉拉着林占熺的手感激地说：“林教授，我今年58岁了，以前没拿过100元的钞票。自从种了菌草菇后，我不但经常拿到它，有时一天下来会拿到8张。菌草技术好啊！不知要怎么谢你才好……”

成功不忘科技帮扶，致富不忘扶贫工作队。闽宁村双沟点14家菇农丰收后，各户派出代表一起来到扶贫工作队队部，邀请全体技术员到双沟做客，共庆菌草技术扶贫结下的硕果。队员们推辞说：“你们的厚爱我们领了，但去双沟‘赴宴’的事，就是你们派轿子来抬，我们也不能去。”

集体请不动，个人略表心意总可以吧？闽宁开发区财政所干部王剑翔家也种了菌草菇，得到了扶贫工作队的大力帮助。丰收后，他特地杀了只鸭子，煮熟后装在塑料袋内，送给两位常关心指导他的队员。他恳求着说：“我不是农民，是国家干部，以同志间的真诚和友谊，送一只鸭子，物轻情重，请你们一定要收下。”最后，王剑翔仍说服不了这两位队员，只好把煮熟的鸭子提回家。

但也有一次是破例的：一次，有些队员要返回福建了，受指导帮助的14户农户商定请他们吃一餐便饭，但盛情又被婉拒了。无奈之下，村民们只好“走后门”，找开发区主任浦振儒帮他们说情。浦振儒劝说道：“也不是豪华盛宴，你们必须去，千万不能伤了他们的心，而且还可以借此沟通感情。”林占熺扶贫工作队最后破例接受了邀请。

“当时的情景让我终生难忘。吃饭的时候，14家农户代表围着我们7个队员，看着我们吃饭。等我们吃完饭，他们又给我们赠送锦旗，然后敲锣打鼓欢送回福建的菌草技术扶贫工作队队员。”杜鸿鹄回忆着当时的场面，激动地说，“这种感情不是用语言能够表达出来的，这是当地乡亲真挚朴素的感情。我们感觉到不是亲人，胜似亲人。”

闽宁两省区的人民结下的山海之情，仍以各种方式，在书写，在传颂，在铭记。闽宁村村民给林占熺及其团队送来了“科技扶贫，情深似海”“科技兴农结硕果，福利移民情谊长”等锦旗，宁夏回族自治区副主席还向林占熺所在的福建农林大学赠送了“菌草技术扶贫，造福贫困百姓”的牌匾……

因种植菌草菇脱贫致富的移民，编了好几个顺口溜，盛传于西北大地，表达着他们对林占熺团队的感激之情：“菌草菌草，闽宁草，幸福草，还是社会主义好，还是共产党好。闽宁扶贫情意浓，闽宁合作暖人心，双孢蘑菇致富快，多亏福建扶贫队。”

一首有关菌草的动人歌曲，在宁夏大地传唱：“东南风吹，西北暖，那年你到咱家来，拔掉穷根把花栽，美得哟——沙漠变花海……”它饱含着宁夏人民对福建人民的深厚情谊。

经过20多年的栉风沐雨、砥砺前行，闽宁镇从8000多人的贫困移民村，发展成为6万多人的“江南小镇”，成为东西部扶贫协作的样本：全镇人均可支配收入由1996年的不足500元，增加到2021年的1.6万余多元，增长了30多倍。闽宁村奠基时所在地福宁村，年人均可支配收入超过1.6万元。当初拉开闽宁镇产业发展序幕的菌草产业，如今已分布全自治区5个地市，是当地农民脱贫致富的重要产业。

习近平总书记在2016年7月19日考察闽宁镇时说：“闽宁镇探索出

了一条康庄大道，我们要把这个宝贵经验向全国推广。”

2021年，电视剧《山海情》的片尾曲《花儿一唱天下春》，传遍宁夏大地：“干沙滩上花不开，想喊云彩落下来，喊了一年又一年，喊了一年又一年，喊得哟，日日落尘埃。东南风吹西北暖，那年你到咱家来，拔掉穷根把花栽，拔掉穷根把花栽，美得哟，沙漠变花海。花儿一唱天下春，花儿一唱幸福来，干沙滩变成了金沙滩，再唱花儿等你来……”

闽宁镇，成为通过推广菌草技术走向小康的成功典范！

闽宁镇，成为我国对口扶贫“闽宁模式”的一个样板！

闽宁镇，成为中国脱贫攻坚伟大工程的一个缩影！

三

山海携手力量大，敢把贫困踩脚下。福建是菌草技术的发祥地，宁夏是这项技术的广泛应用之地。福建菌草技术宁夏对口扶贫的成功，证明菌草技术对脱贫攻坚卓有成效，是脱贫攻坚的利器；而宁夏广阔的大舞台，为菌草技术提供用武之地，有力地促进菌草技术在实践中进一步发展，在神州大地产生更广泛更深远的社会、经济和环境影响。菌草技术成为全国欠发达地区战胜贫困的“香饽饽”，成为脱贫草、幸福草、生态草。

在闽宁镇脱贫发展宝贵经验的激励下，20多年来，林占熺顺势而上，以超乎常人的热情和毅力推广菌草技术，把菌草技术播种到神州大地、五湖四海。他的足迹踏遍了祖国大江南北，长城内外。林占熺的办公室里挂着两张“作战地图”，一张是中国地图，一张是世界地图，地图上标注着一颗颗红五星，这些标注点皆是他心中菌草示范的重点地区。林占熺先后在福建，山东沂源，江西宁冈、修水，湖北孝昌、团风，陕西略阳、彬县，广西都安，广东清新，四川德阳、成都，宁夏彭阳，内蒙古通辽，辽宁阜新等地，建立菌草技术扶贫示范基地。

受中国扶贫基金会、中国农学会、共青团中央及有关单位的委托，林占熺先后为全国贫困地区主办菌草技术骨干培训班105期，为全国各地培训技术骨干6370多人，在全国各地举办技术讲座190多场，培训菇农3万多人次。先后到闽西、井冈山、大别山、沂蒙山、

◎ 1998年11月，全国第二次菌草技术扶贫研讨会在福建召开

太行山、六盘山等革命老区的120个县（市），指导菌草技术扶贫工作，得到各地领导的高度评价和群众的热烈欢迎。菌草技术还先后被列为福建省智力援疆、科技援藏，帮扶陕西延安老区、甘肃定西、贵州黔西南等项目，为欠发达地区脱贫攻坚作出贡献。

哪里有脱贫攻坚的硬仗，哪里就有林占熺团队的身影。

2001年，菌草技术被列为福建省智力支援新疆项目。福建农林大学派出林占熺菌草技术专家组，带着菌种、资料、材料和设备，赴新疆昌吉州驻点开展工作。十年来，林占熺、黄国勇等多次前往昌吉州等地，开展菌草技术指导，帮助建立菌草生产示范基地，推进天山菌草产业带的建设。福建农林大学先后向昌吉州派出菌草技术驻点技术人员80人次。其间，林占熺在实施中提出利用天山北坡“逆温带”的特殊气候条件发展天山菌草产业带的方案。经过不懈的努力，从昌吉东部的木垒县到西部的玛纳斯县，县县都有菌草食用菌种植点，站点多达204个，成为新疆最大的食用菌种植基地，昌吉州菌草业产值达到3.05亿元。新疆永华生物科技开发有限公司日产菌草食用菌30吨，带动2000多农户参加生产，户均增收万元以上。

2011年，林占熺实地考察昌吉阿什里、庙尔沟牧区，克拉玛依小拐乡等地，发现种植菌草还可助力退耕还林、还草，保护水土，效果好。他还察觉，一方面，随着菌草种植规模的不断扩大，食用菌市场渐渐饱和；另一方面，牛羊肉的价格不断上涨，畜牧业发展势头强劲。因此，菌草技术援疆不仅要发展菌草菌业，还应发展菌草畜业，而且后者受益更广，市场更大。林占熺认为：“发展菌草畜业，不仅可以弥补新疆畜牧业饲料不足的问题，而且巨菌草适宜在中低盐碱

◎ 1996年8月，林占熺在江西宁冈县开办菌草技术扶贫培训班

地、荒漠化土壤种植，没有病虫害，是绿色饲草，对土地荒漠化治理和打造新疆绿色肉品牌具有非常好的作用。”

2011年11月下旬，林占熺团队在福建农林大学举办新疆昌吉州菌草技术骨干培训班。林占熺在开班式上动员说：“新疆境内的‘丝绸之路’被誉为‘宝石之路’。如今，我们可以借助新疆的特殊气候、地理优势以及拥有八大涉外口岸等有利条件，联手打造一条天山菌草带，走出一条既可以保护生态又能发展畜牧业、可持续发展的‘菌草之路’，将这里生产的各种菌草、食（药）用菌源源不断地运往全国，运往世界各地。”

2012年6月12日，林占熺团队与昌吉市园艺工作站技术人员合作，在昌吉设立引种菌草试验示范基地，首次在新疆昌吉佃坝、阿什里成功种植20亩巨菌草，每亩可产鲜草13—15吨。同年7月，首次试种菌草鹿角灵芝也喜获成功。

2012年7月8日，新疆生态保护荒漠化治理——菌草技术推广与运用研讨会在乌鲁木齐举行。会上，林占熺介绍了菌草技术在新疆的推广及运用情况，并与大家就新疆大力发展菌草业，开展荒漠化治理进行深入讨论。与会同志认为，发展畜牧业，是新疆多地政府发展经济、扶贫维稳的重点工作；但多处草地已出现不同程度的退化，荒漠化土地面积已占到64.34%，必须尽快找出可持续发展之路。

2013年，在林占熺团队的努力和指导下，种植巨菌草在新疆逐步展开。除昌吉州外，吐鲁番、乌鲁木齐、克拉玛依、伊犁、阿克苏、喀什、库尔勒、和田等地，共种植巨菌草上万亩。

南疆多戈壁、荒漠，盐碱化程度高，水资源匮乏，严重制约畜牧业发展。为解决这里缺少饲草料的问题，2016年6月，林占熺率福建农林大学国家菌草工程技术研究中心与新疆生产建设兵团合作，推动南疆菌草用于生态治理和发展菌草畜业，大面积种植菌草获得成功。

2019年，在林占熺团队的推动下，昌吉国家高新技术产业开发区入驻牧业村，引进巨菌草进行示范种植，获得成功，每亩经济效益在2000元左右。2020年，牧业村把种植巨菌草的面积扩大到5000亩，在解决当地往年冬季饲草料不足问题的同时，生产的巨菌草还销往阿克苏、和田等地，带动当地牧民增收致富。

2020年9月15日，福建省援疆指挥部组织了以“菌草”为题的丰收节，庆祝昌吉市榆树沟镇5000亩巨菌草喜获丰收。2019年，在榆树沟镇政府的支持下，新疆钰丰节水有限责任公司试种了1000亩巨菌

◎ 林占熺在观测菌草鹿角灵芝的生长情况

草，当年即获得了较好的经济效益。第二年，公司将种植面积扩大到2700亩，并购进多台自动化采收设备。看到种草收益多多，昌吉市保丰农业专业合作社也在这里种植了2300亩的巨菌草。

2020年6月底，福建农林大学国家菌草工程技术研究中心与新疆天麓农业科技有限公司合作，选址乌鲁木齐市达坂城区阿克苏乡试种1000亩巨菌草。11月，巨菌草喜获丰收，当地牧民纷纷表示要加入种植。牧民哈提别克・卡克木道出其中奥秘：这个草料产量高，经济实用，营养价值高，牛、羊、骆驼都爱吃。

2020年10月，位于塔克拉玛干沙漠边缘的新疆生产建设兵团第一师十一团，也传来5月从福建农林大学国家菌草工程技术研究中心引种的“绿洲一号”* 菌草获得成功的喜讯，萌芽率达到90%，单株分蘖达10个，株高1.1—1.5米。

金秋，更多的喜讯从各地试种的企业、合作社传来：

2020年9月16日清晨，新疆塔城地区额敏县首建农业环保科技股份有限公司举行2300亩巨菌草收割启动仪式。

2020年10月22日，在新疆喀什叶城县江格勒斯乡，当年3月引种的巨菌草开始收割。望着丰收的情景，农技员吐尔逊江开心地说：“这巨菌草长得非常好，7月割了一茬，现在又割一茬，一亩地产量为15吨左右，可挣到5000元左右。”

位于新疆喀什岳普湖县铁热木镇的山格力齐村，800亩巨菌草试验田迎来收割季。收割机来回穿梭，连片的巨菌草变成细碎的饲草，运往附近的青贮窖。技术员朱浩才说：“从示范种植的效果来看，巨菌草发展潜力非常大，大有可为。”目前，岳普湖县已建起良种繁育中心、活畜交易市场，为扩种万亩以上菌草做好准备。

在新疆喀什英吉沙县龙甫乡托格拉克巴格村，1300亩巨菌草郁郁葱葱，即将收割，预计每亩年总收入可达3000元……

广阔美丽的新疆大地，菌草业方兴未艾，前景无量！

2011年7月，科技部、西藏自治区和福建科技厅把发展菌草业列为援藏项目，在林芝地区开展菌草治理流沙试验。2011年，为贯彻落实中央西部大开发与对口帮扶精神，在福建省第六批援藏工作队的牵

---

* “绿洲一号”是福建农林大学国家菌草工程技术研究中心培育出的适合在黄河流域生长的一个新品种。它是改良土壤、固沙固土、治理水土流失的有效植物。

头下，西藏林芝地区行署和福建农林大学签订了校地合作框架协议。根据协议，福建农林大学将为林芝地区发展菌草业培养人才；推广菌草种植，改善生态环境；充分利用林芝地区气候类型多样的特点，发展特色食（药）用菌产业的协作服务。

“辛勤白发人，事业总年轻。”林占熺又站在了援藏队伍的行列中。根据协议，2012年8月3日，他与福建农林大学党委书记叶辉玲带队的考察团来到西藏林芝地区，实地考察菌草种植、生态治理和菌类加工项目。

“林教授，这里严重缺氧，你不要再往沙丘顶端不停地爬，高原反应可不是开玩笑的。”叶辉玲体贴地对他说。

林占熺不顾劝阻，带着工具，迎着猛烈的山风，登上流动沙丘的

◎ 2011年7月13日，林占熺在西藏林芝沙丘上考察如何治理流沙

最高处，仔细考察周围的地形、风向、沙丘的湿度等。他终于选定在海拔3067米的雅鲁藏布江西藏林芝米林县段的三处流动沙丘作为开展菌草种植和风沙治理试验的示范点，并根据周围的地势，亲手种下他从福建农林大学菌草实验室培育的巨菌草和“绿洲一号”等菌草。

此后，林占熺又多次来到西藏示范点，观察分析试验的进展。2014年9月，林占熺团队顺利完成“西藏菌草治沙关键技术的研究与应用”这一研究课题。2012年9月24日和2014年9月24日，有关方面两次组织专家对菌草治沙试验进行现场查定和评审，认为在林芝流动沙丘上种植巨菌草和“绿洲一号”，首次利用菌草治理流动沙丘获成功，而且当年流动沙地就被固定，两年生“绿洲一号”每公顷产鲜草127.5吨，种植菌草后沙地有机质、微生物数量明显增加。项目创建了菌草防沙治沙模式，固沙效果显著，为我国高原地区治理和利用土地提供了新途径。同时，对高原地区利用菌草发展菌业和畜牧业具有重要意义，成果达到了国内同类研究的领先水平。

2018年8月9日，西藏自治区政府代表团到福建农林大学考察，与学校进一步探讨菌草项目合作意向，初步确定：根据西藏菌草生态安全屏障建设与产业扶贫计划，国家菌草工程技术研究中心与福建硕丰生态科技有限公司合作，在昌都建立“菌草生态安全屏障建设与产业扶贫示范基地”；与中国治理荒漠化基金会西藏生态产业专业委员会合作，在日喀则联合创建“菌草生态安全屏障示范基地”。在技术方面，力争攻克海拔3700—4000米地区菌草生态安全屏障建设技术难题，种植菌草万亩以上，发展菌草畜业和菌业，助力当地农户脱贫。

2018年12月16日，由西藏自治区主要负责同志组成的党政代表团

◎ 菌草技术为西藏的生态治理和脱贫攻坚开辟了新途径

来福建农林大学调研菌草项目合作推进事宜。调研过程中，代表团重点听取了林占熺关于菌草技术在生态治理和产业扶贫方面的运用情况，以及学校自2011年以来助推西藏林芝地区米林县生态建设的成效。双方共同希望：认真贯彻落实习近平总书记关于援藏工作和脱贫攻坚的重要指示精神，大力推动菌草技术在西藏地区的运用，促进西藏地区农民脱贫致富。

在革命圣地陕西延安，林占熺也带领团队加入脱贫攻坚战。延安地处黄土高原腹地，沟壑纵横，生态脆弱，历史上极端贫困。新中国的成立、改革开放的春风，给延安带来巨大变化；但要致富奔小康，仍需接续奋斗，砥砺前行。

在林占熺团队的大力支持和指导下，2013年，延安市依托福建农林大学国家菌草工程技术研究中心引进菌草技术，并将其作为全市重大科技成果转化项目进行试验示范推广。从2014年到2017年，延安市采取政府引导带动、订单式种植、龙头企业回购、“公司＋农户”和贫困户入股分红等模式，开展菌草产业扶贫，菌草产业不断发展壮大。菌草已覆盖全市13个县（市、区），种植面积逐年增加，2017年达到2万亩。目前，宝塔区、子长市、黄龙县、吴起县、延长县等地，已建立起菌草种植示范基地、菌草大棚育苗基地、菌草饲料化基地和食用菌试验示范基地20多个。

让试验示范先行，以事实说话推广，是延安市发展菌草业的突出做法。延安市积极与福建农林大学国家菌草工程技术研究中心等高校、科研机构合作，开展菌草相关科学研究工作，包括种苗培育的研究、菌草科学检测分析、菌草栽培食（药）用菌研究、菌草饲草化研究、菌草有机肥的研究、菌草种植机械研究等，在试验示范成功的基础上加以总结推广。

为了解决菌草在北方地区不能越冬的问题，林占熺团队探索出温棚育苗的方式。2017年，全市共培育种苗103棚，为菌草大面积推广种植奠定了基础，降低了生产成本，辐射带动了周边地区的菌草种植。他们在延川县梁家河村对菌草和玉米等饲料产量进行现场对比试验，经测算，菌草的亩产量为15.3吨，饲草玉米的亩产量为5.8吨，紫花苜蓿的亩产量为3吨左右，菌草产量优势明显。他们在延安市宝塔区万花山镇进行营养含量实地检测，证实菌草的粗蛋白含量达13.4%，而饲草玉米的粗蛋白含量仅为7%。他们在延安嘉康食用菌有限责任公司开展以菌草为主料栽培食（药）用菌研究试验，以菌草为主料，搭配其他辅料栽培平菇10万袋，不仅每袋（3斤干料）可节约成本0.25元，而且生物转化率较传统配方可提高20%左右，产量提高30%以上。目前，延安市约30%的食用菌企业和专业合作社采用菌草作为培养基栽培食用菌。

他们在延长县惠丰养殖专业合作社进行菌草养羊试验。在同等条件下，3个月的试验表明，用菌草替代20%的苜蓿效果最佳，每只羊日饲料成本降低0.18元，经济效益提高了15%。在黄龙县亿丰农牧开发有限责任公司进行菌草与玉米秸秆养羊对比试验，通过5个多月的羊子的采食观测记录、称重记录，发现添加菌草饲料后羊子采食速度快，精神状况好，日增重效果明显，用菌草饲料养羊，经济效益能得到大幅度的提高。

他们在延安市农业生产资料总公司与陕西鄜州神鹿生态产业有限公司联合进行菌草有机肥测试。检测报告显示，以羊粪为原料的普通有机肥的有机质含量为17%左右，而搭配菌草的有机肥的有机质含量达到36.2%，是优良的生物有机肥，是能够提高苹果有机质的优质绿色环保生态肥料。

他们研制出适合陕北小区块地域、机动灵活的菌草种植机。该机械将开沟、放苗、覆土、压实工序结合到一起，实现了菌草种植的一次性流水作业。据试验测算，用菌草种植机种植，每台机器只需要3个劳动力，一天可种植80—100亩，劳动强度较低，种植效率显著提高。

2017年8月24日至25日，全国菌草产业发展与精准扶贫现场会在延安召开。林占熺在会上作了专题发言，并在现场当起了“讲解员”。中国科学院院士谢联辉、谢华安，相关部门和企业负责人等130多人参加了此次会议。与会代表对延安市菌草产业的发展和精准扶贫模式给予高度评价。随后不久，菌草特色产品走进延安农产品展示展销会，市主要领导参观后连连称赞：“我认为菌草是个大产业，要好好发展……这是我市继苹果、红枣之后的又一重要特色产业，应大力发展。”2017年11月5日至9日，延安的菌草产品走进陕西省杨凌农高会的展览大厅，参展的菌草系列产品有20余件，引起与会代表极大的兴趣。

为让合作更上一层楼，2021年5月12日，延安市科技局、延安市微生物研究所负责人一行专程来到福建农林大学国家菌草工程技术研究中心参观调研，商讨进一步开展菌草合作相关事宜。其间，他们听取了林占熺关于菌草技术在陕西省的示范推广应用情况的介绍；双方签订了在延安市合作建立菌草科技创新产业示范基地（产业园）的协议，通过菌草产业化开发和示范，助力乡村振兴。

甘肃定西是我国深度贫困地区的典型代表，扶贫开发一直是当地经济社会发展的重头戏。2017年2月，福建省福州市与甘肃省定西市签订了东西部对口扶贫协作框架协议，促成定西市全市7个县（区）119个乡镇557个深度贫困村与福州结成稳定的帮扶关系。

在两市对口协作中，定西市政府高度重视菌草技术的引进和推广，为此成立了以副市长为组长的“菌草推广工作组”，并成立了以林占熺为组长，黄国勇、林冬梅等核心骨干力量为组员的“助力定西菌草技术扶贫工作组”，并由周兴德、罗礼泉、陈寿林等作为长驻技术员驻扎定西农村一线，为菌草业发展提供技术指导。

2017年，林占熺团队首先在安定区和渭源县进行试验示范，栽种菌草240亩。经实施单位共同努力，菌草生长100天，株高达到330厘米，最高亩产量达到8.77吨。在2017年试验示范的基础上，2018年定西市出台了菌草种植“双保政策”，即保证种植户的菌草亩产在6吨及以上，保证每吨菌草以最低300元的价格销售。

政策落实到位，农民热情倍增。2018年定西市的菌草种植推广到6个县（区），全市平均亩产达6.38吨。其中，临洮县辛店镇刘宋家村宏盛种养殖农民专业合作社等6个种养殖专业合作社的亩产量都在11.3吨以上，八里铺镇白茨湾村万丰种养殖农民专业合作社的亩产量最高达16.8吨。2018年，定西市政府还委托福建省林业勘察设计院，编制了《福州·定西东西部扶贫协作生态扶贫规划（2018—2020年）》，对菌草的种植规模、投资规模、建设模式等进行规划。2019年，全市菌草种植积极性进一步高涨，6县（区）年初上报菌草种植计划1.35万亩，经过综合考虑，最终确定种植9235亩。

在定西，林占熺团队采取多种方式培训农户，将菌草技术无偿地教给农民。他们采取案例教学、田间地头一线教学等实战培训方式，技术人员直接住在种植点，深入田间地头做试验研究、收集数据，大力宣传推广菌草产业；组织集中培训，由各县主要负责人和种植户代表参加，提升工作人员和种植户种植菌草的技能水平和管理水平；借助现代信息技术手段，建立微信工作群，进行实时指导，通过多渠道、多方面、多形式的指导和培训，做到既授人以“鱼”又授人以

“渔”；采取“公司＋合作社＋基地＋贫困户”“合作社＋基地＋贫困户”等形式，种好菌草，发展菌草业。2018年，定西市5个县16个乡镇25个村1102个农户从中受益。2019年，菌草种植涉及6个县25个乡镇31个村，1200户贫困户受益，帮扶贫困人口4460人。至2020年，林占熺团队在定西累计实施生态林建设2万多亩，推广巨菌草种植2.4万亩，发展中蜂养殖近2万箱，带动1.7万多名建档立卡贫困人口实现增收，取得良好的经济效益和生态效益。

定西农民在发展菌草业中还发现：林占熺给他们带来的菌草，还能帮他们提升抵抗自然灾害能力，稳定农业生产收入。定西是个自然

◎ 定西养殖户发展菌草养殖

灾害频发的地方。2017年6月至2018年8月，当地多次受灾，农作物严重减产，损失较大，但种植菌草的地方受灾轻，恢复快。这更加坚定了当地农民发展菌草业的信心。

目前，定西走在一条立草为业、草畜并举的绿色发展路子上，通过种植菌草，成效显著。2020年，安定区在石泉等5个乡镇7个村的8个合作社，推广种植巨菌草5300亩，带动贫困户245户961人明显增收。其中，兴达肉牛农民专业合作社通过流转土地1000亩用于种植巨菌草，并且获得了45万元补助资金和价值7万多元的农用机械，每亩收益为3000多元。合作社负责人寇新民表示，巨菌草产量是玉米的2倍多，合作社一年仅饲草料就能省下25万余元；巨菌草粗蛋白含量高，牛吃了易消化、吸收快，牛都长得膘肥体壮、毛色光亮。邓成贵是定西菌草越冬繁育中心负责人，一直从事马铃薯销售等业务，近几年，他选择了繁育巨菌草，现有13个温室，可以满足2500亩巨菌草的种植需求。邓成贵常对人说，大力发展菌草业，不仅可以解决甘肃冬天饲料紧缺难题，还可以减轻黄河上游、长江上游牧区的饲草压力。

黔西南地处云南、广西、贵州三省（区）接合部，境内分布有布依族、苗族、回族、汉族等35个民族。贵州是全国石漠化土地面积最大的省份，而黔西南94%的土地属石漠化片区，占据全省石漠化土地面积的28%，堪称石漠化“重灾区”。由于历史和自然条件的制约，黔西南贫困面之大、贫困人口之多、贫困程度之深，居贵州全省之首。“九山半水半分田”，是黔西南艰苦生产生活条件的真实写照。解决黔西南千百年来的绝对贫困问题，成为黔西南夺取脱贫攻坚胜利的重要关节。林占熺团队又冲锋在黔西南脱贫攻坚的战场上。

早在1996年，林占熺就在贵州罗甸县种植菌草治理石漠化；2010年，在罗甸县、望谟县、紫云县、纳雍县种植菌草，进行治理石漠化研究与示范，利用菌草发展畜业；2017年，又在晴隆县种植菌草治理石漠化，发展菌业生产，均取得成效。林占熺还与贵州省土壤肥料研究所合作，在黔西、惠水、织金等地，建立菌草石漠化生态治理和产业发展模式，为贵州菌草生态治理和产业发展提供科学依据。其中，引种的巨菌草表现良好，鲜草亩产量第一年达8.5吨，巨菌草种植100—120天后，能很好地防止水土流失。经多年治理，示范区植被覆盖率增加15%以上，土壤侵蚀模数较5年前下降51%，不同程度的石漠化比例均显著下降。实践证明，利用菌草技术治理石漠化，再利用菌草发展食用菌产业和畜牧业，能把生态效益和经济效益紧密结合起来，能有效解决石漠化治理和承接产业链的问题。运用菌草技术发展菌草产业，形成“菌草—石漠化治理—菌业、畜牧业”的一体化产业发展模式，是高产、优质、高效、生态、安全的新兴产业。

2016年8月4日至7日，福建农林大学校长兰思仁和林占熺到黔西南州中黔农业开发有限公司兴仁县潘家庄镇巨菌草种植基地调研。中黔农业开发有限公司当年5月与潘家庄镇签订了土地流转合作协议，在潘家庄镇弥勒屯村、团结村示范种植巨菌草700余亩。这是黔西南州建立的首个菌草产业示范推广基地。8月4日在兴义举行了“菌草综合开发利用技术国家地方联合工程研究中心黔西南州菌草产业示范推广基地”授牌仪式，贵州省菌草示范基地正式落户黔西南州。

2016年11月16日，福建农林大学国家菌草工程技术研究中心黔西

◎ 黔西南种植巨菌草治理石漠化

南分中心揭牌仪式在黔西南喀斯特区域发展研究院举行。兰思仁在揭牌仪式上表示，福建农林大学将全力助力黔西南菌草产业的应用与推广，以黔西南分中心的成立作为凝聚菌草技术发展各个要素的平台，助推黔西南产业扶贫，共同打赢脱贫攻坚战。

依托福建农林大学国家菌草工程技术研究中心的技术力量，2017年7月，农工党福建省福建农林大学总支与贵州省委会黔西南州支部开展结对共建合作，共同在黔西南州建立菌草技术分中心，发展菌草循环产业，促进黔西南州以及贵州其他地区的石漠化治理、畜业和食（药）用菌产业的发展。经过多年的努力，当地已经走出一条“以草代木”发展菌草产业、助力脱贫攻坚的“绿色之路”，并在贵州多地推广应用。

种植菌草、改善生态、发展菌业，正在黔西南兴起。

2017年10月25日，毕节市工矿废弃地复垦和矿山复绿工作现场推进会在贵州省赫章县双坪乡召开。会前，与会人员先后赴黔西南纳雍县董地乡、赫章县双坪乡参观菌草种植基地。“让废弃地盖上绿被子。”推进会上，纳雍县、赫章县有关负责人就种植菌草对工矿废弃地复垦变绿的作用进行交流发言，受到与会者的肯定。

2018年10月12日，兴义市清水河镇双桥村巨菌草种植基地里，镇农业服务中心主任蒋太英指着长势喜人的巨菌草乐呵呵地说：“目前全镇已种植巨菌草4380亩，不少农户尝到了甜头，取得了良好的效益。”

黔西南州安龙县普坪镇大力发展巨菌草种植，带动了养殖业的发展。2017年底，胡巷、新街两个村建设了4300多亩巨菌草示范种植基地，基地利用巨菌草加工而成的新型青贮饲料，成为畅销的草料。

2019年7月28日，黔西南州兴义市清水河镇示范种植的5000亩巨菌草陆续开镰，喜获丰收。

……

2020年6月17日，由福建农林大学国家菌草工程技术研究中心等部门举办的“生态修复与产业扶贫座谈会”在贵州省贵阳市召开。近30个单位的50位领导、专家、代表参加了座谈会。林占熺做了《菌草技术与生态发展》的专题报告。他表示，菌草是一种新型的生物材料和新的农业资源，我国率先开展菌草研究与应用，从以草代木栽培食用菌、药用菌拓展到菌草生态治理等领域，取得了一系列的成果。菌草是多年生植物，只需要种植一次就可以收割15年以上，养护成本较低。以草代木栽培的食用菌、药用菌不仅绿色环保、成本低，而且质

◎ 福建泉州泉港区涂岭镇开展种植菌草复绿矿山试验，效果很好

量比传统用木屑栽培的更好。林占熺表示，贵州生态资源丰富，食用菌又是重点发展的扶贫产业，大面积种植菌草有利于贵州食用菌产业的发展。

会上，除了讨论菌草如何“生金”外，众多专家还重点讨论了菌草如何“生绿”。贵州是个矿产资源丰富的省份，但矿山修复治理是贵州的“痛点”。菌草“绿洲一号”一年种植，多年收获，不仅经济效益可观，还可以复绿，对治理石漠化、矿业修复等作用重大，可谓“生绿又生金”。与会相关单位还就菌草修复矿山等案例展开交流与分享。福建农林大学国家菌草工程技术研究中心副主任林冬梅最后表示，希望贵州利用菌草把生态修复和矿业、农业环境治理结合起来，总结出可推广复制的典型经验。

2020年11月初，贵州华农菌草种植区满目葱茏、绿浪起伏，大型收割机来回穿梭……这仅是黔西南发展菌草业的一个缩影，展现出黔西南发展菌草业的好兆头、好前景。

第七章　万里远洋飘草香

小小菌草，走出国门，扬名海外。20多年来，林占熺团队以菌草技术为媒，跨越千山万水，深入近50个贫穷国家，特别是欠发达、生态脆弱的国家，作为“绿色使者”传播、推广菌草技术，为他们送上脱贫致富、保护生态的“中国草”，取得了一个个突破性的显著成果，赢得了他们的敬佩和好评。

“中国菌草”，在中外交流交往中架起了一座座友谊之桥，为全球减贫、可持续发展贡献了中国方案和中国智慧。

巴布亚新几内亚：幸福吉祥“极乐鸟”

2000年12月13日凌晨1点许，林占熺家的电话急促地响了。

这是福建省援助巴布亚新几内亚（以下简称“巴新”）专家组打来的越洋电话。早已守候在电话机旁的林占熺家人连忙拿起电话，令他们一直提心吊胆的事情发生了：

由于长途颠簸和过度劳累，当晚抵达巴新驻地后，林占熺突觉心跳加快，双手有触电感，感到发麻，双脚发冷，血压冲上170毫米汞柱，心跳达到110次/分，一度昏迷过去——他的心脏老毛病复发了。

驻地附近没有正规医院，一时又找不到医生，专家组请家人快速与平时给林占熺看病的福建省立医院医生联系，询问该怎么办。

这次去巴新，林占熺是带着“心病”加“身病”出发的。临行前，他的挚友、埃及菌草项目特使在福建农林大学菌草研究所参加培训期间，因突发心脏病去世，林占熺沉浸在悲痛之中。加上出发前一天晚上，想到这是菌草技术走出国门的第一步，不容有半点闪失，林占熺又连夜认真修改原已备好的5套技术援助方案，一直伏案到凌晨2点许。下楼梯时，他还不慎跌了一跤，扭伤了脚。

马上就要出发了，竟生出这样的事。有人建议推迟，等脚伤好了再出发。但林占熺想起当地政府和百姓那迫切期盼的眼神，便对爱人说：“如为这点伤而改变出发时间，项目实施时间又要被拖延，对方可等急了，不行！”他在痛处涂上止痛药，带着几十箱菌种和常用的设备和工具，按计划出发了。

飞机降落在巴新东高地省戈罗卡时，已是三更半夜，专家组人困马乏。回到驻地不久，专家组成员发现林占熺手脚冰冷，心跳变得很快。大家都没有遇到过这样的情形，一时间不知如何是好，只好马上联系当地官员——警察部部长。

“我马上把私人医生派过来给他治疗。”部长安慰大家。

在等待医生到来期间，专家组成员看到林占熺呼吸困难、非常虚弱，个个心急如焚。林占熺却安慰大家，开玩笑地说：“没事的，大家别担心。我们要做的事情才刚开始，我还没到去见马克思的时候。”他还交代大家：“赶紧把菌种从泡沫箱里拿出来散热，否则温度太高会把菌丝烧死。”他还镇定地指点其他成员给他量血压、测温度、拿药，同时按摩脚底的穴位……但疾病来势凶猛，再测量一下体温，已超过40摄氏度，林占熺烧得面红耳赤，昏迷过去了。

当林占熺从昏迷中醒过来时，他隐约感到这次不仅心脏老毛病复发，似乎还有心血管疾病并发症，不同往常。他暗暗地想：“这次恐怕回不了家了。”他比着手势，请同事到他床前，吃力地向他们交代：“这是菌草技术第一次列入国家援助巴新项目，一定要确保成功……”最后，他又一字一字地慢慢说：“冬梅、春梅都是好孩子，我亏欠她们太多了，请你们多多关照她们。”

林占熺的病情也牵动着中国和巴新两国领导和人民的心。巴新政府与我国驻巴新大使获悉后，立即商讨设法派出医生，赶赴东高地省把林占熺送往首都莫尔斯比港抢救。警察部部长的私人医生接到电话后，连夜火速开车赶到驻地实施抢救……

终于，林占熺慢慢恢复了神志，转危为安。

两天后，林占熺刚能下床，就马上要到野外开始工作。不管同事们怎么劝阻，他依旧拖着虚弱的身体，投入项目的具体实施中。身边的人只好无可奈何地摇摇头说：“没办法，他就是这么一个不懂得休息，只知道干活的人！”

凡事都有来由，林占熺应邀来到巴新，要从菌草技术国际培训班说起。

林占熺发明菌草技术的喜讯，引起联合国相关组织的重视。1994年3月，联合国开发计划署官员慕名到福建农业大学菌草研究所考察，发现菌草技术应用前景广阔，非常适合在发展中国家推广。第二年初，联合国经济社会理事会派人前来考察，不久便把菌草技术列为“中国与发展中国家优先合作项目”。当时，我国外经贸部也决定把菌草技术列为“实用技术培训”项目，不定期在福建农业大学举办国际菌草技术培训班，传授菌草技术。

首期国际菌草技术培训班学员于1995年11月顺利结业。来自13个国家的学员毕业时，在福建农业大学菌草研究所前面立起一块富有意义的纪念碑，上面写着："十几个国家的专家、学者一起种植菌草，象征着友谊，预示着造福全人类的菌草业的崛起。"这批学员中，有两位来自巴新，其中一位叫布莱恩·瓦伊，是当地一位酋长的儿子，后来，有人称他为"巴新菌草第一人"。他们一下子被菌草技术迷住了，回国后，兴致勃勃地将学习情况和取得的成果向东高地省省长报告，并说："我们需要菌草技术，我们需要林占熺这样的专家，能把他请到我们巴新就好了！"

1996年11月26日，东高地省省长伊瓦拉图等人专程飞赴福建，盛情邀请林占熺等人到巴新传授推广菌草技术。

涉外无小事。福建省政府决定先派省长助理李庆洲率考察组前往调研，考察后再做定夺。1997年5月，林占熺随同考察组一起来到巴新东高地省。

东高地省人民以最高礼节欢迎福建省政府考察组的到来。欢迎队伍近一里长：中小学生们夹道欢迎，不停地抛撒手中五颜六色的鲜花；年轻人彻夜欢歌，表达对远方客人由衷的感谢。面对如此热烈的场面，考察组成员被感动得不知说什么好。

但第二天他们来到现场，呈现在眼前的一切，让多位成员的心凉了半截。菌草示范点所在地鲁法区离省城有60公里左右，几乎还处于刀耕火种的原始状态；山坡上野草丛生，疏疏落落间杂着一块块咖啡园，杂草伴着咖啡树叶在风中摇曳；山谷中生长着一丛丛芭蕉树，在阳光的照射下，宽阔的芭蕉叶垂下身姿。当地农民的家零零星星散落在山坡上、山谷中，多是茅草房。这里流行多种疾病，医疗条件差；生活质量低，没有自来水，没有电灯，没有电话，更谈不上电视、空调。要打国际长途电话，得从鲁法区搭乘卡车或区医院的汽车到省城戈罗卡，然后到银行换好硬币，再找到当地仅有的一个投币电话机才行。当地不少农民仍过着“吃饭一棵树，穿衣一块布”的日子……

林占熺在考察中发现，东高地省拥有发展菌草菇的资源和市场，但鲁法区现代化程度太低，也实在太穷了，要在这里实施菌草项目，让仍处于部落经济的村民接受、掌握菌草技术，难度确实很大。

有的人在考察后说：“在这样的环境里待下去，怎么活呢？会发疯的！”

也有人说：“即使一个月给一万元以上的报酬，也不能干！”

……

讨论时，考察组不少成员都将眼光投向了林占熺。

林占熺知道，这是一块十分难啃的硬骨头。经再三思量，他坚定地表示：“这里确实很穷，但正是因为穷，才迫切需要我们的帮助。我们也曾经穷过，我看这一援外项目可以接下！”

这次考察后，双方签署了“菌草技术重演示范试验备忘录”。1997年7月25日，林占熺带领由6人组成的专家组带着十几箱菌种和塑料薄膜等材料，来到东高地省开始实施菌草项目。1998年，我国政府和巴新政府又换文确定把菌草技术列为中国援助巴新的合作项目；后来，福建省与东高地省又签署了《福建省援助东高地省发展菌草、旱稻生产技术项目协议书》。林占熺也因此带着菌草技术，远渡重洋，来到他走出国门的第一站——巴布亚新几内亚。

菌草栽菇的序幕很快在巴新东高地省鲁法区拉开，菌草技术正式走出国门，正式成立了在国外的第一个重演示范点！

随着示范点开始运营，专家组发现这里的工作环境、生活环境、治安环境比想象的还要艰巨、困难。

专家组去耐卡村旱稻试验示范点要经过一条河，河上没有桥，必须蹚水而过。12月的时节，河水冰凉，蹚水时皮肤有股刺痛感，但林占熺每次都和大家一起蹚水而过。过河后大家浑身湿漉漉的，只能把衣服脱下拧干后再穿上。林占熺年纪比较大，长期如此，身上就会犯毛病。一天晚上，他腰疼得不行，直至半夜仍无法入睡，估计是因冷水刺激引发的。当地百姓得知后，就地砍了一些毛竹，在河上搭起了一座简易的竹桥，总算可以摇摇晃晃地从桥上过河。

当时，鲁法区治安环境也比较差。专家组在夜里隔三岔五会被枪声惊醒，还常有醉汉在街上吵架斗殴，部落之间因矛盾冲突斗殴也时有发生。当地官员告诫专家组，尽量不要单独出门，外出办事一定要有当地人陪同。专家组到较远的山村进行菌草技术指导的时候，一般都有两个持枪的警察陪同。

一个周末，专家组的两个人去一个露天菜市场买菜。突然，几声枪响让整个市场顿时大乱起来，大家或寻找地方躲藏，或急忙往外跑。他们俩不知道发生了什么事，也跟着人群找角落蹲下。陪同的人了解情况后告知，是两个持枪歹徒想抢劫银行，幸好警察很快赶到，把歹徒制服了。此后好长一段时间，当地官员都不允许专家组成员去那个市场买菜。

“睡时穿衣，起床脱衣”，这是专家组应对东高地省气温变化的形象描述。这里属于草原，昼夜温差很大，白天高达40—50摄氏度，晚上低至6—7摄氏度，不利于食用菌的培育。

知己知彼，才能胜券在握。专家组首先要摸清当地的条件和环境。白天，他们顶着烈日，跋山涉水，四处奔波，考察当地草本植物资源及气候条件；夜晚，他们就在摇曳的煤油灯下伏案查找资料、整理数据，商量菌草技术落地的最佳方案。专家组很快摸索出保持土壤温差的新栽培技术——阴畦覆土栽培法，并选用当地丰富的野生菌草和咖啡壳作为原料，用于培育菌草食用菌。

当地资金、设备有限，专家组从实际出发，用简单易懂的土办法来解决复杂的科技问题。按常规，菌草生产过程需要先进设备给菌草培养基灭菌，但当地不通电，物资极其匮乏，也没有高压锅炉，专家组便自己动手、土法上马，用三个废弃的汽油桶、几块石头、一根橡皮管和两片塑料薄膜，做成简易灭菌设备，效果不比先进设备差。没

◎ 巴新农民在咖啡园种菇

有现代化出菇房，他们就地取材，因陋就简地搭建起菇棚、菇架等生产设施。温度、湿度差异大，他们就挖种植沟，利用水、土和塑料薄膜控温保湿……

“成功了！”1998年1月10日，菌草技术重演示范试验获得成功，首批2万袋食用菌成品率达到99%，实现巴新东高地省菌菇栽培零的突破，还创下一项菌草菇之最——种出单丛重量12.51公斤的紫孢平菇，向巴新国庆节献礼。

阳光灿烂，笑脸盈盈，歌声阵阵。1998年1月13日，巴新东高地省菌草技术验收大会在菌草示范基地隆重举行。巴新总督西拉斯·阿托帕尔、青年和劳工部部长玛非亚斯·卡拉尼等6位部长以及100多位高级官员，还有东高地省各区的群众近6000人，穿着节日的盛装，兴高采烈、载歌载舞地参加大会。他们有的甚至是走了两天两夜的路，

◎ 专家组技术员指导巴新农民接种菌株

才赶到会场的。

会上，喜获丰收的当地菌农捧着各类菌菇，又唱又跳，欢乐地呼喊着：“中国，菌草！”“中国，菌草！”

许多人围着专家组成员，争先恐后向他们竖起大拇指，称赞道：

“巴新人民真正的朋友！”

“林占熺教授是巴新象征幸福与吉祥的‘极乐鸟’。”

……

会上，东高地省上空第一次奏响中华人民共和国国歌，并升起鲜艳的五星红旗。林占熺听着雄壮有力的《义勇军进行曲》，昂首望着徐徐升起的五星红旗，心潮澎湃。之后，在这个简易的菌草示范基地广场上，东高地人民又先后七次为菌草奏响中国国歌，升起五星红旗。难怪林占熺经常发自内心地对东高地的群众说：“我们是朋友加兄弟。这样的朋友兄弟我不帮，还帮谁？”

东高地省省长对专家组在十分困难的情况下出色地完成工作表示由衷的感谢，他十分感慨地说：“中国、巴新双方是在极端的条件下实施这一项目的。其中最具挑战性和最使人惊奇的是，中国专家能够适应令发达国家专家望而却步的条件。从这些专家身上，我们还学到了许多十分有价值的东西。这些东西，在我国今后的发展中，将产生深远的影响。”

巴新国防部部长拉卡尼在大会上宣布，把女儿的名字改为“菌草”，并在报纸上公布。他说，他要让巴新人民记住，菌草是中国人民帮助巴新人民的一个好项目。“巴新菌草第一人”布莱恩·瓦伊也把儿子的名字改为“菌草·瓦伊”，以寄托对未来生活的美好憧憬……

面对如此感人的盛况，房志民激动不已。他是我国的一位援外老干部，早在1969年就被派往非洲援建坦赞铁路，后转战埃及、巴巴多斯、汤加王国、巴布亚新几内亚、卢旺达等国。房志民在海外工作长达27年，成为菌草援外的见证者。在他的记忆中，由他经办、接触的援助巴新的项目中有不少投资金额为几千万元到上亿元，林占熺的菌草项目投入最少、规模最小、专家团队最小；然而，这一项目在巴新却家喻户晓，影响最大最广泛，得到巴新政府、官员和群众的广泛赞誉，被当地誉为“来自中国人民的头号礼物”。平时来中国驻巴新使馆参加会见活动的部长或高级官员们，言谈中总是希望能拿到菌草菇的菌袋和多年生旱稻种子，以便他们能送给家人或亲戚；巴新西高地省、马努斯省、钦布省等省的省长，也多次来到大使馆，请求中国扩大该项目，让专家组将菌草菇和旱稻种植推广到他们的省。

更让房志民难忘的是，有一天，世界银行驻巴新代表处主任和使馆联系，邀请他去介绍一下中国援助巴新菌草技术项目的情况，因为他们非常想知道为什么这样一个“小型项目”能在巴新社会上产生那么巨大的影响。当他应约到达时，看到客厅里挤满了人，除了世界银行代表处的官员之外，还有许多来自联合国其他机构的代表，以及来自其他国家使馆负责经贸合作的外交人员，他们都想借机了解菌草和旱稻技术项目在东高地实施过程中有什么高效实用的做法。房志民的介绍引起他们极大的兴趣和关注，他们不时报以热烈的掌声和赞叹。

1998年7月20日至9月15日，巴新东高地省首期菌草培训班在示范基地举办。这是我国首次在国外举办菌草技术培训班。东高地省行政长官亲自参加听课和实习，副行政长官以学员的身份参加培训班的全部学习和实践。林占熺为学员们讲课，还带着学员们来到野外，教他们如何识别各种适合种菇的野草、怎样做好菌草生产的每一个环节，数百名技术骨干先后分批得到培训。

◎ 1998年9月15日，中国援巴新首届菌草技术培训班在巴新东高地省结业

菌草技术开始在东高地省推广开了。

推广过程中，专家组为当地农民组织起互帮互学的团队——每5—10户形成一个“点”，让受过教育和在培训中学得更好的人作为“骨干”，对其他农民提供即时的技术帮助和建议。每5—10个“点”形成“旗舰”，帮助菌农解决更为复杂的问题。在一个社区范围内，许多这种“旗舰”又组成一个“协会”或“俱乐部”，组织农

民进行更多的合作，进行菌草菇的商业化生产，推动扶贫活动的开展和整个社区的可持续发展。很多菌草菇和旱稻生产协会组织，如“村民种植者协会”“妇女协会”“青年协会”“生产合作社”，应运而生。农村中小学教师也带领孩子向中国专家学习菌草菇和旱稻栽培技术，学校农场生产的菌草菇和大米使学生们的午餐有了保障。除了培训班教学和田间工作培训外，专家组还常年跋山涉水、进村入户，了解农户菌草菇生长情况，提供生产全过程现场技术指导，把技术送到贫苦农民家里。不论是烈日炎炎、酷热难耐，还是大雨倾盆，晴天一身汗、雨天一身泥，他们都坚持手把手地教、心连心地帮。传授技术时，专家组还特别注重把技术尖子和生产带头人挑出来，推荐他们到福建农业大学参加为期两个月的“菌草技术国际培训班”。他们当中

◎ 1999年7月，巴新东高地省鲁法区可米拉克村菌草技术示范农户文斯顿家的菌草平菇喜获丰收

不少人回国后，都成为当地的菌草、旱稻技术专家和推广领头人。

专家组还想方设法帮助当地农民向外界销售菌草菇，使他们及时获得现金收入。项目基地的皮卡运输车每天都要送150—200个纸箱的菌草菇到大约48千米外的省会城市戈罗卡。专家组请卡车司机在每个村庄都停一下，捎上在路边等候的菌农生产的菌草菇；卡车返回时再停在各个村口，向菌农发放菇款。

1999年8月30日，巴新国会议长纳拉科比在巴新议会大厦会见专家组。他说，专家组能用当地的野草和咖啡壳种出食用菌来，并且已经将菌草技术推广到农户，令人敬佩。“这是一项能使巴新人民受益无穷的技术。”他强调，“如果你给我一条鱼，我只能吃一顿；如果你教我抓鱼的办法，我一辈子都有鱼吃。同样，你给我一些菇，我只能吃一两天；但是你若教会我如何种菇，就可以解决我一辈子的生路。因此，这项技术不是用金钱可以衡量的。”

菌草技术逐步从巴新东高地省鲁法区示范基地，扩展到巴新其他地区，种出的菌草食用菌产品畅销巴新首都莫尔斯比港、莱城、哈根等地。许多农户通过菌草生产获得了丰厚的收入，生活得到明显改善。

鲁法镇有个农民叫杰克逊，住在一个用茅草和棕榈叶搭成的破旧小屋里，生活艰苦。仅仅跟随中国专家学习了一年左右的菌草菇和旱稻栽培，他不仅收获了足够的大米作为口粮，还用卖菌草菇赚来的钱盖了一栋两层的新房子。林占熺去看望他时，他兴奋地给林占熺戴上花环，并手捧蘑菇，拉他到新房前合影留念。

东高地省政府农业厅厅长科比，由于经常和中国专家协调项目实

◎ 巴新农民种植菌草菇喜获丰收

施，十分了解菌草菇和“金山一号”旱稻的经济优势和潜力。为了集中精力生产菌草菇和旱稻，他组织家人和亲戚发展这两项农业新技术。除了自己的土地，他还租赁了20多公顷土地进行菌草菇和旱稻种植。很快，他成为当地有名的菌草和旱稻生产大户。

还有农户杰克逊·洛科，通过菌草种菇收获很大，盖起了全村最好的楼房。农户林斯·科勒特姆依靠种菇，结束了“打光棍”的日子，高兴地娶了媳妇……

就在菌草、旱稻技术在巴新东高地省顺利推广之际，台湾当局向巴新政府许诺，只要答应与台湾当局“建交”，除了可以无偿获得5亿美元现金外，还可以得到总值38亿美元的各种经济援助。1999年7月5日，巴新政府突然签署了与台湾当局“建交”的公报。

消息传来，林占熺心里一直难以平静。“援助巴新的菌草项目要不要撤回？”他等候着国家的命令。

在焦急等待中，巴新警察部部长卡拉尼几次给林占熺挂电话：“眼前的曲折是暂时的，希望中国专家组不要中断菌草项目。”

林占熺对这位巴新友人深有了解。卡拉尼为了更快让菌草项目在东高地省落户，将自己的住房让给专家组住，而自己与家人则睡在简易车库的地板上；每次从巴新首都开会办事回来，他总要先来看望专家组，问寒问暖、排忧解难；他经常深情地对林占熺教授说：“我们是生死之交，是好兄弟。”但他能扭转眼前的局面吗？

卡拉尼分头联系了一半以上的国会议员，聚集到一个海岛上开会，表达愿与中国政府友好合作的共同诉求。卡拉尼特意请负责菌草技术推广项目的官员带着在中国专家指导下用当地野草和咖啡壳等栽培出的食用菌，向与会议员们进行现场展示、现身说法。卡拉尼在会上疾呼：中国、巴新友好合作符合潮流，不能为了几亿美元把国家、民族的根本利益出卖了。他的发言，赢得与会绝大多数议员的共鸣。

卡拉尼联络了政府其他8位部长一起辞职，并强烈要求政府立即撤销与台湾当局“建交”这一错误的决定。

16天后，阳光刺破乌云。巴新组成新政府，当天宣布撤销与台湾当局“建交”的错误决定，并恢复与中国的正常外交关系。时任中国驻巴新大使张鹏翔回顾这段惊心动魄的经历时，满怀深情地说：“菌草技术在巴新这场反对台湾‘弹性外交’的斗争中，功不可没！”

推广菌草技术期间，巴新接着遭遇百年未遇的大旱，出现了严重的粮食危机，不时传出饿死人的消息。耳闻目睹灾民的惨状，林占熺心急如焚。巴新稻谷原来一直靠进口，巴新政府也曾请多个发达国家的专家前来考察发展稻谷生产，但他们都断定巴新东高地省不适宜种植稻谷。

“外国专家办不到，不等于中国专家也办不到！”林占熺急巴新人民之所急，决定试种稻谷。他决定从东高地省实际出发，迅速建起旱稻试验示范生产基地。没有气候资料，没有现成设备，一切从零开始。林占熺顶着40摄氏度以上的高温，深入一线收集光照、温度、降水等气象资料，仔细分析当地土壤结构和成分，收集了厚厚几大本的数据。通过分析研究，林占熺认为，东高地省没有排灌系统，难以种植水稻；但根据当地的气候特点，可以尝试进行旱稻生产。他大胆设想推论：一些在热带多年生的植物，到寒冷的地区就变成一年生，那么一些在福建一年生的植物，如旱稻，拿到东高地省种植，能不能变成多年生，变成播种一次收割多次呢？

新的挑战开始了。通过反复的试验，林占熺终于发明了一种与常规水稻、旱稻栽培技术不同的新的旱水稻栽培技术——旱稻宿根法栽培技术，即选用具有较发达的根系的旱稻品种，播种在没有田埂的平地或坡地等旱地，靠降雨或旱稻的根系伸到较深的土层中获取水分，来保证旱稻正常生长发育的需要。旱稻收割后留下稻头，作为下一次生长的种苗，并用稻草覆盖稻田，起抑制杂草生长、保湿和增加土壤有机质的作用。这样，就可以在条件适宜地区达到播种一次、连续收割多次的目的。

林占熺开始运用新办法在东高地省尝试种植旱稻。2000年3月9日开始初次播种，7月25日首次收割，每公顷产量达6.75吨，亩产达451

公斤。而后，他对稻田进行宿根管理，2001年1月9日进行第二次收割；后来，又连续收了11季，产量仍较高，收割次数破世界纪录，最高单季产量达到每公顷8.52吨。

此项成果引起轰动。巴新国家广播公司、《信使邮报》等主要媒体多次报道项目获得成功的消息，称赞它是“中国援助巴新人民脱贫致富的又一个好项目”。林占熺通过旱稻试验示范生产基地，把这一成果推广到农户。

面对接二连三的奇迹，有人请教林占熺：“为什么你能在那么多人种不出稻谷的地方收获稻谷？”林占熺深有感触地回答：“科研需要智力，也需要吃苦精神。实践出真知，农业科研更是如此。如果我们不是驻扎在试验第一线，顶风冒雨地做好各种数据收集和种植过程

◎ 东高地省旱稻宿根法栽培验收会现场（2000年7月25日）

的观测工作，旱稻种植难以成功。”

此后，在专家组的指导下，旱稻种植如星星之火，在东高地省迅速推广，从事旱稻种植的农户超过3000户，种植面积超过300公顷。更让林占熺欣慰的是，至2010年4月，当地不少地区的稻米已经可以自给自足。当地旱稻种植协会会长考比先生取出家中珍藏的中国国旗，拉着林占熺的手深情地说：“我们永远不会忘记当面临饥饿时，是你们中国专家教我们种出旱稻！”巴新钦布省省长得知林占熺回来看望东高地省老朋友时，特地赶到东高地省，急切地邀请林占熺到钦布省指导。

专家组的付出与成功，使当地居民盛赞中国是他们“真正的朋友”，称林占熺是象征幸福与吉祥的巴新国鸟“极乐鸟”。每当收获时节，他们都会情不自禁地捧着由野草长成的各类菌草菇，又唱又跳，欢乐地呼喊着：“中国，菌草！”“中国，菌草！”

林占熺这只“极乐鸟”，成了中国、巴新友谊的美好象征，展翅翱翔在巴新的上空。

不久，有“消息灵通人士”说林占熺专家组要回国休假啦，当地农民担心他们回国后会不回来了，就找到专家组恳切地挽留他们。最后，我国驻巴新大使馆派人到项目所在地，说服当地群众，并以大使馆的名义担保：“专家组成员按规定回国休假两个月后，肯定如期返回，继续带领大家推广菌草和旱稻技术，发展生产、脱贫致富。”当地农民这才放心地让他们回国。

在此期间，巴新警察部部长、议员卡拉尼与林占熺专家组成了“生死之交的好兄弟”。卡拉尼还让自己的两个女儿认专家组的林占熺、林跃鑫为干爹。后来卡拉尼不幸早逝，他的两个女儿成为林占熺心中一直难以抹去的牵挂。2017年8月，林占熺再赴巴新东高地省开展援助合作时，得知卡拉尼的两个女儿已经分别就读于巴新首都和东高地省的大学时，特地抽空去看望了她们。他仔细地询问她们的学习、生活情况，并送上中国旗袍、电脑等礼物。临别时，他还不忘叮嘱她们："记住，中国福建还有你们一个家。欢迎你们抽空到中国去、到福建去，到福建农林大学去，看看你们的另一个家，看看经常想念你们的'干妈'和两个'姐姐'。"

对林占熺运用菌草技术扶贫、援外所取得的成果，对他服务国家外交，为福建、为国家赢得荣誉，时任福建省委副书记、省长习近平

◎ 林占熺在巴新东高地省戈罗卡菌草旱稻示范基地与栽培成功的巨菌草

深感应该给予充分褒奖、大力弘扬。他决定给林占熺记“一等功”，以体现“科教兴省”的方针，树立典型，号召鼓舞广大知识分子投身生产第一线，贡献自己的聪明才智。

2000年7月4日，一场特殊的颁奖会在福建省政府会议厅举行。习近平出席颁奖会为林占熺授奖，并发表讲话。

“这是我省第一次对科技工作人员做出的贡献记一等功。”习近平指出，林占熺同志忘我工作、艰苦创业、不畏艰辛、开拓进取，在扶贫、援外、科学研究领域做了大量工作，取得很大成绩，给福建和国家带来了很高声誉。希望林占熺把取得的成绩作为新的起点，继续攀登新的高峰，制订新的科技研发目标，加大科研与开发力度，进一步加以应用推广，提高产业化程度，在新的起点上做出更好的成绩！

仪式结束后，习近平还随和地征求林占熺的想法建议。望着领导充满信任的眼光，林占熺大胆建议，国内外前来学习、参访菌草技术的人越来越多，最好能在福建农业大学建立国际菌草技术研究发展中心。习近平当即表示，如果具备发展成为有国际影响的菌草中心的条件，符合体制改革的方向，省政府可以给予支持。

以草为媒，巴新东高地省人民通过菌草、旱稻，认识了林占熺专家组、认识了中国福建，发现中国是靠得住、值得深交的好朋友，希望能有机会来福建参访学习，进一步加强双方的友好合作。

2000年5月16日，巴新东高地省省长拉法纳玛率政府代表团到福建“结好”，并进行为期一周的访问。在热烈友好的气氛中，两省签署了《中华人民共和国福建省与巴布亚新几内亚东高地省建立友好省关系协议书》和《福建省援助东高地省发展菌草、旱稻生产技术项目协议书》。协议书中确定：福建出资100万元，实施为期5年的援助巴新项目。

朋友越走越亲。2001年5月31日，巴布亚新几内亚总理莫劳塔又率团访问福建。习近平当晚会见并宴请来自远方的客人。莫劳塔总理兴奋地说："中国是我就任总理以来第一个出访的国家。我们为你们派来的专家组在我国所做的杰出工作表示衷心感谢。我相信巴新、中国已建立的强有力的合作关系，一定能更牢固、更扎实地发展下去。"

当天下午，莫劳塔总理还专门来到福建农林大学，出席学校为他举行的隆重欢迎大会，并在会上发表了热情的讲话。会后，莫劳塔总理饶有兴致地参观了福建农林大学菌草展览厅，并在校园内种下象征中国、巴新友谊的巨菌草。

2001年，在福建省两会期间，作为福建省政协委员的林占熺，受多位委员的推荐，在省政协大会上作了专题发言，呼吁在福建农林大学设立菌草科学实验室，保持福建菌草技术在国内外的领先地位。习近平出席省政协专题大会，认真听取了林占熺的发言。这一发言成为省政协重要提案后，习近平还对这一提案办理督查情况作了批示。2002年4月3日，习近平在省教育厅送来的调研报告上，作出重要批示："菌草技术是福建的优势科研成果，已产生广泛影响，这个项目较其他一些项目贴近现实，有经济和社会效益。"省政府很快召开相关部门会议，加以落实。会上决定，由省政府有关部门拨款100万元，支持福建农林大学创建菌草科学实验室。终于，福建有了全国第一个菌草科学实验室。

2017年8月上旬，林占熺第18次赴巴新东高地省开展菌草、旱稻技术项目援助合作，探讨在新形势下福建省如何与东高地省一起实现联合国2030年可持续发展目标示范省的相关事宜。他拜访新老朋友，广泛听取当地群众的意见，深入考察启动重大项目现场，初步形成两省共建联合国可持续发展示范省的构想。

正是这一年，20年前林占熺带到巴新东高地省的巨菌草，创下每公顷年产鲜草853吨的世界纪录。

2018年5月30日，又一重大项目在巴新落地。巴新与中国签署协议，由东高地省、西高地省提供6000多亩土地，由中铁国际、福建农林大学与巴新方面合建中国巴新农业产业园核心区，建设集种植、养殖、深加工、检验检疫、进出口许可、自主报关于一体的综合性农业示范园。

“农业项目是南太平洋地区最受欢迎的投资项目，我们搞农业的实力有限，但在‘走出去’方面有经验、有能力，可以把优秀的农业技术带出来。过去20年都没有干成的事情，现在干成了！”中铁国际负责人说，“农业技术与铁路工程看起来不搭界，可是如今探索的合作模式，却在海外形成有规模的农业产业化，让更多百姓受益。”

开拓菌草技术促进东高地省畜牧业发展的新途径，同样是林占熺关注的重点。2018年旱季，东高地省卡洛菲谷菌草畜业示范基地，两人高的菌草青翠欲滴，随风摇曳；不远处的围栏里，毛色光亮的牛儿欢快地享受着鲜嫩的午餐；前来参观学习的人们，络绎不绝。这是林占熺专家组新开辟的示范点，目标是将传统的菌草养菇和新兴的菌草养畜相结合，带动周边甚至全省的农民脱贫致富。基地负责人介绍说，以前当地引进营草作为牧草，一到旱季就枯掉了。现在改用巨菌草，旱季依然翠绿，而且产量是营草的3倍左右，粗蛋白的含量相当于青贮玉米的2倍左右，牛羊特别爱吃，1公顷菌草可以养30头牛或300—400只羊。

同年11月初，东高地省的卡洛菲谷牧场，130天前才种植的菌草，已经长成一片2米多高的青纱帐。正在喂牛的主人哈基介绍说：“我养了50头牛、5匹马。原来吃普通牧草，要两年才能出栏。现在改用林教授带来的巨菌草，菌草容易种，长得快，牛特别爱吃，一闻到味儿就围过来，每次吃得连渣都不剩，不愧是难得的优质牧草，是来自中国的又一个好礼物。”谈起今后的打算，哈基心中已有盘算，明年除了继续养牛，还打算养羊、喂猪。“现在有了林教授教种的巨菌草，牲畜一年就能出栏，明年我的收入至少翻番。这样，以后我的生活肯定很体面。”

2018年10月26日下午，巴新总理奥尼尔出席东高地省2018—2022年五年发展计划启动会，并到该省首府戈罗卡市北部，视察福建省援助巴新菌草与旱稻技术合作项目。在视察途中，林占熺专家组向奥尼尔等官员介绍，经过福建省的与东高地省的共同努力，东高地省实现了菌菇栽培零的突破，结束了当地没有稻谷生产的历史。专家组还与东高地省人民一起，创造了多个第一：巨菌草每公顷产量最高达853吨，种出单丛重量12.5公斤的紫孢平菇；农户大面积种植推广开的旱稻“金山一号”，每公顷产量达8.5吨；采用旱稻宿根法栽培，创造了1次播种连续收割13次的纪录。东高地省已从不为人知的偏远省份变成赫赫有名的巴新菌草菇生产地、巴新旱稻主产区，逐步摆脱对进口大米的依赖。目前，当地种植1公顷巨菌草，用作饲料可喂养400只左右的羊，用作菌料可生产100吨鲜菇……累累硕果。奥尼尔等官员一路参观、一路欢笑，连连夸奖："你们为巴新农业发展作出突出的贡献。事实有力证明，你们带来的菌草技术与旱稻技术，一定能让渴望脱贫致富的东高地人民，走在充满希望的田野上！"

◎ 2018年6月18日，巴新东高地省省长彼得·努姆率团访问福建农林大学

2018年11月13日，巴新东高地省戈罗卡菌草旱稻示范基地喜气洋洋，"福建—东高地菌草一家亲"正在进行。林占熺专家组与百余名来自东高地省各地的亲朋好友汇聚一堂。

东高地省原省长拉法纳玛特地从首都赶来。他从包里拿出一本相册，打开给大家观看，回忆着当年两省签约的情景，十分自豪并充满深情地说："这几张照片可珍贵呢，我珍藏了快20年！"其中一张照片，上面的横幅写着“福建省—东高地省缔结友好省关系签字仪式”，中间握手的两个人，一个是时任福建省省长习近平，另一个就是时任东高地省省长拉法纳玛。拉法纳玛指着照片说：“那时我们都很年轻，我才三十多岁，现在头发胡子都白了。习近平那时很热情地迎接我们，就像接待多年未见的朋友一样。他眼睛直视着我，满脸微笑。他的态度很诚恳，又很友善。这是我永生难忘的时刻，也是我从政生涯最浓墨重彩的一笔。”拉法纳玛接着说：“他现在是中国国家主席，我偶尔在电视上看到他的画面，他依然是20年前的样子，待人真诚，态度温和。多年来，我一直关注习近平的新闻与讲话。他提出的‘一带一路’倡议极有远见，为各国和平发展铺设了共建共享共赢的桥梁。他不仅是中国的领袖，也是全世界有影响力的领袖。”

东高地省省长彼得·努姆十分愉快地说，是习近平主席派来林占熺教授，带着新发明的菌草技术，把中国、巴新两国人民紧密地连在一起。这段历史，将被东高地省人民永远流传铭记。他兴奋地告诉在座的乡亲：“东高地省政府已经决定划拨一块土地，用于建设福建专家们在东高地省的家园。”人群中发出一阵阵欢呼。

当年带头在东高地推广菌草、旱稻技术的农户考比，如今已经年近古稀。他开口的第一句话是：“感谢习主席！感谢林占熺！感谢福建！感谢中国！”他说，当年林教授住在他家搞旱稻试验，没想到普通老百姓也参与缔造了历史，感到非常自豪。“如今我虽然老了，但我相信我的女儿会与林教授女儿一起，继承我们开创的事业，再创菌草旱稻种植新辉煌！”

考比的女儿普莉希拉，从小就跟着父亲在林占熺的指导下学种旱稻和菌草。她从澳大利亚留学回来后，又组织合作社推广菌草、旱稻技术。她在会上坦诚地告诉大家，许多朋友感到好奇，询问她为什么和中国人合作。普莉希拉很自豪地回答他们：“中国专家平等对待我们，从不看低我们，就像一家人一样，相信我们有能力学好发展好。林教授当年住在我家时，我根本没有想到那么有学问的大专家，竟是这么谦虚。中国专家不远万里来帮助我们摆脱贫困，我有什么理由不与他们一起为我们的人民工作呢？”

东高地省计划厅厅长比特捧着一大盘食物前来参加聚会。他为此特地宰了一头猪，用传统Mumu（洞穴里烧热石头烤熟食物）方式为大家做了一个猪肉大餐，这是当地人款待贵客的最高礼节。他同时给大家带来振奋人心的消息：东高地省把菌草、旱稻产业列为2018—

◎ 1999年10月，谢联辉院士（左）到巴新东高地省鲁法区菌草基地调研菌草灵芝生长情况

2022年五年发展计划重要优先项目，目标是经过努力，全省减少大米进口80%；菌草养畜产业化，减少肉类进口；菌菇产业化，把已有知名度的“鲁法菇”推向全国市场。他加强语气对大家说：“贫困是人类共同的敌人，也是最大的敌人。中国的许多脱贫技术和经验值得巴新借鉴，东高地省愿率先推广中国的减贫模式。”

“巴新菌草第一人”布莱恩·瓦伊带着妻子和女儿一起来了。谈起当年认定菌草为自己的终生事业，他百感交集：“从认识菌草、认识林教授的那天起，我的人生就与菌草技术紧紧相连。不管多么艰难，我从来没有放弃，我跟定林教授了……”

在巴新传统的Mumu仪式之后，东高地人为林占熺长女林冬梅正式命名“阿拉萁美”，全场响起热烈的掌声。阿拉萁美是当地的一种植物，传说当它生长旺盛时，将给一个地区带来兴旺发达。命名仪式预示着菌草、旱稻技术产业化将获得成功，菌草事业会蓬勃发展、代代相传。

2018年11月，中华人民共和国主席习近平对巴布亚新几内亚进行国事访问，并出席在巴新举行的亚太经合组织第26次领导人非正式会议。巴新首都莫尔斯比港、东高地省戈罗卡等地都披上节日的盛装，纷纷挂起中国结、红灯笼以及中国与巴新两国的国旗。

2018年11月14日，就在习近平对巴新进行国事访问前夕，新华社发表了习近平署名文章：《让中国同太平洋岛国关系扬帆再启航》。文章写道：“18年前，我担任中国福建省省长期间，曾推动实施福建省援助巴新东高地省菌草、旱稻种植技术示范项目。我高兴地得知，这一项目持续运作至今，发挥了很好的经济社会效益，成为中国同巴新关系发展的一段佳话。”

巴新最具影响力的媒体《信使邮报》《国民报》在头版头条刊发这篇文章，其他时政类报纸也纷纷在要闻版刊发相关消息。

2018年11月16日，莫尔斯比港，阳光灿烂、鼓点激越，草裙旋舞、笑逐颜开，到处是欢乐的海洋。

在习近平主席和巴新奥尼尔总理的共同见证下，中国与巴新两国签署了包括菌草、旱稻等技术合作项目的协议。根据协议，这两项技术从东高地省辐射至巴新全国，两国友好合作迈入新征程。

11月16日正巧是林占熺的76岁生日。2017年这一天，东高地省的朋友给他送来一幅画：在高山绿树间，有一只巴新的象征——斑斓的天堂鸟，画下面写着一行字："祝天堂鸟教授——生日快乐！”一年后的今天，林占熺站在庄严的两国领导人签署新的合作协议的台上，望着会场上的巨菌草，双眼湿润了——近20年的艰辛奋斗没有白费，近20年的坚持不懈终于结出硕果。他信心满满地说：“我坚信通过今天两国签下协议的落实，东高地省提前实现联合国确定的2030年可持续发展议程——实现农业生产力提高一倍，贫困农民收入翻一番，更多妇女和青年获得就业的目标，成为巴新可持续发展示范省，一定能现实！”

“相知无远近，万里尚为邻。”2019年，打造联合国可持续发展目标示范省的行动，在东高地省如火如荼地展开。2019年初，巴新菌草技术国家能力建设研讨会在东高地省召开，为加速落实联合国2030年可持续发展议程提供了典型案例。

2020年5月14日，和风习习，阳光灿烂。一场别开生面的旱稻丰收捐赠活动在东高地省亨加诺菲区菲尼图古村举行。中国援巴新菌草和旱稻技术专家组同东高地省省长彼得・努姆和其他官员，出席了捐赠活动。

菲尼图古村是中国援助巴新种植菌草和旱稻新示范村。20世纪90年代末以来，这里深陷部落纷争，导致近百人死伤，部落双方怨恨越结越深，百姓生活越来越苦。林占熺专家组到来后，从无到有，耐心地教会村民种植菌草和旱稻，生活慢慢地一天比一天过得好。村民也逐渐认识到，只有安定，才能发展生产，才有幸福的日子。在省政府和专家组的调解下，他们终于放下多年的纷争，签下和好协议，并立碑为证。旱稻丰收后，为了表达对省政府和专家组的感激之情，村民讨论后一致同意捐赠1.2吨旱稻种子给省政府和专家组，用于下一栽培季节在东高地全省进一步推广旱稻种植，促进东高地省旱稻产业更快发展。

全省6个旱稻种植协会主席、菲尼图古村民代表、旱稻种植重点户代表、戈罗卡妇女菌草菇种植协会代表等共200余人，参加了活动。村长托尼满怀喜悦地代表全村村民，向省长呈上捐赠证书。

东高地省省长彼得・努姆和来宾参观了展台，展台上摆放着一袋袋金灿灿的旱稻，一盆盆香喷喷的旱稻米饭，还有用菌草菇做成的菜肴。彼得・努姆抓起一把大米，细致地观看大米的颜色和形状，然后品尝起米饭和菌草菇菜肴。他意味深长地对大家说："这是我们东高地省自己生产的旱稻，米粒白净饱满，米饭清香甘甜，再配上菌草菇，味道实在美极了！"

随后，彼得・努姆和来宾参观了旱稻加工示范。看着一粒粒稻米从碾米机中流出，他说，东高地省政府在林占熺专家组的帮助下，继续扩大旱稻种植面积。他还高声地向大家宣布："我们东高地省已经决定，将旱稻和菌草作为全省继咖啡产业之后农业领域重点发展的第二、第三大产业。省政府已注册一家企业推动本省旱稻产业发展，负责收购稻谷，并进行加工、包装和销售。"他期待东高地省能完全实现旱稻自给，甚至出口稻米的那一天早日到来！

东高地省有关负责人还在现场向大家介绍：自中国援助巴新菌草与旱稻项目2019年8月正式启动以来，全省旱稻种植户已经超过1000户，大部分种植户已实现稻米自给，并有部分剩余供应市场。林占熺专家组培训指导了众多菌草菇种植户，许多菇农在短短3个月内就有2000—3000基那的收入。在新冠肺炎疫情暴发后，中国专家组和有关

◎ 2019年12月17日，巴布亚新几内亚总理詹姆斯·马拉佩夫妇视察中国援助巴新菌草技术与旱稻技术项目示范基地

部门工作人员遵守国家防疫相关规定，坚守工作岗位，保证示范项目正常进行。

2020年11月11日，福建省与巴新东高地省迎来结好20周年的喜庆节日。尽管两省远隔万里，且新冠肺炎疫情还在全球肆虐，两省仍举行了庆祝活动，就未来五年加强友好交流合作举行“云签约”仪式。

东高地省省长彼得·努姆在致辞中回顾了两省友好交往的历程。他表示，福建省与东高地省是在时任福建省省长习近平的推动下缔结了友好省关系。希望两省以签订未来五年合作协议为契机，推动两省友好关系不断迈上新台阶。

林占熺也作了发言：“20年来，我26次到东高地工作，与东高地人民结下了深厚的情谊，东高地省也成为我的第二故乡。”他回顾说，在过去20年间，我们一起实现了巴新菌草菇生产零的突破，并结束了巴新没有生产稻谷的历史。

忆往昔峥嵘岁月稠，看今朝旖旎风光秀。

一株不起眼的中国小草，在巴新撒播友谊的种子，传递着合作发展的火种，使巴新人民看到了脱贫致富、可持续发展的光明前景。

20多年来，林占熺专家组累计在当地举办18期菌草技术培训班，共培训1337名学员；已有700多户农户参与菌草种植，其中70%以上是妇女；有3000多户农户掌握了旱稻种植技术。当地原来的低矮草屋、大片荒地，如今已被崭新的小楼、成片的稻田取代。东高地省省长彼得·努姆把菌草视为“脱贫致富草”“中国援助东高地省的好礼物”，当地百姓亲切地称呼菌草为“中国草”“林草”。

20多年来，林占熺专家组带来的菌草和旱稻，影响日益扩大。如今，菌草和旱稻已成为东高地省仅次于咖啡的第二和第三大产业，还推广到了钦布省、吉瓦卡省、莫罗贝省、西高地省和中央省等巴新其他省份。

20多年来，林占熺专家组几经轮替，不断吸收补充年轻力量，已经有90后的硕士、博士开始参与项目相关工作。专家组不忘初心，坚持扎根当地，与当地民众同甘共苦，共同开创美好未来。

菌草和旱稻，正给东高地省人民带来蒸蒸日上的新生活。2020年底，东高地省有6个区成立旱稻生产合作社，并从中国定购整套大型碾米设备，建立稻谷加工厂，进一步完善旱稻全产业链。省长彼得·努姆多次称赞，中国旱稻种植不施农药，无污染，米质中等偏上，大米黏性大、口感好，在市场上很抢手。中国的旱稻项目，在助力巴新减贫、应对饥饿和增强粮食安全等方面，发挥了重要作用。

2021年是现驻东高地省中国专家组组长林应兴到巴新工作的第10个年头。林应兴把一生最美好的青春年华，献给巴新、献给东高省地脱贫事业。在林应兴与其他队员的共同努力下，即便近两年全球暴发新冠肺炎疫情，菇农和稻农仍然取得了良好的经济效益：有的菇农14个月种菇收入超过1.7万基那，参与种植旱稻的稻农全部实现了稻米自给，为巴新的社会稳定与减贫事业作出积极贡献。林应兴说：“我们只希望，借我们的微薄之力，帮助巴新人民摆脱贫困、更快发展。我们的奋斗目标是把东高地省打造成实现联合国2030年可持续发展目标的先行省、示范省！”

2021年5月21日，东高地省又传来巴新与中国友好合作的喜讯：

巴新东高地省政府与中国国家畜牧发展公司就共同建设东高地省农业产业园正式签署备忘录。中国援助巴新菌草、旱稻技术合作项目将率先入驻东高地省农业产业园新址。巴新农牧业部部长约翰·西蒙、东高地省省长彼得·努姆等官员和当地民众兴高采烈地参加了这一活动。园区内将专设“菌草技术发展合作中心”，并建设长期性的技术示范基地5公顷，将在加快东高地省成为可持续发展示范省、先行省方面发挥重大作用。

南非：“上帝带给我们的礼物”

随着菌草技术在巴新取得成功，菌草为越来越多的国家所关注。2002年，前来福建农林大学参加国家对外贸易经济合作部举办的菌草国际培训班的南非学员，回国后迅速在国内推广菌草技术，引起南非政府的重视。

2003年2月18日，南非祖鲁王古德维尔·兹韦利蒂尼和王后等不远万里，慕名来福建参观、考察林占熺主持的菌草研究所。古德维尔实地参观了菌草食用菌栽培场，饶有兴致地向林占熺询问菌草灵芝的药用功效与菌草业的发展前景，高兴地在刚采摘下来的菌草灵芝和猴头菇等菌草菇前留影。他当即邀请林占熺赴南非夸祖鲁-纳塔尔省（以下简称“夸纳尔省”）指导、推广菌草技术。

夸纳尔省拥有1000多万人口，占南非总人口的21%，是南非黑人主要聚居地之一。南非独立后，黑人政治上翻身做主人，迫切期盼实现经济上的自强自立，解决当地多数黑人仍生活在贫困线下的问题。

◎ 2005年11月，南非祖鲁王古德维尔·兹韦利蒂尼与林占熺在福建农林大学种下象征友谊的巨菌草

这是一次新的挑战，新挑战意味着新付出。

福建省委老书记项南的谆谆教导，再次在林占熺耳边响起：“你发明的菌草技术是带有全球性的一次技术革命。希望你能通过扶贫服务，为社会作贡献，实现你的生命价值。”

林占熺找到学校人事和组织部门，斩钉截铁地说：“我是共产党员，为两国友谊，我愿意接受南非的邀请。但我有一个请求：万一我倒在国外的土地上，请组织能给我明证，我是为菌草事业、为党的事业而去的。”

在古德维尔来“打前站”“当媒人”后，2004年7月，南非夸纳尔省省长恩德贝莱率团正式访问福建农林大学，双方达成菌草旱稻项目的合作意向。两个月后，双方正式签订了项目实施计划书。2005年

1月，合作项目正式启动，夸纳尔省先后派出两批共23名专业技术人员到福建农林大学接受培训，福建农林大学派出以林占熺为首的专家组，常驻夸纳尔省进行技术指导。

2005年1月9日，南非夸纳尔省迎来了林占熺专家组。为了保证林占熺一行在南非的安全，恩德贝莱专门为他们配备了几位武装警卫，对专家组驻地安全实行特别保护。林占熺得知后婉拒："我们和夸纳尔省的农民在一起，是最安全的。"

南非政府对项目的实施十分重视，把菌草与旱稻项目列为当地消除饥饿的重要措施。2005年3月30日，夸纳尔省菌草生产培训基地正式启动。南非祖鲁王，夸纳尔省省长、农业与环境部部长，中国驻德班总领事张连云和当地民众1万多人，像过节一样喜气洋洋地出席仪式。

在欢庆声中，林占熺考虑得更多的是，如何从南非实际出发，在巴新经验的基础上，创新管理模式，使菌草技术便于当地群众掌握和推广，而且在项目结束后，仍可以继续发展壮大，持续发展，造福南非百姓。

林占熺注重示范培训基地地点的选择，他总结出示范基地必备的20个要素，依此将基地选在方便各界观摩且易产生影响的夸纳尔省农业与环境部总部农场。

为了解决菌草技术进村入户难的问题，项目专家组副组长林冬梅与南非夸纳尔省政府部门紧密协作，开创了"10平方米菇场"——每个菇农只需要10平方米土地，种菇一个月左右就开始有收入，每年可生产1.2吨鲜菇。林冬梅还创建了"基地＋旗舰点＋农户"的生产模式，特别关注“穷人中的穷人”，把农村缺乏土地资源、劳动力与知识技能的单亲母亲和残疾人等弱势群体组织起来，参与菌草种菇；从实际出发，简化菌草技术流程，使得农户“一看就懂、一学就会、一做就成”。这些单亲母亲，有不少原来是女养路工，家庭负担十分沉重，每月收入只有390兰特（当时1兰特约合1元人民币），生活相当困难。加入菌草合作社后，每人只要负责一块10平方米的菇棚，每天花一小时的时间管理，一年便可种出1200公斤的平菇，收入高达16000兰特，是她们养路收入的5倍以上。仅仅花了两年时间，南非夸纳尔省便建起了32个菌草“旗舰点”，成千上万贫困农民学到了菌草技术。

林占熺专家组还克服政府项目容易出现“吃大锅饭”的弊端，建立起个人责任与效益密切结合的管理模式。他们把菌草生产分解为两大部分：一方面，设立示范生产培训基地，培训技术和管理人员，把技术性较强的制种、菌袋生产集中到基地进行，由基地统一提供；另一方面，在广大农村设立“旗舰点”，把劳动力密集型的出菇管理简单化、标准化，上百个农户组成的合作社、专业合作社各司其职、按劳取酬、按章经营，进行规模化生产。这样，不仅能让菌草进村入户，极为贫困、缺乏技能的农户也可以参与种植，而且，农户产出的菇卖得出，降低生产风险，避免出现“四处开花，难结成果”的局面。一旦其他地方条件成熟，立刻就可以按已成功运作的“旗舰点”再复制、再设点，确保菌草业持续发展。

针对当地冬季有霜、气温较低等影响菌菇生长的情况，林占熺专家组集中力量，对菇房进行改造，攻克霜冻影响菌草培育的难题。不久，专家组选择的6个试验点试种菌草菇均获得成功，并逐步让菌草技术在夸纳尔省各地推广开来。至2007年，全省已建起了32个菌草菇示范点，数千贫困的黑人农民尝到用菌草栽培食用菌的甜头。

“我是来感谢中国朋友和兄弟的！”2005年11月30日，热心的菌草技术“红娘”南非祖鲁王古德维尔·兹韦利蒂尼和王后，再次访问福建农林大学。在菌草研究所的小广场上，古德维尔亲切看望了参加菌草技术国际培训班的16位南非学员。目睹一批批南非菌草人才迅速成长，古德维尔鼓励他们用功学习钻研，并兴奋地与学员们一起跳起舞来。他说：“经过近些年的密切合作，夸纳尔省在菌草、旱稻等农业技术领域都已取得良好成果。希望双方今后能在更多领域开展具体

◎ 南非菌草技术培训班

的项目合作。”古德维尔告诉了大家一个秘密：他还特地邀请林占熺等专家，到自己家的农场里种植菌草和旱稻。

2006年4月4日，夸纳尔省夸丁迪村的村民欢天喜地，一场庆祝菌草蘑菇丰收的集会正在举行。这里地处南非德班西北约100公里的丘陵地带，海拔1000多米，居住着3000多个村民。这些村民原来比较穷，80%的人没有工作，饥寒交迫，生活经常有上顿没下顿。

自从林占熺给他们送来菌草技术后，这里变了！

45岁的玛丽·恩库布，双手捧着刚从地里采摘下来的蘑平菇，激动地在丰收会上说：“我们原来是穷人中的穷人，现在用自己的双手种出了菌草平菇，从此将告别贫困，迈向富裕的道路。”原来，她家8口人，有3个男孩、3个女孩。丈夫没有工作，只靠她一人当公路养护工，每月390兰特收入和180兰特社会补助，共570兰特维持全家生计。

玛丽·恩库布原来是个非常腼腆的家庭妇女。生活的重担，使她不敢在公众场合讲话，更别说代表大家发言了。菌草种菇成功，让她看到自己的人生价值，对未来生活充满美好希望，对自己越来越有信心，她再也不怕在大家面前袒露自己的想法。她自豪地对大家说：“我们一定要辛勤种好菌草菇，我希望全省的医院和学校都买我们的菌草菇。等我们有了钱，我们再买汽车和拖拉机，把菌草菇运到德班和开普敦等大城市。”她的发言赢得一阵热烈的掌声。

夸丁迪村菌草菇培植农户协会主席保罗·恩库博发自内心地说：“林教授是上帝带给我们的礼物，给我们带来了信心和希望。我们希望中国专家一直待下去，成为我们的公民。”

夸纳尔省农业与环境部的卡尔斯在丰收集会上作了总结性发言。他爽快地说，菌草技术将造福南非人民，对于南非发展经济具有三个重要意义：首先，农民栽培菌草菇可以消除贫困，走上一条致富的道路；其次，种植菌草菇可以容纳很多劳动力，扩大劳动就业；第三，种菌草蘑菇有助于保证南非食品安全。

卡尔斯最后在丰收会上宣布："省政府已经决定，投资2000万兰特，在村庄沿线55公里地区普及菌草种菇，以后还要在全省各地区普及。"他的发言又引发了一阵欢呼。

会后，着装鲜艳的20多位农村妇女进入200平方米的菇棚，带着幸福的微笑，采摘一朵朵鲜嫩的平菇。孩子们也感到十分好奇，有的

◎ 2006年4月，南非夸纳尔省夸丁迪村菌草种植平菇喜获丰收

用手抱着平菇，有的用头顶着平菇，展示丰收的喜悦。林占熺的两个助手也上场露了一手，现场用猪肉炒蘑菇和青椒，大家争先恐后地品尝起来。在场的省交通部门和农业部门的妇女干部也不服输，拿出她们的拿手好戏，用菌草菇加鸡块和香肠做菜。帐篷内香气四溢，格外热闹，丰收集会变成一场丰盛的宴会。

第二天，南非《非洲时报》在头版头条以《祖鲁王国诞生中国蘑菇——中南合作成功典范》为题，报道了菌草项目在祖鲁的成功实践。后来，《非洲时报》又在头版头条欢呼："南非农业革命的星星之火，已经在祖鲁王国点燃，不久的将来必然会燎原非洲大陆。"南非总统办公室为此派人前往调研，得出的结论是：从中国引进的菌草技术种菇项目，是目前南非影响最大、扶贫效果最好的农业项目。中国驻南非德班总领事张连云也称赞："菌草项目是中南友好合作的成功范例。"

时任南非副总统姆兰博-努卡女士的母亲得悉后，也专门前往拜访参加菌草菇生产的单亲妈妈，并提出自己及所属的教会也要种植菌草培育蘑菇。

姆兰博-努卡特地邀请林占熺、林冬梅等专家到约翰内斯堡官邸作客，共进午餐，林占熺汇报了菌草和旱稻项目的长处与进展，并当场播放了菌草项目"旗舰点"的农村妇女种菇、采菇和卖菇的录像。姆兰博-努卡看后非常兴奋，当即指示农业部部长：对菌草项目一定要大力支持，要加快项目的发展速度，其他省也要尽快展开试点。姆兰博-努卡还请林占熺提供多份菌草项目实施的录像带，以便她带到相关国际会议上展示、推荐。

其实，像这样通过菌草技术推广脱贫致富、过上幸福新生活的，不仅仅是夸丁迪村，不仅仅是玛丽・恩库布女士。

一位名叫普莱谢斯的女士致富后逢人就说，她为自己的劳动成果而骄傲，因为她在2007年8月创造了一周之内卖蘑菇收入1120兰特的纪录。非洲人外向的性格使她丝毫掩盖不住兴奋之情。她说，她和自己的孩子都是在林占熺专家组的帮助下，才得以摆脱贫困，过上了从前连想都不敢想的生活。现在她的孩子都在学校读书，她感到很幸福。

另一位叫琅基丝的母亲，有三个孩子，目前在菌草示范基地已有10多平方米的菇床，每月的收入都在2000兰特左右，是她从前当养路工时收入的几倍。

◎ 2008年7月，南非祖鲁王古德维尔・孜维力悌尼、夸纳尔省农业与环境部部长莉迪亚、中国驻南非大使钟建华和林占熺等为菌草中心揭牌

夸丁迪村一位已做了祖母的妇女也不甘示弱，她对人说，全家现在都靠她种菇的收入生活，每月1000多兰特的收入，够她的4个孩子和2个孙子吃得饱、上得起学。

2006年12月，夸纳尔省省长恩德贝莱应邀访问福建，与福建省签署两省结成友好省的协议。他动情地说："以林占熺为组长的菌草专家组的艰苦奋斗、无私奉献的精神令我感动。我在南非经常看到林教授在田头工作，就像个农民，我很少见到这样的教授。林教授为我们南非付出很多，却很谦虚，要得很少。""我请求贵省同意：让林教授在南非长期工作下去。但愿我有5个这样的教授，我省的农业就没问题了！"

2008年7月29日，南非菌草技术研究与培训示范中心开工典礼在南非夸纳尔省政府农业与环境部总部希德拉隆重举行。夸纳尔省社会各界人士穿着节日的盛装，兴高采烈地出席典礼。

祖鲁王古德维尔·兹韦利蒂尼和夸纳尔省多位高官出席开工典礼。我国驻南非大使钟建华专门从800多公里外的约翰内斯堡驱车赶来参加动工仪式，并从大使基金中拨出专款，购买一套菌草生产设备，赠送给南非菌草技术研究与培训示范中心。

菌草技术研究与培训示范中心是中国福建省与南非夸纳尔省两省友好合作进一步发展的象征，具体由福建农林大学和夸纳尔省农业与环境部共同承办。2010年7月30日，示范中心竣工，在夸纳尔省省府匹德玛瑞兹堡隆重举行竣工仪式。祖鲁王古德维尔·兹韦利蒂尼和王后、南非总统夫人、夸纳尔省政府多位部长和当地参加菌草生产的农户等近千人出席仪式。古德维尔发表了热情洋溢的讲话。

“我爱中国！”古德维尔充满深情地说，“为了祖鲁人民能够告别贫困，我从中国引进了菌草技术，还两次访问福建农林大学，并看望在那里学习的南非学员。两年前的开工典礼上，中国大使送给菌草合作社的农户一套生产设备，现在的菌袋就是用这套设备生产的。”

他激昂地说：“我们实施的许多农业项目都不成功，但这个项目在这里获得了成功。因此，我非常感谢中国政府，感谢中国人民，特别感谢我的兄弟——林教授能来这里帮助我的人民！”

短短几年，南非夸纳尔省已建起30多个菌草“旗舰点”，目前“旗舰点”数量每年还在稳步增加。数千贫困的农民学到种菇的技能，在短时间内脱贫致富，生活质量和社会地位大大提高。夸纳尔省从菌草技术看到菌草产业化的美好前景，先后投入1亿兰特，建起非

◎ 福建农林大学派代表团前往南非菌草技术研究与培训示范中心考察

洲最大的菌草技术研究中心，菌草产业成为南非夸纳尔省最大的农业项目，菌草产业链也正在形成。他们充满信心，争取把夸纳尔省建设成菌草蘑菇之乡，让来自中国的这株小草，在更广阔的范围内，造福更多的南非人民。

“海内存知己，天涯若比邻。”2020年，尽管菌草技术落地南非

◎ 林占熺在南非夸纳尔省种植的巨菌草

的“红娘”祖鲁王古德维尔·兹韦利蒂尼身体状况欠佳，但他仍不时地想念着中国。当中华人民共和国迎来71周年华诞时，他仍没忘记给中国发来贺信。他在信中再次回忆起两国之间这段美好的时光，称赞菌草技术为两国人民的友好合作所作出的贡献。他在贺信中写道：“我们的希德拉农业研究所与福建农林大学建立了合作关系，成立了菌草研究中心，是非洲最大的（菌草）项目。通过南非、卢旺达、莱索托等项目的成功案例和辐射效应，中国的菌草技术已在非洲大地落地生根、开花结果！”

莱索托：明知山有虎，偏向虎山行

菌草技术在南非的成功，在其邻国莱索托引起了极大的反响。2006年4月8日，莱索托农业大臣率代表团来到南非夸纳尔省取经，参观考察菌草示范培训基地和菌草“旗舰点”。

百闻不如一见，他被眼前的“点草成金”震撼了！“莱索托与南非夸纳尔省气候相似，菌草技术在莱索托同样会有广阔的应用前景。”他强烈地希望能尽快引进菌草技术。

莱索托是当今世界最落后贫穷的国家之一。它是非洲的“高山王国”，人口200多万人，生态环境相当恶劣，被划为“人类生态脆弱区”，社会安全形势也很不稳定。多年来，国际组织相继在这里实施了20多项援助项目，但大多无果而终。

2006年10月，中国政府与莱索托政府签订了换文协定，把菌草技术列为中国政府援助莱索托项目。商务部把这一重任交给林占熺主持的福建农林大学菌草研究所。

明知山有虎，偏向虎山行。2007年9月，林占熺率专家组来到莱索托。

他们因陋就简，选择已废弃多年的莱索托农业部蔬菜生产基地，建起了面积达1万平方米的菌草示范基地，将原有的厂房改建为菌袋生产车间、菌袋培养室、出菇棚、菌草草圃和实验室，以及年生产量逾100万袋菌草菇的生产线，以成本价向菇农提供菌袋。专家组还想方设法，让菌草技术尽量简便化、标准化、系统化和本土化，便于当地群众掌握，更快地让项目落地结果。在生产经营模式上，推广“基地＋旗舰点＋农户”的方式，“旗舰点”的农户组成生产合作社，把

© 2007年9月，中（国）莱（索托）菌草技术示范基地揭牌

农户的生产风险降到最低限度。

转眼到了年底，一天下午4点多，林占熺带着助手从菌草技术示范基地出发，赶到70公里外的一个示范点，对合作社的菇农进行技术指导。返程时，已是黄昏时分。当汽车开到离首都还有几公里的一个山口时，一辆汽车突然冲出，挡住了林占熺一行的去路。车上跳下三个持着短枪的劫匪。他们气势汹汹地将冰冷的枪口顶着林占熺等人的头，把他们劫持到一处荒山野岭。

“我们是中国专家，是来帮助你们摆脱贫穷的。”林占熺耐心向对方解释道。

三个劫匪看了林占熺一眼，毫不理会地开始逐一搜查专家组成员全身，翻遍了林占熺一行人身上的每个口袋，把相机、钱包等都拿走了。他们把汽车钥匙拿走了，用力掷了出去，把林占熺一行人扔在一个小荒坡上，扬长而去。林占熺一行人只好借助微弱的月光，沿途寻路返回。幸好，他们发现了被丢弃在路边的汽车，但车被锁住了。于是，他们沿着山路寻找，搜索了一个多小时，终于找到了被丢弃的车钥匙。回到车上，他们用藏在汽车座位底下的手机联络了莱索托农业部的官员。当莱索托的官员找到林占熺一行人时，已是晚上10点多了。

这一次遇险，让林占熺对专家组要不要撤退回国有点举棋不定。“人命关天。我是专家组组长，要对每个人的生命负责。这次对方得知我们是中国援助人员才没下毒手，大家才躲过一劫。以后再发生怎么办？”

“撤不撤回？”他征求大家的意见。专家组多数人认为应以国事为重，以后要特别注意安全问题，坚持继续留下。

又成功了！从菌草专家组抵达莱索托到第一茬平菇采收，仅用了短短的88天，每平方米收获24公斤，每平方米菇床每年可产鲜平菇120公斤。为此，中国驻莱索托使馆专门举行菌草菇宴，特邀莱索托政府官员、有关国际组织负责人和当地企业界、农户代表，前来品尝菌草种出的各种可口的菌草菇，并请林占熺在菇宴上给大家介绍菌草新技术。

菌草技术很快推广到莱索托4个区12个村，建起菇棚63座，成立3个菌草生产合作社，140户农户参与示范生产，均获得成功。不少家庭贫困的妇女也纷纷加入行列，在自家的房前屋后搭起菇棚。中国专家组负责为她们提供菌袋，进行菌草育菇。她们只要每天花一个小时

◎ 中国专家在基地向菇农现场授课

时间，管种10平方米的菇棚培育菌菇，十天左右就可以出菇，将产品拿到市场推销，年收入可达3000多美元。由于时间短、质量好、效益高，菌草菇很快成为当地市场的紧俏货，种植的农户也越来越多。

不知不觉中，中莱菌草技术两年合作期即将结束，专家组将于2009年9月8日回国。由于项目实施取得显著成效，中国专家组将撤回的消息传开后，一批又一批的菇农合作社的成员来到莱索托农业部，恳求政府和中国有关方面联系，让林占熺专家组在莱索托多待一段时间。

一个由30多位贫困妇女组成的菌菇合作社，恳请林占熺一行离开前，一定要来她们合作社一趟，有要事商量。当林占熺一行来到合作社时，没料到迎接他们的是菌农感激的歌声与舞蹈，妇女们为专家组每个人送上当地流行的工艺服饰。林占熺专家组通过先进实用的菌草技术，改变了她们的生活与命运，她们以此表示由衷的感谢与纪念。

2009年9月，应莱索托政府的迫切要求，中国政府同意延长援助莱索托的菌草项目。

“我要感谢中国政府和中国菌草技术专家。他们的帮助，彻底改变了我的命运。”西奥艾赫拉女士充满感激地说。她出生在莱索托一个贫穷的家庭，是两个女儿的母亲，还有老父亲需要赡养。但因为学历低，工资收入很少，远远不能满足日常基本需要，负债累累。正在无助之时，中国援莱索托菌草技术合作项目救了她。中国专家在莱索托推广“10平方米菇场”，让贫困的缺地农民可以利用10平方米的土地一年生产1.2吨的新鲜菌草菇，极大地改善了他们的生活。在中国专家的鼓励和耐心细致的指导下，经过四年的菌草菇种植，他们的收

◎ 中国专家在农户家进行现场技术指导

入大大提高，生活有了保障，全家还住进了梦寐以求的新房子。

菌草技术在莱索托广泛传播，它不仅可以用来种菇，还可以用来发展畜牧业、做绿色能源、保护生态，成为名副其实的“黄金草”。

切波·赫夸目前既是菌草菇种植大户，也是利用菌草发展畜牧业的能手。“中国援莱索托菌草技术合作项目组的专家，把菌草知识系统地传授给我。2018年，我还获得去中国参观学习的机会。”那次学习，赫夸得知菌草技术可以在治理土地荒漠化和水土流失的同时，实现经济效益、生态效益和社会效益。“认识到菌草的巨大价值后，我心中产生了新的想法——把这个产业做大。”

莱索托多山，作为主导产业之一的畜牧业，因牲畜散养导致植被破坏、水土流失严重。布莱辛·恩卡赛的农场原来只种植果树和蓝莓。“有一天，我偶然路过莱索托菌草示范基地，怀着好奇心进去参观。没想到结识了林占熺等专家，他们教会了我种植菌草。”恩卡赛说，“在大范围种植菌草后，我发现农场附近的河水都变得清澈起来了。”

恩卡赛表示：“我现在的目标是物尽其用，形成良性生态循环。在剩余的土地上都种上菌草，把牲畜圈养起来，让土地肥沃起来；用菌草产生的沼气发电，有了电，可以用水泵抽水灌溉；沼气残渣还可以作为果树肥料……”

莱索托大学作物科学院院长李普托通过实践发现，来自中国的菌草，不仅是治理水土流失的理想草种，还是畜牧业的优良饲料。根据莱索托农业部门的统计数据，莱索托南部地区约有7.6万公顷可耕种土地，但水土流失严重，农作物每公顷产量仅为0.5吨。如果生态环境得到改善，农作物产量有可能提升至每公顷3吨。他介绍说：“我们正与中国合作，在莱索托高原上种植更多菌草，保持和恢复现有耕地，涵养水源，防风固沙，保护环境。”

卢旺达：冲破险阻奋勇向前

2006年11月4日，天安门广场，鲜花簇拥，彩旗飘扬。中非合作论坛北京峰会在人民大会堂隆重开幕。

时任中华人民共和国主席胡锦涛的洪亮声音，从这里传向世界各地：“中国和非洲都是人类文明的发祥地，都是充满希望的热土。共同的命运、共同的目标把我们紧紧团结在一起。中国永远是非洲的好朋友、好伙伴、好兄弟。没有中国和非洲的和平与发展，就没有世界的和平与发展。中国愿意进一步发展中非新型战略伙伴关系，加强同非洲国家合作。”胡锦涛指出，中国政府将采取八个方面的政策措施加强中非合作，包括在非洲建立十个有特色的农业技术示范中心。

当无线电波把这项重大决策传到在卢旺达实施援助项目的林占熺专家组时，他们一个个跳了起来。

早在2005年10月，卢旺达政府农业与动物资源部得知中国在南非、莱索托的菌草项目获得成功时，就邀请林占熺前往考察当地发展菌草技术和旱稻生产的可行性。2006年7月，林占熺一行根据双方签署的菌草和旱稻技术合作协议，来到这个“千丘之国”。

卢旺达地处尼罗河上游，地少人多。由于连年战祸、人为破坏，森林植被锐减，水土流失相当严重。一场大雨下来，国际公路两旁一米深的水沟马上就被上游冲下来的泥沙填满；老百姓每天为提一桶生活用水，常常要排队等上几个小时。当地生活所需大米主要靠进口；高营养的菌类食品也全部依靠西方国家设厂生产，成本高，普通百姓无法分享。当地人民生活非常贫困，生活条件极其落后。

林占熺专家组刚到时，居住的土房里蜘蛛网举目可见，院子、房间都没有门锁，破损的窗门用纸皮遮挡；不管是白天还是晚上，蚊子都在眼前飞舞，一不小心就会引发疟疾，高烧不退、腹泻不止；驻地紧挨着榨糖厂和国际公路，工厂机器的轰鸣声、汽车的喇叭声，经常在半夜三更把人吵醒。

“我们脸上贴着国旗，背上背着国旗，要时时牢记：我们的一言一行都代表着国家的形象，要对国家、对人民高度负责。”林占熺经常这样告诫专家组成员。专家组克服生活和工作上的种种困难，在卢旺达首都基加利市郊卡布耶村，建起卢旺达首个菌草、旱稻种植技术示范推广基地。

真正勇敢的人，是冲破险阻奋勇向前的人，是不被理解仍然淡然应对的人。援助卢旺达的菌草和旱稻项目刚上路时，新到任的农业与动物资源部部长似乎不大喜欢这个项目，认为卢旺达多年前就有过类似的项目，但效果并不好，项目面临撤销。

为弄清以前项目失败的原因，林占熺、林冬梅专程赶到基加利以东约48千米处，考察曾由某欧洲国家援助的蘑菇种植项目。该项目的当地负责人约翰·肯尼斯带领他们察看废弃的不锈钢小锅炉和其他实验室设施。他们了解到，为培养菌袋，以前每个参与农户都要花费一笔不小的费用，建一个水泥内墙的低温培养室；在菌丝培养期间，还必须不断向内墙喷水保持湿度……约翰·肯尼斯告诉他们，这本来是个利用作物秸秆培养蘑菇的好项目，但当地穷人买不起昂贵的不锈钢锅炉等设施，也付不起每户500美元的低温培养室建设费用；在旱季，他们连生活用水都成问题，哪还有水来保持冷却室内的湿度？加上当地教育水平低，多数人很难学习和掌握诸如灭杂菌、菌种接种等技术，所以项目停滞不前。

林占熺了解实际情况后，很快请约翰·肯尼斯到福建农林大学参加为期2个月的“菌草技术国际培训班”。从培训班结业回到卢旺达后，约翰·肯尼斯来到中国驻卢旺达大使馆经济商务处，非常高兴地说，这次在中国的培训，让他大开眼界。他形象地比喻说，这次培训使他认识到，原来某欧洲国家援助的蘑菇栽培项目就像破车，而林占熺的中国菌草技术简直就是飞机！

在林占熺专家组的认真指导下，他们都成了中国菌草技术项目积极活跃的参与者，促进项目快速扩展。那个部长在事实面前对中国菌草有了全新的认识和评价，甚至成了中国专家的好朋友。她多次到项目地点实地参访，并邀请卢旺达政府总理、高级官员以及联合国开发计划署、粮农组织的驻地代表等，到中国菌草技术项目地参观考察。他们都对中国菌草技术给予很高评价，并向中国专家颁发了“最佳展示项目奖”。

不久，当地村民相继到中国专家示范基地参加菌草技术培训班。经培训，卢旺达菇类生产方式迅速发生改变，菌草育菇逐步推广开来。运用林占熺带去的菌草技术，当地农户制作菌种的成本只有原来的十分之一；进行菌类生产的投资只需原来的百分之一，而产量却比原来高两倍以上。旱稻“金山一号”和旱稻宿根栽培也先后试验成功，前者产量每公顷每季为6—7吨。基地培养出来的当地技术员一时成为种菇专业户的“抢手货”，在基地工作过的当地青年以高一倍工资的待遇纷纷被挖走。在卢旺达第四届农展会上，菌草技术项目成为一大亮点，前来项目展位参观咨询的民众络绎不绝。

2008年初，经福建省政府推荐，商务部、农业部两部联合审定，我国决定在非洲建设的十大农业技术示范中心之一——卢旺达农业技术示范中心，由福建农林大学承担，林占熺为项目的具体负责人。

当年4月，林占熺带领有关人员前往卢旺达，顺利完成了示范中心的考察、论证、勘测、设计等工作。中心选址位于卢旺达布塔雷市鲁伯纳区的国家农业科学研究院，占地面积22公顷，包括18公顷的农作物试验示范田，建筑面积近3000平方米的办公、培训、生产和生活设施，以及项目所需的农用设备和机械等。示范中心主要负责水稻、旱稻、菌草、蚕桑、水土保持等领域的技术示范与推广；整个项目计划培训技术人员500名、当地农民2000多名，推广示范面积1万多亩；建成后新增产值预计将超过4000万元人民币，对卢旺达农业结构调整、生态建设和增加当地民众就业、提高生活水平，都将产生积极的作用。

2009年4月2日，卢旺达农业技术示范中心项目正式破土动工。2012年4月24日，示范中心顺利竣工，并举行了盛大的剪彩典礼。卢旺达总理皮埃尔·达米安·哈布姆齐兰伊和我国驻卢旺达大使舒展为示范中心剪彩并发表讲话。

哈布姆齐兰伊首先传达了卢旺达总统卡加梅的问候，并说卡加梅特别重视和支持这类能帮助卢旺达农业发展的农业技术的研究和应用。他感谢中国政府和中国专家给予的无私帮助。“中国的技术援助是‘授人以渔’，使农户直接受益，给卢旺达农业带来了发展的机会，并通过科学技术把灾难深重的卢旺达妇女从繁重的体力劳作中解脱出来。”他要求卢旺达的农业科技人员要像中国专家一样，把技术传播到田头。哈布姆齐兰伊在舒展等的陪同下，兴致勃勃地参观了示范中心的设施和正在进行的各项试验、示范和生产活动。看到琳琅满目的菇类产品，他风趣地问：“能不能也让我来参加菌草菇的培训班学习？”

示范中心刚开工时，林占熺针对农业项目成效较慢的特点，决定采取边建设、边服务的做法，让当地民众尽快看到前景和成效。在示范中心建设期间，林占熺专家组根据卢旺达的实际需求，采取一边建设、一边运行的做法，做到技术本土化、操作简便化、生产标准化、经营产业化、农户组织化，把先进、实用的农业技术与卢旺达传统农业相结合，使农户“一看就懂、一学就会、一做就成”，使中国技术援助进村入户，提高当地农民自身的发展能力，促进脱贫致富，带动当地新兴菌草产业发展，同时保护生态环境，走农村经济发展和资源环境保护相结合的新路子，努力使示范中心成为卢旺达具有影响力的农业技术示范和培训推广基地。

示范中心竣工时，林占熺专家组已在当地举办培训班11期，培训学员397人，推广1000余农户，接待各国各界来访人士2000多人。示范中心的提前示范推广工作，受到卢旺达各界的好评，当地媒体相继

◎ 卢旺达农业技术示范中心菌草技术培训班学员在听专家授课

◎ 培训班学员在烹调菌草菇

进行了10多次的报道。基地生产的菌种已能满足卢旺达现有菌类生产的需求，并带动基地周围20多家农户生产菌袋，其中年产20万袋以上的有5家。他们源源不断地把生产的鲜菇送进当地超市，甚至运往刚果（金）、乌干达、布隆迪等邻国。

示范中心于2012年底正式投入使用，现已发展成为非洲中部农业科学发展的示范推广基地，林占熺专家组的担子更重了。

几年来在卢旺达扶贫，林占熺发现：卢旺达发展的瓶颈在于生态，解决的关键在于尼罗河两岸水土流失的治理。早在20世纪90年代，林占熺就有运用菌草技术治理尼罗河的设想，他两次应埃及农业部邀请，前往埃及进行生态治理实地考察，与对方商定合作项目，制定实施方案，后因故未能如愿。

尼罗河是非洲主要河流，流经九国，卢旺达位于尼罗河上游。林占熺想利用这次援外机会，到源头进一步了解尼罗河，争取找出一个成本较低、容易见效、群众可以接受的治理办法来。为了亲临源头考察，他连续乘车18个小时。汽车快驶近海拔2300米的源头时，林占熺心跳突然急骤加快，高达每分钟110次，高压248毫米汞柱，低压120毫米汞柱。他吃了点常备药，仍坚持把考察进行下去。当他返回驻地，激烈的心跳虽有所缓解，但血压仍不稳定。对于这次冒险，林占熺事后对人说："反正每次较大的收获，都伴随较大的风险。这次到尼罗河源头考察，对尼罗河如何治理，总算有了更完整的想法。可以从卢旺达搞示范点做起，以后逐步向其他国家推进。"

卢旺达农业技术示范中心建成后，林占熺认为利用菌草技术治理尼罗河的时机来了。他想，能否将多年的梦想——以菌草治沙治水保土，先在地处尼罗河上游的卢旺达进行一些尝试？

从此，林占熺把菌草治理水土流失列入中卢合作的重点内容，在卢旺达的尼罗河上游，开展菌草治理水土流失的试验示范。他多次冒着大雨到尼罗河源头勘察、调研、收集各种数据，研究把发展菌草种植与传统农作物生产结合起来的治理水土流失的办法。2012年5月12日起，林占熺在援卢农业技术示范中心建起300平方米的径流试验区，开展现场试验；还在坡度25.5度的坡地，建立4660平方米的示范地。10月30日，卢旺达的尼罗河沿岸下起暴雨，短短3个小时，降水量达50多毫米。面对如此罕见的大雨，林占熺认为这是现场考察、取样的好机会。这年他已年近七十，大家担心他的安全，劝他不要去，他二话没说便冲进暴雨中，到试验地观察菌草治理水土流失的情况。取样测试的结果出来了：种植巨菌草的土地土壤流失量，比种植传统作物玉米土地的土壤流失量减少97.05%—99.06%，水流失量减少80%—91.1%；巨菌草套种玉米的土地的水土流失量，是传统种植玉米的21.3%，防治效果十分显著。这一成果，不仅为林占熺专家组治理卢旺达水土流失提供了经验，也给后来中国黄河沿岸的菌草生态治理以极大的启示。

当哈布姆齐兰伊得知林占熺取得这一新成果时，连连称赞这是实实在在帮助卢旺达人民治理水土流失的好办法。他号召卢旺达的农业专家和技术人员向中国专家学习，“脱掉鞋子，到田里去，脚踏实地指导村民，在全国推广这一新技术”。

随着菌草技术逐步推广，小小菌草，很快给卢旺达的贫困群众带来欢笑、带来新观念、带来新生活。

达玛斯2010年从卢旺达国立大学毕业后来到示范中心应聘，被雇佣为翻译员，每月工资为18.3万卢旺达法郎（约合1800元人民币）。经过4年的工作与学习，他对菌草技术已经比较熟悉。2014年12月，他向示范中心提出想要创业，从事菌草菇菌袋生产和菌草菇栽培的想法。示范中心大为支持，并给予技术、物资方面的帮助。他很快在卢旺达南部省尼安扎市附近租赁了一座300平方米的房子作为厂房，注册了公司。

创业初期，达玛斯尝到了创业的艰辛。第一批生产的3000个菌袋污染率比较高，成品率在50%左右，他着急地跑到示范中心找专家。专家组立即前往生产厂房查看菌袋生产情况。经过仔细观察和详细询问后，专家组发现他在原材料配方环节上加水太多，灭菌不彻底。他的灭菌时间只有6个小时，达不到保持12个小时100℃的灭菌标准。在专家组的指导下，达玛斯学会了如何掌握培养料含水率，在第二批3000个菌袋生产时，认真把控好各个环节。40天后，成品率高达90%，而且菌袋很快销售出去，总收入120万卢旺达法郎，他高兴地找到专家组表示感谢。

达玛斯成家立业后，跟自己的爱人共同打理菌草菇生意，并在鲁伯纳附近又租赁了一座厂房，扩大了生产。现在生产旺季的时候，一个月可以生产菌袋1万多袋，已帮助150多户农户从事菌草菇生产并实现脱贫。2016年1月，达玛斯在布塔雷市购买了一块700平方米的土地，盖了别墅，全家人住进了新房，过上了幸福的生活。达玛斯自豪地对着中国专家胡应平说："你看，现在我跟我的大学教授住在同一个小区了，就相隔50米，这是几年前想都不敢想的事情！我要感谢中国专家、中国政府，也感谢卢旺达政府引进这么好的项目！我正在谋划，让技术精湛的员工去非洲其他国家开拓市场，并进一步扩大生产规模！”

尼伊芭·伯尔梯尔德女士是BN生产有限公司的创始人和所有者，她原是基加利的一个农民。2005年，中国专家组在基加利组织当地农户学习培训菌草技术，她积极报名参与学习。专家免费提供了50袋菌草菇菌袋让她带回家里尝试栽培，她获得了“第一桶金”和栽培经验。在接下来的一年里，她继续坚持到中心基地向中国专家学习，并到福建农林大学参加“发展中国家菌草技术国际培训班”，更全面、系统地学习掌握了菌草技术。如今，她的公司月产菌袋1万多袋，可获纯利润3000—5000美元。她还尝试生产菌草菇粉、菌草干菇等下游加工产品，推向市场。在专家组的帮助下，她带头推广菌草技术，为当地农户特别是妇女、单亲母亲、寡妇等举办了多期培训班，带动她们脱贫致富。面对成功，伯尔梯尔德女士总是说：“我要对中国和中国专家如此卓有成效地帮助卢旺达人民，表达真诚、由衷的感谢！”

在距基加利约30分钟车程的IMANZI菌草培养种植中心，老板伊玛丽莎开心地说：“我这个中心现在是卢旺达全国范围内比较大的一个中心，我这里生产菌袋、种植食用菌、提供培训，还做菇粉和干菇加工。我没想到，我能拥有这么大的一家企业。”

几年前，她还只是一个拿着有限薪水的公司职员，要养活5个孩子，相当艰难。参加中国援卢旺达农业技术示范中心关于菌草菇种植的培训后，她的观念发生变化，觉得可把这一项目当作自己的事业。

她从示范中心买来菌袋，开始种植食用菌菇，卖给市场；同时寻找资金，成立食用菌菇种植中心。2013年，伊玛丽莎的中心正式运营。周边农户都可到她这里购买菌袋回去种植，食用菌菇采收后再由她收购，销往卢旺达各大酒店、企业等。现在，伊玛丽莎的中心每个月大约能销售1万袋菌袋，仅这一项每月销售额就达400万卢旺达法郎。另外，中心用菌袋种植的食用菌菇也进入市场销售，包括基加利市的一些市场和超市都会到她的中心采购蘑菇。现在，伊玛丽莎的中心又增加了加工干食用菌菇以及菇粉业务。

伊玛丽莎说："以前卢旺达人不愿吃菇，现在都知道菇类蛋白质含量高，吃菇能提高蛋白质摄入量、改善营养结构，提高免疫力，所以不仅菇销量好，菇粉也很受欢迎。现在，除了卢旺达人在我这里购买菇粉，刚果（金）和加纳的人也过来购买。目前我们正在和迪拜商家洽谈合作，他们对我的菇粉非常感兴趣。"

伊玛丽莎非常感谢中国专家对她的帮助。她说，如果没有中国专家的用心培训，她不可能把事业做得这么顺。2015年10月，她还参加了在福建农林大学举办的技术提高培训班。经过3周培训，她对菌草种植的理解更全面，食用菌种植、加工技术也进一步提高。

在基加利近郊的另一家食用菌培育作坊里，埃马纽埃尔·阿希马纳正忙着指挥工人们生产菌袋。她一家的生活，也因林占熺带来的菌草技术而改变。

2008年，阿希马纳到福建农林大学派驻卢旺达的专家组驻地工作。在中国专家指导下，她掌握了菌草技术。她感到菌草有发展前景，便建起一家菌袋小作坊。如今，这家小作坊的菌袋生产能力，已从最初的每月1500袋，提升到现在的1万袋，培育出的食用菌批发给当地菜市场、超市和餐厅，还远销周边国家。

阿希马纳骄傲地说，利用菌草技术种植食用菌，目前在卢旺达是一项利润丰厚的生意，这对人们摆脱贫困很有帮助。原来，她常为全家衣食烦心。现在，她雇了30多人生产菌袋，还用菌袋培育食用菌，收获季节，还要雇更多的人。菌草技术带来的收入，除去孩子学费和生活开支，还能存下一些资金继续壮大自己的生意。“中国人送来的菌草技术，让我和周围很多人都受益！”

菌草菇种植户莱昂尼达斯参加菌草技术培训班后，眼界大开，自己创办起一家菌草公司，雇用当地青年和妇女种植生产菌草菇，日子越过越甜，所获收入不仅能让孩子上好的学校，还投资开办了一个幼儿园……

2016年2月22日，卢旺达《今日基加利》传出喜讯：Rusuli沼泽地的稻农，在林占熺专家组的指导、帮助下，水稻产量增加3倍以上。那里的农民赞扬说，3年来，中国专家不仅教他们种植水稻的新技术，还认真指导他们如何正确地使用农机。“我们做梦也没想到，自己种的水稻产量能从每公顷2吨增加到7吨。”当地农民充满感激地说，是中国专家帮助他们脱离传统农业，用上现代技术，使种植水稻变得如此简单和富有成效，获得了更多的收入。“我们从内心感谢他们。”

时间进入2020年，林占熺专家组在卢旺达已先后举办菌草培训班47期，直接培训当地农业技术人员、农业技术带头人和农户等超过1800人，还扶持50多家卢旺达企业、合作社、个体户生产食用菌菌

◎ 卢旺达农业技术示范中心水稻成功推广，种植户喜获丰收

袋，卢旺达全国累计已有3700多户农民利用菌草技术培育食用菌，他们当中多数人的年收入都比原来翻了一番。

斐济：岛国农业新希望

“爆竹声中一岁除，春风送暖入屠苏。”2009年新春佳节刚过，有关方面向林占熺传达了令人振奋的好消息：

时任国家副主席习近平，不久前率团访问斐济，看到这个国家食用菌需求量很大，特向该国领导人推荐：由福建农林大学林占熺教授发明的菌草技术，曾作为中国援助巴新的项目，非常适用，效益显著。斐济领导人听后当即表示希望将菌草技术列为援斐项目。

林占熺激动得一时不知说什么好。他万万没有想到，已调任中央领导的习近平，还记得他这么一个普通的科技工作者，对他的科技援外这么关心、肯定。

使命在肩，林占熺抓紧拟定了赴斐济实施菌草技术援助项目的初步设想。方案从斐济是个旅游岛国的国情出发，按照“政府引导、企业参与、科技支撑、市场运作”的指导原则，拟在离斐济国际机场不远的旅游区附近选址，建立一个以菌草业为核心，集先进适用性技术试验、示范、推广、培训，新品种、新技术、农机具的应用和展示于一体的现代菌草技术示范中心，并将其打造成一个“现代三物（动物、植物、菌物）循环生产”的示范区、生态旅游休闲中心，促进斐济经济、社会、生态的发展。项目力争一年初见成效，三年明显见效，八至十年内从“传统二物农业（动物、植物）”发展成为“现代三物农业”示范基地。

2009年11月，中斐两国政府签署了中国援助斐济菌草项目换文协定。2010年2月，林占熺率专家组风尘仆仆地来到斐济，对项目进行可行性考察、选址。

斐济是一个地处南太平洋地区的岛国，位于“21世纪海上丝绸之路”南线，也是南太平洋地区的交通枢纽，由332个岛屿组成，其中106个岛屿有人居住。当地属热带海洋性气候，是南太平洋地区的第二大经济体，主要产甘蔗、椰子、香蕉等，经济比较单一，小麦全靠进口，大米只能自给20%。

为了更好地落实两国确定的项目，几年中，林占熺先后8次奔赴斐济，经过深入系统的考察和交流，对斐济市场、交通、场所、气候、建设难易、项目示范见效速度等情况进行综合分析论证，并在驻斐相关中资企业的协助下，对初选场所的地质、河流、水电供应等情况进行考察，最后形成《中国援助斐济菌草技术示范中心考察报告》。

报告认为，斐济市场目前每年需要进口3000万美元的羊肉、2000万美元的饲料及饲料添加剂，以满足当地喂养羊、鸡、牛的需求；消费的菌类100%依靠进口，菌类市场价格十分昂贵，近些年该国支柱产业旅游业每年以近20%的速度增长，众多宾馆和民众的消费越来越多，只要价格适中，菌类消费量势必大量增加。所以，菌草业在斐济大有前景，并能辐射南太平洋多个国家。专家组最后选择将距离斐济楠迪国际机场仅有2公里的Legalega农业研究站，作为菌草技术示范中心建设地，规划建设面积7公顷的菌草种植区、2公顷的芒果园套种菌类循环利用示范区，以及1公顷的培训示范生产加工和生活区。通过培训、示范推广、辐射带动，促进斐济菌草等产业发展，为斐济开拓一个新产业和出口创汇的新途径。

2014年11月19日上午，晴空万里。随着首批近20个12米集装箱物资运抵斐济Legalega农业研究站，中国援助斐济菌草技术示范中心宣告成功落地。

示范中心100多亩的菌草示范基地已平整完毕；菌草草种圃已种上几千株从福建专程运来的草种，在强烈阳光下，正茁壮成长，很快便能源源不断地为各地提供优良的草种；鲜菇简易生产线、出菇棚及6个冷柜组成的菌草菇栽培房，也都安装就绪，随时可投入试运作，生产出食用菌投放市场；继第一期50多人参加的菌草技术培训班之

◎ 中国菌草专家在中国援斐济菌草技术示范中心第二十一期技术培训班上授课

后，第二期培训班已在11月18日开班。项目进展实现了规划中的“边建设、边培训、边示范、边生产”的目标。

“我开始不吃鸡肉，改吃菌草种出来的菇！”在第二期菌草技术培训班开学式上，斐济农业部常务秘书长罗提·理盖瑞动情地对参加培训的学员说，“我们要非常感谢中国政府，感谢中国专家组。这是一个展示斐中两国领导人共同意愿的重要项目，充分体现了中国对斐济的真诚友谊与帮助。”他说，这个项目不仅给他们带来了用菌草培育食用菌的技术，对斐济发展畜牧业也很有好处。他们会珍惜这份珍贵的礼物，珍惜这一机会，把菌草技术学好、传播出去，使菌草业在斐济迅速地发展起来。

在林占熺专家组来到斐济之前，当地人大多以为菌菇是傍树而生。当他们看到林占熺研发的菌草培育技术时，真是又惊奇又兴奋。惊奇的是可以用菌草做培养基，培育出各种食用菌；兴奋的是中国人把这种世界领先的技术，毫无保留地传授给他们。这种不用砍伐树木就能种植灵芝、培育各种食药用菌的方式，不仅菌产品有食用价值，菌草还可以用作饲料、制造沼气和防止水土流失。

菌草技术在斐济落地后遇到的第一个难题是：当地地处热带，气温多在30摄氏度左右，不适合中温型食用菌的生长，影响菌菇质量。林占熺专家组发现当地有不少废弃的集装箱，便将其改造成适用的菇棚。他们还利用土和水调温保湿，在树荫下进行育菇。

一朵朵雪白可爱的菌草菇，纷纷“破草”而出，斐济结束了不能生产食用菌、药用菌的历史。接着，专家组对上述做法加以总结，创建了三类热带海岛地区菌草菇出菇模式。

不久，示范中心正式投入运作。渴望致富的农户争先恐后地报名参加培训。他们被菌草技术简便可行，仅需小面积土地，可短时间内种植并收获迷住了。11月20日，第二期培训班40名学员结业时，每个学员不仅喜气洋洋地拿到了结业证书，还得到示范中心赠送的10个菌袋，带回家进一步实践、培育。菌草技术撒播向斐济大地。

培训班上，斐济农业部部长伊尼亚·塞鲁伊拉图还透露了好消息：进入斐济的菌草，已经通过了生物安全检测，马上可以在斐济各地让农户放心地种植，不仅可以作为菌料、饲料，也可以作为应对气候变化、保持水土的材料。接下来，斐济还会考虑发展菌菇产品的加工与贸易等。

就在中国援助斐济的菌草技术示范中心成功落地的第三天——

2014年11月21日，国家主席习近平抵达斐济，开始对斐济进行国事访问，并同太平洋建交岛国领导人举行会晤。习近平主席受到斐济总理姆拜尼马拉马隆重而热烈的欢迎。两国元首在交谈中再次谈起林占熺发明的菌草技术。在宴请习近平主席的国宴上，有一道菜就是林占熺在斐济刚种植出来的菌草菇。

以心相交者，成其久远。2015年7月17日，斐济总理姆拜尼马拉马一行21人，带着一份非同寻常的礼物——用中国技术在斐济培育出的各种菇访问中国。姆拜尼马拉马认为，“物轻意重”，这些菌草菇承载着中斐两国的深厚情谊，堪称两国友谊的结晶。

姆拜尼马拉马要带“友谊菇”访华的想法，是7月4日在参观中国援斐菌草技术合作项目时表露出来的。当天，姆拜尼马拉马在农业部

◎ 林占熺带领菌草专家组欢送圆满结束斐济访问的习近平主席

部长塞鲁伊拉图和中国驻斐济大使张平陪同下，兴致勃勃地参观了位于斐济楠迪的中国援斐菌草合作项目基地。在参观菌草菇栽培、菌丝培养、采收包装等菌草生产整套工序时，姆拜尼马拉马仔细聆听，认真观察，不时提问，并高声夸赞中国援斐菌草技术“非常棒”。在中国生产的干脆即食菇、灵芝胶囊等深加工菌草产品展台，姆拜尼马拉马被种类繁多的展品深深吸引了，当即表示希望能从中国引进技术，在斐济生产全线同类产品。

在视察中国援斐菌草合作项目基地时，姆拜尼马拉马还高兴地获悉：中国专家组已在当地建成年产300吨鲜菇的简易生产线，完整地示范了从菌草种植到菌草菇栽培、采收包装、保鲜冷藏一共12个生产工序，进行了菌草灵芝、毛木耳、平菇、紫孢平菇、美味平菇8个品

© 2015年7月4日，斐济总理姆拜尼马拉马莅临中国援斐济菌草技术示范中心视察

种试验，已成功生产出菌草菇，结束了斐济不能生产食（药）用菌的历史。与此同时，还引进了菌草饲料生产设备，帮助解决斐济旱季缺乏青饲料的难题，推动当地畜牧业发展。目前，项目基地已经建成8公顷的菌草种植示范区、2公顷的芒果园套种菌类循环利用示范区，以及1公顷的培训示范生产加工和生活区。中国专家组已在斐济举办4期技术培训班，培训近200名当地菌草技术人员，为斐济人民发展经济、保护生态、扩大就业、增加收入创造新的机会，实实在在造福当地人民，受到了当地政府和群众的热烈欢迎。

姆拜尼马拉马听后吩咐随从官员，7月中旬访华时，要带上用中国菌草技术在斐济种植出的菌草菇，让中国人民共同分享收获的喜悦。

抵达福建参访的第一天下午，姆拜尼马拉马一行在张平、林占熺等的陪同下，访问了福建农林大学。他们参观了菌草圃、菌草青贮饲料加工及生产沼气现场演示、食（药）用菌温室栽培和林下栽培模式、食（药）用菌精深加工等，仔细听取了菌草技术研究与产业发展情况。此后，姆拜尼马拉马一行在福建农林大学国家菌草工程技术研究中心栽下了象征中斐友谊的菌草，并现场采摘了福建农林大学国家菌草工程技术研究中心精心培育的一株菌草大平菇。参观结束后，姆拜尼马拉马欣然为福建农林大学国家菌草工程技术研究中心题词。

是的，小小菌草，承载着中斐两国深厚的情谊，从中国跨越浩瀚的太平洋，扎根斐济，茁壮成长。

经过几年来双方的共同努力和通力合作，中国在斐济援建的菌草技术示范中心已经初具规模，形成了菌草种植收割、鲜菇生产和饲料生产等基础产业链，获得了良好的社会、经济和生态效益。

斐济人对食用菌的认识误区被打破后，渴望掌握菌草技术的农民纷至沓来。至2018年11月，项目组在当地培训了938人，并组织了45人次的斐济农业官员和技术人员到福建农林大学接受培训。参加菌草和食用菌种植的农户已超过700户，建起了2个示范村，成立了斐济菌草菇种植协会，涌现出一批小微菌草企业主。菌菇产品进入斐济各乡村集市、餐馆、酒店。

斐济农民博尔已种植菌草3年有余，他自豪地告诉好友："在林占熺专家组的指导和斐济农业协会的大力指导和推广下，越来越多斐济人爱上菌草菇，我的收入也逐月攀升，每月最好的时候能够达到1万

◎ 2015年7月17日，斐济总理姆拜尼马拉马一行考察福建农林大学国家菌草工程技术研究中心

一批专业农户。如今，当地菌草菇已形成品牌并出口。菌草种植规模日益扩大，有效缓解了当地旱季青饲料匮乏难题，促进畜牧业发展，在保护环境的同时，还产出高端农产品，菌草被誉为“岛国农业新希望”，为其他岛屿国家提供了可持续发展的样板。

菌草芬芳，铸就友谊；世界礼物，成效实例。

2017年5月14日，斐济总理姆拜尼马拉马出席在北京召开的“一带一路”国际合作高峰论坛，再次紧紧握住林占熺的手，深有感触地说：“菌草项目，拉近了斐济和中国的距离。”

中非共和国：菌草扎下友谊的根

早在2018年6月，中非共和国就派出农业部部长奥诺雷·费祖雷访问福州，并参加第十六届国际菌草产业发展研讨会暨院士专家论坛。会上，林占熺发明的菌草技术给他留下深刻印象。会议结束回国后，费祖雷第一时间在内阁会议上详细汇报访问的情况，引起中非共和国总统图瓦德拉和众多部长的高度兴趣，他们迫切希望引进菌草技术。

图瓦德拉当场表示，这是一个具有革命性的技术，要想办法把它引进到中非。中非是一个农业大国，也种植食用菌，但这些食用菌都是季节性种植，如果能运用这种新的菌草技术，就可以摆脱季节的限制，让中非人民全年都可以吃到他们喜爱的食用菌。这项技术还有多种用途，将有助于提高当地农民的收入。

紧接着，费祖雷拜会我国驻中非大使馆，具体商谈引进菌草技术事宜。

2018年9月，在中非合作论坛北京峰会期间，有备而来的图瓦德拉总统很快就开展包括菌草技术项目在内的农业合作，与中国达成共识。从此，中国和中非共和国菌草技术双边合作，走上了快车道。

峰会刚闭幕，9月9日，图瓦德拉总统就带领随同，马不停蹄地来到福州市，专程对福建农林大学进行访问。图瓦德拉总统表示，他之所以选择访问福建，是因为福建是习近平主席工作生活近18年的地方，留下习近平主席的许多足迹和宝贵的思想与实践，他要去亲身感受，认真学习研究。而且，中非人民要战胜贫穷饥饿，急于找到新的办法、走出新路。

◎ 2018年9月9日，中非共和国总统福斯坦–阿尔尚热·图瓦德拉（中）访问福建农林大学国家菌草工程技术研究中心并种植菌草

图瓦德拉总统率领中非代表团一行13人在林占熺等的陪同下，兴致勃勃地参观了福建农林大学国家菌草工程技术研究中心和菌袋生产车间，详细了解菌草菇制作生产的过程，与在学校参加菌草技术培训的非洲学员进行交流，并亲手采摘大平菇。图瓦德拉总统一边参观一边认真地交流合作意见，盛情邀请林占熺尽快赴中非推广菌草技术。

“这次考察让我很受启发，菌草技术可以帮助中非共和国提高农民收入，解决饥饿问题。菌草有许多用途，兼具药用和食用价值，我向菌草中心表示祝贺，因为菌草中心拥有丰富的经验和先进的技术。”图瓦德拉总统亲手种下了象征友谊的巨菌草，并在纪念册上题词。

在图瓦德拉总统的见证下，福建农林大学国家菌草工程技术研究中心与中非共和国农业部签署了菌草技术合作意向书，中国将协助中非开展菌草技术的培训与推广等。图瓦德拉总统当场表示，中非是以农业为主的国家，希望双方以菌草合作项目为契机，进一步深化和拓展合作，如旱稻种植等领域，为中非人民带来更多的益处。他还对福建农林大学将接收5位中非留学生并为他们提供奖学金的措施表示感谢，并表示，这对中非的学生和研究人员来说是一个好机会，将为双方的合作翻开一个新的篇章。

2019年3月2日，由林占熺率领的菌草专家组抵达中非首都班吉，实施中国援助中非菌草技术项目。

专家组一走下飞机，就受到热烈欢迎。总统府派专车迎接、摩托车开道，中非各界人士夹道欢迎。3月2日和4日，双方相继在总统府和国民议会举办菌草技术研讨会。总统图瓦德拉、国民议会议长恩贡、第一副议长马邦齐和相关部长、班吉市长、班吉大学校长，以及83名议员等共400余人，出席研讨会。

图瓦德拉总统亲自带领众多高官，出席欢迎仪式，并致欢迎辞。他兴奋地说："中非人民一直是两国各领域务实合作的受益者。我的教师同行林占熺教授，今天应我本人的邀请，来到中非传授他发明的菌草技术，为我国农业发展开辟一条全新的道路，这将有力地促进减贫、就业，提高食品安全和增加人民收入。为此，我通过林教授向中国人民的慷慨援助表示感谢。"

◎ 2019年6月17日，中非菌草技术发展研修班举行开班典礼

恩贡议长代表国民议会全体议员，感谢林教授不顾高龄，不辞辛劳，跨越万里来到中非推广菌草技术。他表示，中非国民议会议员将全力推动菌草技术在各自选区普及落地，造福中非人民；希望两国开

展更多有利于提高百姓福祉的务实合作。

我国驻中非大使陈栋也在会上表示，在图瓦德拉总统的亲自关心和两国有关部门的不懈努力下，中国菌草技术正式走进中非共和国。期待通过在总统府和国民议会举办的两场研讨会以及开展的技术培训，能有越来越多的中非民众掌握这门技术，并推动中非减贫和就业。特别是最近中非和平协议的签署，为在中非内地推广菌草技术提供了可能，相信该项目将有利于中非实现和平。中方将继续以实际行动，推动构建更加紧密的中国与中非命运共同体。

林占熺教授及其团队在会上介绍了菌草技术发展及应用，并结合中非发展实际，为菌草产业发展提出了可行性建议。专家组还向参会者展示了一周前刚刚培育出的多个菌菇品种，并现场演示烹饪。图瓦德拉总统和恩贡议长带头品尝炸蘑菇，还频频竖起大拇指，赞不绝口。他们希望，林占熺团队能尽快向中非百姓传授菌草技术，让更多民众品尝到两国菌草合作成果。

研讨会后，专家组立马来到中非农业研究所和班吉大学，实地向一线农户及科研工作者传授菌草种植方法。中非民众学习新技术的热情异常高昂，原定2个小时的培训延长至3小时，受训人数也大大超出预期，礼堂内外被围得水泄不通。最后，专家组向60人颁发了培训证书，并赠送草种。

图瓦德拉总统还专程陪同林占熺，到距离首都班吉约70公里的私人农庄参观，并一起种下首批巨菌草和菌草菇。图瓦德拉总统以学者的经历与林占熺交流："我也是教授出身，完全能理解林教授的艰辛，我向你表示深深的钦佩与敬意。"

在中非期间，专家组先后举办大型研讨会、培训会5场，走访总统府、国民议会、农业部、农研所、班吉大学等多个政府部门和学术科研机构，直接受众近千人。当地广播、电视、报纸、网络等媒体对此进行全程跟踪报道，在中非掀起一股“中国菌草热”。

2019年3月，中国援助中非菌草技术项目顺利落地。很快，在中国专家的帮助下，菌草菌袋生产线也初步建成；参与项目的中非学员也成功栽培出了平菇、草菇、竹荪等菌草菇。

2019年8月23日，中国援助中非菌草技术海外培训班在中非举办。100余位学员出席开班仪式。学员们先观看菌草培训相关视频。视频生动呈现了中非25名学员2019年6月至7月在福建农林大学接受菌草技术培训的全过程，其中有6名优秀学员畅谈了他们接受培训的体

◎ 中非共和国学员制作的蝴蝶画《菌草万岁》

◎ 福建农林大学国家菌草工程技术研究中心副主任林冬梅为学员授课

会。3名新学员代表接着在开班仪式上发言，他们表示：“将不负众望、刻苦学习钻研，为推动菌草技术在中非更好落地和推广作出贡献。”我国驻中非大使陈栋也给大家带来好消息：中国驻中非大使馆将继续联手中非农业部，成立菌草技术推广指导小组，在中非农业研究院建立菌草菇菌袋生产线；以班吉市郊外30公里处的盖灵古村为示范点，推动菌草技术更快在中非开花结果、惠及百姓。

中非首条菌草种菇生产线竣工投产了！2019年9月15日，图瓦德拉总统来到中非农学研究院，参观这条刚建成的简易生产线。他仔细观摩中非学员们在中国专家指导下进行菌草粉碎、原料制备、菌袋装料与灭菌、菌丝培养、菇棚覆土栽培等生产工序，不时同陈栋交流看法。在野生菌种分离演示环节，图瓦德拉总统起身走到中国菌草专家跟前，目不转睛地观察并详细询问技术细节。

看到首条生产线这么快就竣工投产，图瓦德拉总统格外喜悦。他现场发表即兴讲话，衷心感谢中国政府、中国驻中非大使馆和林占熺教授团队，以“中国速度”向中非人民传授菌草技术。他感激地说：“从去年9月赴闽参观福建农林大学菌草中心至今，只有一年时间，中方不仅相继为中非举办了两期菌草技术培训班，培养了一批菌草技术人才，还结合中非发展实际，建立起生产线，中非人民对此深受感动。”他指出，菌草技术打破了中非野生菇生长的季节限制，可缓解中非粮食安全问题，将切实造福中非百姓。希望学员们努力学习，掌

◎ 图瓦拉德总统到中非农学研究院现场看望学员，了解学员的学习情况

握技术，为向中非广大民众推广菌草技术作出积极贡献。之后，图瓦德拉总统个人还向农学研究院和中非学员提供了项目扶持资金。

欢歌笑语，一片欢腾。2019年9月20日，在距首都30公里的翁贝拉-姆波科省盖灵古村，庆祝中华人民共和国成立70周年暨中国—中非友谊村盖村揭牌仪式系列活动在这里举行。

图瓦德拉总统、国民议会议长恩贡、总理恩格雷巴达等官员，以及福建农林大学菌草专家组、中非菌草技术培训班全体学员等近300人到场出席活动，近千名盖村村民前往现场观礼。

活动气氛友好热烈，现场悬挂的“热烈庆祝中华人民共和国成立70周年”“构建更加紧密的中国—中非命运共同体”“盖灵古——中国中非友谊第一村”等横幅格外醒目。数百名身穿印着上述文字的文化衫的当地民众，早早来到活动现场，载歌载舞迎接图瓦德拉总统与陈栋大使等宾客的到来。

活动由升两国国旗仪式拉开帷幕。曾赴华接受培训的中非总统卫队成员与使馆武警警卫组成的官兵，在雄壮的《歌唱祖国》乐曲中，正步走到旗杆前，庄严升起中非共和国与中华人民共和国国旗。现场来宾全体肃立，聆听响彻云霄的两国国歌，目视冉冉升起的两国国旗。

随后，图瓦德拉总统与陈栋大使共同向盖灵古村村民发放了中国援助的大米。盖灵古村所在选区议员纳利在随后的发言中对中方的无私援助表示由衷感谢。

活动当日，恰逢新一期菌草技术培训班结业。于是，图瓦德拉总统、林占熺等向学员颁发了结业证书。农业部部长费祖雷宣布：国家决定以盖灵古村为菌草技术推广示范村，并将利用菌草技术在全国范围内开展反饥饿、反贫困运动，以造福更多中非百姓。

图瓦德拉总统在致辞中难掩喜悦之情，深情地说：“感谢中国对中非人民的亲切关怀和无私援助。在中华人民共和国成立70周年的伟大时刻，我代表中非政府和人民，向习近平主席和中国人民致以热烈祝贺！期待两国友好合作不断深化。”致辞后，图瓦德拉总统正式宣布盖灵古村为“中国—中非友谊村”，并与陈栋大使一道，为友谊村揭牌。全场掌声雷动。

最后，图瓦德拉总统与来宾一起参观了盖灵古村在中国专家指导下搭建的菌草菇棚与开发的旱稻试验田，并现场收获菌草平菇、试种旱稻种子。整个盖灵古村沉浸在喜悦之中。

2019年12月1日，中非共和国举行建国61周年庆典。图瓦德拉总统决定在庆祝活动中，给19位为中非发展作出重大贡献的外国专家颁授“国家感谢勋章”，其中有6名来自福建农林大学国家菌草工程技术研究中心：林占熺获“指挥官勋章”，林冬梅、林辉获“中非国家感恩军官勋章”，蔡杨星、罗德金、祝粟获“中非国家感恩骑士勋章”。中非共和国总理、议长，非洲多国政要，各国际组织代表，各国驻中非外交使节，以及中非各界观礼代表等千余人，出席了隆重的授勋仪式。

林占熺发明的菌草技术，又一次为国家争了光。

当中国专家从图瓦德拉总统手中接过“国家感谢勋章”时，全场掌声、欢呼声一片。林占熺看着这个非洲内陆国家以如此重大的仪式，表彰和感谢中国专家、中国技术、中国方案为当地农业发展所作的贡献，一时不知如何是好，只能含着泪花十分激动地说：“我

◎ 中非总统福斯坦–阿尔尚热·图瓦德拉在61周年国庆日上为6名中国菌草专家颁发“国家感谢勋章”

们认为，今天的授勋活动，不仅是对我们工作小组的鼓励、肯定和促进，也是我们两国成为好朋友、好伙伴、好兄弟的有力见证。我们一定再接再厉，不懈努力，让菌草技术在中非结出更丰硕的果实，造福中非人民。菌草技术踏上中非土地的时间虽不长，但在双方共同的努力下，它已经取得初步的成效，已经看到成功的曙光，其前景光明。我们完全有信心、有力量，借助菌草技术项目的实施，共同为贵国农业可持续发展开辟一条崭新的道路，共同为促进减贫就业、食品安全、提高人民生活做出新的贡献，共同把两国的友谊合作推向新的高度与水平！”

“今天我夜难眠，泪不止，脑海里七十多年风风雨雨，宛如昨天才发生……”那天晚上，林占熺在家庭微信群里发了这段文字。这位76岁的老人动情回忆起“为穷人做事，为人民服务”的初心，回忆起团队成员在巴布亚新几内亚、南非等地备尝艰辛，才走出一条中国菌草技术援外的新路。他说，此次授勋，体现了中非政府与人民对我们发展新型菌草产业与扶贫的期待与厚望。菌草技术团队要继续艰苦奋斗，加快菌草技术国际型人才培养，继续推动菌草技术在众多发展中国家规模化产业化发展。

2020年10月12日，“摆脱贫困与政党的责任”国际理论研讨会在福州举行，图瓦德拉总统专门致信习近平主席：“我深切感受到总书记阁下不仅对中国也对中非共和国的减贫工作高度重视。习近平总书记，我感谢您对菌草合作项目的特别关注，让这一项目在很多发展中国家得以推广。您曾亲自对我们两国间菌草合作项目作出特别指示，我国青年干部因此得以在中国和中非共和国接受培训，以造福中非人民。为表达中非共和国的感激之情，在2019年我国国庆之际，我向来自福建省的中国菌草专家颁发勋章，并指定盖灵古村为中非推广菌草技术的示范村。我坚信菌草技术的推广定能让中非摆脱贫困。”

2021年5月，中国援助中非共和国菌草技术项目正式实施，项目计划3年内推广农户600户，培训1200人，新的专家组也奔赴中非共和国。全球新冠肺炎疫情仍在蔓延，面对越来越繁重艰巨的援外任务，林占熺对中国援助中非共和国菌草技术项目进行认真的排兵布阵……

狠抓不放的落实，频繁积极的互动，让中国与中非两国开拓的菌草合作新路越走越亲、越走越宽。

老骥伏枥，志在千里；烈士暮年，壮心不已。

20多年来，林占熺以菌草技术为媒，跨越千山万水，深入近50个贫穷国家，特别是欠发达、生态脆弱的国家，作为“绿色使者”传播，推广菌草技术，为他们送上脱贫致富、保护生态的“中国草”，取得一个个突破性的显著成果，赢得他们的敬佩和好评。巴新、圭亚那、斐济、中非、柬埔寨、坦桑尼亚、南非等国领导人相继慕名来到福建农林大学考察，并种下象征友谊的菌草。从1998年起，林占熺发明的菌草技术先后被列为中国援助巴新、卢旺达、莱索托、南非、斐济、中非、厄立特里亚、马来西亚等国的项目。通过国际合作和援助，林占熺菌草技术团队在巴新、卢旺达、莱索托、巴西、南非、斐济、中非、厄立特里亚、马来西亚、泰国等13个国家建立了示范培训和产业发展基地。菌草技术先后15次获得国内国际大奖，实施47项国家和省部级科研和推广重点项目，获得国家和省部级科技奖励14项、

◎ 2010年3月，柬埔寨国王西哈莫尼访问福建农林大学菌草研究所

授权发明专利57项；依托福建农林大学，建设了9个菌草领域的省级及以上科技创新平台，确保我国菌草技术的研究和应用处于国际领先地位，确保我国成为全球菌草科学研究和菌草技术培训推广的中心。菌草技术促成巴新东高地省、南非夸纳尔省与福建省结成友好省，推动成千上万的贫困民众走上富裕之路，仅在非洲，就有2万多个家庭通过菌草项目直接受益，极大地改善了生活状况。科技部授予福建农林大学菌草研究所“国际科技合作基地”称号；中国人民对外友好协会为林占熺颁发首届“人民友谊贡献奖”；2006年8月23日，林占熺荣获联合国国际生态安全科学院院士称号……

林占熺坚持通过举办国际菌草技术培训班，召开国际菌草研讨会，培养菌草专业的硕士、博士，让菌草技术走出中国、走向世界。林占熺发明的菌草技术，1994年被联合国开发计划署列为“中国与其他发展中国家优先合作项目”，被中国对外贸易经济合作部列为发展中国家实用技术培训项目；1995年，中国对外贸易经济合作部在福建农林大学举办首期发展中国家菌草技术国际培训班。此后，国际菌草技术培训班从未间断。林占熺团队通过人员培训、项目援助、国际合作等方式，把菌草技术传播到世界106个国家，已为发展中国家举办培训班270期，培训学员10509名，还为11个发展中国家培养了25名菌草专业的硕士、博士留学生。这些学员不少是各国的知名专家学者，不少是博士、教授，他们除了系统地学习菌草技术之外，还在培训期间与我国结下了深厚的感情和友谊。不分国籍、不论肤色，不少学员结业时依依不舍地在福建农林大学国家菌草工程技术研究中心菌草纪念碑前照相留念，并充满感情地写下：“我们在这里不仅学到了菌草技术，还学到了怎样为国家、为人类服务的精神。”

自1996年举办首届国际菌草业发展研讨会以来，林占熺团队先后与40多个机构合作，至今已召开了21届国际菌草业发展研讨会。其中，2006年，首次在国外（南非）主办国际菌草业发展研讨会。2012年，林占熺招收首位获得中国政府奖学金的菌草专业留学生，至今他已先后培养了24名来自卢旺达、莱索托、阿富汗、苏里南、尼日利亚等14个国家的获得中国政府奖学金的菌草专业留学生。通过培训、国际研讨会、招收留学生，传播了中国菌草新技术，扩大了我国和平发展的影响，为中国与世界各国的友谊架设金色的桥梁，奠定了进一步合作交流的基础。不少学员回国后把在中国学到的菌草技术和获得的友谊，传播给所在国的人民。

林占熺菌草团队，不仅用血汗服务于我国外交，提升了国家的对外形象，增进与各国的友谊与合作，而且在援外的实践中，结合当地实际，丰富和发展了菌草技术。

第一期国际菌草培训班学员、巴西国家农业委员会的奥莱德博士学成回国后，大力推动菌草技术的传播，并著书立说，成为南美洲首屈一指的菌草专家。她先后三次在巴西召开国际菌菇研讨会，特邀林占熺作为大会名誉主席，并在会标上专门写上中文，在开幕式上组织一批女青年，用中文唱起中华人民共和国国歌，以表示对菌草技术发源地中国及其专家的尊重与感谢。

联合国粮农组织官员哈密德·哈德旺，早在1995年就参加了福建农林大学首期菌草技术培训班。因当时各方面条件限制，加上缺少接待经验，他被安排在一个窄小的双人间住宿。他对此有看法。后来，林占熺团队对他真诚相待、用心交流，结业时，他成为林占熺的挚友。他紧紧握住林占熺的双手，发自内心地说："林教授是个伟大的科学家。我坚信，中国人自信心强、有凝聚力、非常聪明，绝不会重蹈苏联覆辙。"2003年美国占领伊拉克后，请他去美国学习交流。他一口拒绝："我们有尊敬的中国好朋友。"多年来，他一直为促进中伊两国合作而努力。在他的努力下，2006年8月，福建农林大学与伊拉克农业部签署了以菌草技术为主的合作备忘录，并在伊拉克设立菌草技术推广中心。

在福建农林大学国家菌草工程技术研究中心攻读博士学位的理查

德·扬基，是加纳的大学教师，他最关注用菌草改善环境——加纳有很多贫瘠土地，金矿开采导致土地污染严重。他表示，回国后，他不仅要教学生用菌草种菇和治沙固土，还会和金矿公司及政府部门沟通，用菌草治理严重的矿山污染。

赞比亚南部省的农业技术人员西亚特威科姆·海瑞克斯，3次来福建农林大学参加培训。他坚定地说：“我认为，在非洲应用菌草技术，就意味着更多农民能够在短时间内脱离赤贫，还能有效防止树木的毁坏，对农业的发展有重大促进和保护作用。我们十分欢迎这样方便、实用的农业技术……”

菌草技术，正在中外交流交往中架起一座座友谊之桥，为全球减贫、为可持续发展，贡献中国方案和中国智慧。

第八章　创新平台显身手

“创新与产业化是菌草技术长盛不衰的根本动力，也是菌草可持续发展、造福人类的保证。”林占熺团队主动作为，在利用菌草技术有效治理生态的同时，推进菌草相关产业迅猛发展。菌草技术不仅用于生产食（药）用菌，还可以生产菌草饲料与菌草菌物饲料，发展菌草生物质能源，制造菌草生物材料（纤维板、纸张等），形成一条造福人类的巨大产业链。

2009年6月18日，福州展览城锣鼓喧天、彩旗飞舞，人头攒动、络绎不绝。第七届中国·海峡创新项目成果交易会（“6·18”交易

◎ 林占熺在“6·18”交易会上展示菌草

会）在这里隆重揭幕。

走进展馆主会场，迎面看到的是3米多高的嫩绿的菌草，排成一道几十米长的绿墙，占据着展馆开幕大厅的显要位置，每株菌草都贴有标签，记录着它的学名、发源地、种植时间等，成为展会一道亮丽的风景线。

展馆里，播放着悦耳动听的歌曲《太阳草》："向阳坡上青青草，你从哪里来？像树不是树，是草比草高，美名太阳草。来啊来啊来种菇呀，营养又健康啊；来啊来啊来喂猪呀，美食千万家；来啊来啊来发电呀，贡献新能源呀；来啊来啊来啊来绿化呀，让海峡西岸更精彩，山绿水清天更蓝；来啊来啊来啊，登上'6·18'的大舞台，今天赶上好时代，浑身是劲情满怀……"

歌声，吸引不少观众驻足，参观起这高大罕见的"太阳草"。

歌声，唱出人们对科技创新的追求与企盼，吸引不少人涌进林占熺的菌草馆，参观咨询菌草技术的方方面面。

从"6·18"交易会诞生起，林占熺便认准这是一个提高创新水平的平台。多年来，他组织团队积极行动，针对市场的需求与发展，全员出动，找准位置，主动作为，向关心菌草技术的来宾提供技术咨询和服务，交流菌草技术绿色发展、保护生态、脱贫致富、造福百姓的经验。

林占熺总是带着微笑，亲切地和前来咨询的企业家及菌农交流："产业化是菌草技术长盛不衰的根本动力，也是菌草可持续发展、造福人类的保证。你们有什么难题，尽管提出来，让我们一道努力探讨解决。"结果，每届"6·18"交易会上，林占熺都少不了签下一批合作协议，成为著名的“签约王”。

近几年，石油价格暴涨，世界能源危机来临，随着节能减排作为基本国策提出，林占熺开始把“以草代煤代电”作为一项重要研究交流的课题，当作菌草产业化的重要目标。他不时地问自己：能否让菌草成为新能源，让地上长出无数的“大煤矿”“大油田”，为解决能源危机、为节能减排、为低碳经济作贡献？

林占熺翻阅自己多年积累的大量实践资料，发现无论理论上还是实践中，“以草代煤”“以草代油”都是可行的。经历近30年的研究、培育和筛选，林占熺已发现40多种高产优质的菌草，其中多种菌草的产量是一般农作物的5—10倍，太阳能的转换率是阔叶树的4—6倍，最高可达7.46倍。特别是一种叫“巨菌草”的，是目前世界上已知的太阳能转换率最大、产量最高的菌草。普通的草，亩产不到5吨，而巨菌草高达六七米，直径3厘米多，每株草就像一株竹子，在我国南方一年可收割两三季，每亩鲜草产量有20—30吨。据试验测算：1亩巨菌草燃烧后的发电量，相当于4吨左右原煤燃烧的发电量。这种草对环境的要求也不高，在沙地、坡地甚至荒漠地、盐碱地等都可种植，不与粮争地。而且它在热带地区可以像韭菜一样，收割了还会再长，种一次可以收割上几十年。种在福建农林大学国家菌草工程技术研究中心后面山坡上的巨菌草，已收割了近30年，至今长势仍然很好。

巨菌草作为生物能源的原料，有以下几方面明显优势。

第一，形成时间短。地下的能源——煤、石油、天然气，都是遥远的地质时期被矿物化的太阳能。巨菌草是吸收、转移太阳能极快的植物，能产生罕见的生物量，在适合的季节种植，从种下到收获只要半年。从形成时间来说，巨菌草优势十分明显。

第二，煤、石油、天然气用一点就少一点，不可再生；而巨菌草在热带和亚热带部分地区，可以种一次收割多年，可谓取之不尽、用之不竭，是可持续发展的“太阳草”“能源草”。

第三，煤燃烧时排放出二氧化碳，而巨菌草生长时可以吸收二氧化碳，每亩可吸收6—10吨，与其燃烧时释放的二氧化碳相抵消，实际上是零排放。

“当然，用生物质发电并非全新的课题。不过，国际上单纯用菌草，尤其选择高产量、高热值的巨菌草来发电尚为少见。是好是坏、是优是劣，一切要通过企业实际运用进一步加以验证。”林占熺确定在新一届“6·18”交易会上，主打“以草代煤发电”，并争分夺秒地准备起来。

恰恰这个时候，浙江省兰溪市热电有限公司总经理柳建华，打电话给林占熺：由于备受煤炭涨价和污染环境压力，企业决定根据国家节能减排的产业政策，将原来烧煤的设备，改造为用生物质做燃料，但技改后却面临着优良的生物质资源不足的问题。有人向他推荐福建农林大学的林占熺教授，他研究菌草几十年，培育、筛选出世界上最好的草种几十种。

林占熺很快与柳建华在福州见面。柳建华进一步向林占熺说明帮助其解决优质生物质资源不足问题的好处：一是有效控制投资规模。现在好多地方搞生物质发电，多采用建新厂的做法。兴建一座2万千瓦左右的新电厂，起码要2亿元的投资才能拿下来，而采取技术改造的办法，将烧煤发电改为烧生物质发电，仅需十分之一的投资就够了。二是有利于解决“三农”问题。像他们工厂原来的规模，每年要花六七千万元买煤，现在煤的价格涨了，买煤的费用达到1亿元以上。用生物质作为原料，可以节省相当一部分用于解决“三农”问题。企业技改投产后，仅种草、收草、工厂的用工等，就可以解决六七百人的就业。三是有利于科技创新。目前，他们工厂已采用新技术，对燃煤锅炉成功进行改造，如果能帮其解决好生物质资源不足问题，在企业周边的荒地、山地、沙滩地、闲置地大面积种植，这本身就是一种很好的创新。

林占熺对柳建华说，“以草代电”能否成功，关键在于能否选育出高产量、高热值的草种，取决于选用的原料能否做到“不与民争

◎ 林占熺在“6・18”交易会上向参观者介绍菌草技术

粮、不与民争地”，取决于能否从生物质中生产出高附加值的产品。

等不及新一届“6·18”交易会的到来，林占熺与柳建华就一起赶到兰溪考察，确定当地的环境适合种植菌草，并根据当地实际，确定选用已种植多年的两种高热值的菌草——巨菌草和象草。2008年的“6·18”交易会上，双方签下关于用巨菌草、象草作为发电“能源草”在兰溪市试种推广的项目合同。

第二天，《福建日报》就此发表了《从“菌草”到“能源草”》的短消息，全文不到500字，却引起社会各界的广泛关注。

2008年10月12日，国内首创、浙江兰溪热电厂用巨菌草发电成功的消息，传遍全国各地。一亩巨菌草的发电量，相当于4吨左右标准煤发电量的预计，得到了证实。

科学创新是来不得半点马虎的。菌草产业化进行的是工业化生产，需要大量的、可持续供应的菌草原材料，而且要确保这些原材料大规模播种不会产生生物入侵问题。林占熺抓紧对这一课题的深入研究。

研究报告出来了！从境外引进、筛选的巨菌草等，是用作生物能源的好草种，它不抽穗开花（不育），个别在特殊气候条件下抽穗开花的，其种子在自然条件下萌发率极低，只有千分之几。从福建农林大学国家菌草工程技术研究中心和各地试种近30年的实践来看，从未发生过生物入侵现象。

另一份研究报告也送来了，报告显示：广种巨菌草等菌草不仅对生态没有负面影响，而且能优化生态环境；种草发电的生态效益，远远高于用煤发电；种植菌草，有助于保持甚至改善生态多样性，草丛中能生活各种昆虫，吸引鸟类筑巢和小型哺乳动物栖息；与其他农作物相比，种植菌草可以少施肥，不用除草剂、杀虫剂；多年生的菌草不干扰土壤系统，反而能修复生态，在坡地、盐碱地、沙地、荒地，以及受到重金属污染处等地方种草，能保持水土，增加土壤有机质含量，减轻土壤板结，能吸附重金属，净化水体。

兰溪热电厂首创以巨菌草替代煤的成功，在省内外引发依靠种植菌草，让地上迅速长出无数个“大煤矿”“大油田”的联想与实践。“以草代煤”“以草代油”的深入研究与实践，开启了一扇以发展菌草产业破解能源危机的大门。

在2009年的“6·18”交易会上，来自广西、贵州、湖南、广东、浙江、江西等10多个省区的企业，纷纷学习、引进林占熺发明的菌草技术，“以草代煤”“以草代油”发展生物质能源。广西迪森生物质电力有限公司派员到福州，与林占熺签下了“上思县生物质发电项目”合作协议，这个发电项目投产后年发电量约4.8亿度。为了保证电厂有充足的生物质资源，除了收集使用本地就有的甘蔗叶、蔗渣、玉米秸秆等生物质资源外，上思县还计划种植5万亩巨菌草，保证有足够的生物质原料供给发电。广州发展新能源有限公司也与福建农林大学菌草研究所签订了“巨菌草种植试验技术服务合同”，请林占熺在项目选址、菌草种植、施肥、繁殖、收割等方面，提供技术方案和现场技术指导。福建省菌草开发工程协会与福建哈工大科技发展有限公司等也签订关于种植巨菌草发电的专利技术转让协议。按照协议，福建哈工大科技发展有限公司将致力于把巨菌草运用于能源领域。福建泰和木业有限公司在菌草技术的基础上，研发出利用巨菌草生产颗粒固体燃料的新技术，不仅节能减排，而且大量减少运输成本。福建省特种设备检验研究院也对“菌草燃料用于工业锅炉开发”进行试验，证明燃煤链条锅炉改造为烧菌草生物质成型燃料家用节能炉后，不仅火势稳定，而且与燃用液化石油气相比，节省费用，发展前景看好……

面对人们对“太阳草”交口称赞、一哄而上的势头，林占熺反而冷静了。他多次低调地对前来取经的朋友和企业说，从初步试验来看，巨菌草等菌草无疑是相当理想的生物质资源，但国内外各种因素，特别是石油价格的波动，这对生物质能源稳定发展相当不利。近些年的实践证明，当石油每桶价格高于100美元时，“太阳草”很有竞争力；当保持在六七十美元时，利润不多；当跌至50美元以下时，将出现亏损。企业只有创造利润，才能生存发展。要改变这一现状并应对挑战，单单使用巨菌草中的木质素是远远不够的，只有依靠科技创新，走综合利用之路，把“太阳草”内的各种有效成分“榨干吃光”，最大化利用，生产出附加值高的、社会急需的产品。

林占熺认为，随着科技创新不断推进，人类完全有能力破解“以草代煤”“以草代电”前进路上的难题，让广袤的大地上长出无数的“大煤田”“大油田”，“太阳草”“能源草”前景广阔！

“6·18”交易会还成为林占熺认真听取并收集广大菌草企业和菇农建议意见、帮助他们破除前进路上遇到的各种问题的平台。林占熺总是耐心地向他们释疑解难，想办法加以试验示范，尽快解决难题。

在“6·18”交易会上，有的菇农反映：按传统的做法，菌草要等干燥后才能作为大规模培育食用菌的真菌培养基，这明显增加了菇农的劳动强度和生产成本，也成为发展菌草产业的一道障碍。这道难题能解决吗？

能不能改一下，直接用新鲜菌草经灭菌和发酵便作为食（药）用菌的培养基，减少原料晒干和加水两道工序？林占熺马上试验起新的做法。一系列的试验证明，新鲜菌草完全可以直接用来栽培多种食用菌，包括紫孢平菇、杏鲍菇、玉菇、灵芝、香菇、毛木耳等，而且质量好、产量高。这么一个不显眼的“小突破”，大幅度降低了菇农的生产成本。

在“6·18”交易会上，有企业提出：开展菌草生产工厂化、标准化栽培工艺的研究，是实现菌草产业现代化、产业化的重要一环。能否制定标准，给予帮助指导？林占熺立即组织团队，根据不同菌草企业的不同需要进行攻坚，采用三级系统筛选法，开展菌草食用菌配方筛选试验，获得栽培金针菇、黄色金针菇、杏鲍菇、小平菇、紫孢平菇等食用菌的准确数据，提供给菌草食用菌专业企业进行示范生产，取得明显的效果。

在“6·18”交易会上，林占熺尤其重视为食（药）用菌生产大县提供技术服务。福建山城寿宁县素有“中国花菇之乡”的美称，食用菌是该县的支柱产业，但传统种菇方式在寿宁根深蒂固，菌草种菇新技术在此较难立足。为生产食用菌，寿宁每年要砍伐阔叶林3.8万立方米左右，最多时一年达到11万立方米。后来为了保护生态，不许砍树，改用木屑，30%的木屑从外面购进，但原材料短缺依然是制约寿宁食用菌产业发展的主要瓶颈。“我们要用菌草替代木材，开辟一条食用菌生产的新路子。”寿宁县政府负责人找到林占熺，下决心从福建农林大学菌草研究所引入菌草栽培食用菌技术。林占熺为此多次深入寿宁县坑底、大安、清源等食用菌产区，与有关人员共同开办菌草食用菌生产培训班，培训了3500多名菇农。菌草育菇之“火”，开始在寿宁“燎原”开来。不久，菌草食用菌生产量已占全县食用菌生产总量的十分之一，每年可节约木材5000多立方米。尝到甜头的寿宁县制定出规划：用3—5年的时间，使菌草食用菌占到全县食用菌生产总量的三分之二以上。

在“6·18”交易会上，南平食用菌龙头企业老总叶进专程请教林占熺：如何运用空调实现一年365天都能生产菌菇？原来，叶进无意中得知顺昌有菇农采用空调来种菇，他深受触动，特地到生产厂家实地参观，发现对方不仅思路独特，效果也不错，大有发展潜力，只是有些地方管理没到位，产量一般。叶进为此专门给农业部门写了封“求贤信”，请求农业部门推荐该领域的专家或技术员，农业部门有人向他推荐了林占熺。

此后，叶进一下子砸了2000万元资金，与林占熺等专家一起尝试菌草杏鲍菇工厂化生产。他们在生产基地内打造一个“北极圈”，模拟寒冷的天气，一年365天都可以生产。叶进还与林占熺等专家们一起研究臭氧发生器，制造出臭氧，保证食用菌365天都能茁壮地成长。工业化生产加上科学化管理，不仅大大提高生产效率，还精简了人员，降低了工作强度。生产技术改革后，叶进的企业每年生产杏鲍菇1500多吨，产值将近1亿元。

在“6·18”交易会上，林占熺听到最多的针对“以草代木”的疑问：菌草毕竟是草，一分钱一分货，以它作为主原料生产食用菌，质量能与段木、木屑产的比吗？

事实是最有力的回答。为了让生产企业、菇农解除顾虑，为了进一步证实“以草代木”“以草育菇”的可行性、适用性、优越性，更好地在全国加以推广，林占熺专门从已种植成功的50多种优质菌菇中，选择出种植生产难度较大、性价比最高的菌草灵芝进行试验。

林占熺与国际灵芝研究学会主席、北京大学教授林志彬团队长期联手，多年来对菌草灵芝的种植、功能、加工等进行多方面深入试验研究，取得一系列的重大成果。福建农林大学菌草研究所的菌草灵芝、鹿角灵芝，栽培技术日益提升，生产技术日趋成熟，菌草灵芝有效药用成分的研究、提取、分离均持续进行。研究所经反复试验发

◎ 林占熺在福建建宁菌草基地指导种植菌草灵芝

现，菌草灵芝多糖肽的含量是段木灵芝的2.8倍，另一重要有效成分三萜的含量是段木灵芝的123%。福建农林大学菌草研究所药用菌中试车间，已建成并投入使用，运行正常。

林志彬指出，反复试验证明，菌草技术栽培的灵芝的多糖肽和其他办法栽培的灵芝的多糖肽是一样的，完全可以代替段木灵芝多糖肽，可以作为药用和保健用；菌草灵芝可以和化疗、放疗配合起来，作为抑制肿瘤的辅助治疗。也许菌草灵芝长得没有段木灵芝那么好看，但是它所含的活性比段木灵芝还要高，适合大规模工业化生产药品和保健品。用菌草栽培灵芝，能为我们省下大量木材，保护大量资源，更值得提倡推广。

2002年，林占熺的长女林冬梅从新加坡学成回国。林占熺萌发了这样的想法：让女儿带着他研发的菌草灵芝新技术，到福建山区将乐县水南镇积善村，创建一个菌草灵芝生产基地，一方面进一步检验自己研发的菌草灵芝，另一方面也让女儿在农村基层得到磨炼。灵芝是木质素成分最高的食（药）用菌，如果能用100%菌草原料成功地把菌草灵芝栽培出来，而且有效成分还能高于段木灵芝，那么，用菌草栽培其他食（药）用菌，还有什么值得质疑的呢？

在林占熺的指导下，全国首个近300亩的菌草灵芝生产基地创建了。林冬梅在福建将乐县水南镇积善村驻点工作一年，帮助建立起菌草灵芝生产基地，使木质素成分最高的食用菌灵芝，用100%菌草原料规模化栽培成功。这一基地，成为当时全球最大的菌草灵芝生产基地。基地不仅顺利地种植了菌草灵芝，还开发、生产灵芝孢子粉保健品，一时远近闻名，前来参观取经的人络绎不绝。

林占熺不满足于这300亩菌草灵芝的成功栽培，他想着要把菌草灵芝做成菌草的象征、菌草的标杆。2012年的“6·18”交易会上，林占熺看中了海南的林才伟等几个年轻农村创业者，全力支持他们在海南儋州市建立规模更大的菌草灵芝和草种基地，培养他们成为全国菌草灵芝产业化的排头兵。

那一年，林才伟等随儋州市政府到福州参加“6·18”交易会，并到福建农林大学国家菌草工程技术研究中心参观学习。中心的灵芝产品一下子吸引了他的眼球。“老家的气候、环境那么好，多么适合种植生产菌草灵芝啊！”当时，海南还没有人工种植灵芝的先例，但海南拥有独特的气候优势，菌草灵芝正是他朝思暮想的好项目，创业的烈火已在他心中熊熊燃烧。

回家后，林才伟说服家人，抵押贷款100万元作为启动资金，并找来好友王永庆，向他说明自己的创业想法，邀请他加入，共同创业。两人很快成立了儋州牧春绿色生态农业开发有限公司（以下简称“牧春公司”）。2012年7月12日，福建农林大学国家菌草工程技术研究中心海南示范推广基地在儋州市揭牌成立。

创业之路历来不是平坦笔直的。创业初期，他们满腔热情地投入，但由于对灵芝种植技术尚未完全掌握，第一次试种，灵芝菌袋便出现绿霉菌的污染，1万多袋菌棒全军覆没，损失近10万元。林才伟欲哭无泪。

林才伟带领团队向福建农林大学国家菌草工程技术研究中心求助，中心派技术员驻地指导，总结出适合当地发展的科学方案。林才伟团队吸取教训，稳扎稳打地朝前走，开局重挫的危机总算闯过去。

走进发展中的牧春菌草灵芝种植生产基地，一边是长得几米高的茂盛鲜嫩的巨菌草，它是用于灵芝培养基的原料，长得比玉米还高。这种草大约每3个月收割一次，可以连续收割十几年；另一边是大棚，里面排着一行行遮盖严实的小拱棚，小拱棚里种着菌草灵芝。菌草收割后，粉碎、灭菌，放入灵芝种，包装成小袋，放进小拱棚里。当菌草灵芝破“土”而出，长到60厘米左右时，即可收成，送进车间加工成各种灵芝产品。因为末端长得有点像鹿角，所以被称为“鹿角灵芝”。而使用过的灵芝的菌糟经发酵与适当处理加工，是理想的有机肥料。菌草就这样形成循环生产，菌草资源得到充分利用。

林才伟团队还从当地橡胶林较多的实际出发，在儋州市大力发展林下经济，在橡胶树下种植菌草灵芝。如此一来，橡胶园成为种植菌草灵芝理想的“天然大棚”，不仅不占地，还能让大家赚到钱。除了在牧春公司周围种植菌草灵芝外，他们还在雅星镇茶山村、鹅岛村，西联农场等地，租用橡胶园来种灵芝，以50亩橡胶园为单位，雇用当地农民来管理。科学的管理，不仅使牧春公司的菌草灵芝越种越多、越种越好，每个管理人员都有不错的收入，还很好地解决了农村富余劳动力问题。牧春公司还按照“公司＋基地＋农户联棚责任制”的生产模式，带动雅星镇、大成镇、南丰镇等地部分贫困村的300多个贫困农户脱贫致富，实现户均年增收1万元以上的目标。

坚持，终于迎来掌声与鲜花；创新，终于迎来丰硕的成果。

如今，牧春公司生产的菌草灵芝产品，成为每年海南岛“冬交会”的热门货，生意火爆。走进“冬交会”儋州市展馆，一株株可爱的鹿角灵芝鲜亮耀眼，数百株鹿角灵芝盆景吸引众多客商和市民围观，两个可爱的吉祥物“小灵”和“小芝”向你点头招手，十分讨人喜欢。展区专门设置了灵芝品尝区，安排各种有关灵芝的活动，让大家有得玩、有得尝、有得买。公司每次参展，都要带来100多箱菌草灵芝产品和600株鹿角灵芝活株，但每次不到展期结束，就被抢购一空。

如今，牧春公司已创立了特色农业产品品牌——“儋耳菌业”“灵如意”菌草灵芝系列产品，并在各大电商平台上线销售，还频繁地应邀参加海内外农业产品展销会，产品不仅走出海南、走向全国，还开始走向世界。

如今，牧春公司已是福建农林大学国家菌草工程技术研究中心海南示范推广基地，成为集菌草灵芝品种选育、研究、栽培、生产和营销于一体的高新技术企业，还为全国提供大量菌草种苗。牧春公司拥有仪器设备184台（套），全产业链工厂化生产线3套，具有较完备的产品研究开发与中试条件，与众多科研院所、企业建立了广泛的合作关系。牧春公司以鹿角灵芝产品为主，完成全产业链型基地的初级打造，相继完成22种相关产品的开发、生产。

菌草灵芝，鹏程万里，前途无量！至今，林占熺已在福建农林大学国家菌草工程技术研究中心建立起世界上首个栽培灵芝种质资源信息库，首先研发出灵芝属的分子生物学特异性鉴定方法，制定菌草灵芝标准化生产技术规范，《菌草栽培灵芝技术规范》颁布为地方标准；研发了菌草食（药）用菌活性成分提取、分离、纯化、鉴定等深加工技术，开发了灵芝复方降脂胶囊等6个菌草食（药）用菌深加工营养保健产品。

在“6·18”交易会上，林占熺重视发挥他用心筛选、培育的多种菌草作为优质牧草的作用，鼓励支持农民和企业种植菌草，“以草换肉”“以草代粮”，大力发展畜牧业，快速脱贫致富。

2015年的“6·18”交易会上，来自龙岩老区的养羊专业户陈振忠应林占熺邀请，专门来展会向参会的农民兄弟传经，介绍他如何用“种植巨菌草＋围网轮牧”在穷山区发展养羊业的经历。

陈振忠是漳平市溪南镇金菊村人，有着近20年的养羊经历，深知牧羊人的酸甜苦辣。漳平市有“九山半分水半分田”之称，高低不平的山地，落后的交通条件，使这里的农牧业很难用上现代农业机械，一些山里人只好靠放羊为生。传统的养羊法是天一亮就赶着羊上山吃草。但山上天然可吃的牧草是极为有限的，每头羊平均一天要吃鲜草12斤，如放养100只羊，牧羊人每天跑遍半径5公里的山地，羊还不一定能吃饱；如果放养1000头羊，一年将吃掉438万斤的草，半径10公里内的山区天然牧草全部供羊吃还不够。稍不留神，羊群就钻进农地吃庄稼，惹来纠纷。所以，牧羊人天天早出晚归，翻山越岭，但只能维持温饱。即使是养羊能手，也很难靠养羊过上富足的日子。

“我也曾改用目前流行的‘圈舍饲养’的办法。”陈振忠说。为此，他种牧草，并花了1.2万元买了一头骡子，每天把人工割下来的牧草从草场运回喂羊。这样做不仅一家人整天累得腰酸背痛，连那头骡子也受不了，经常爬到山坡一半，就趴下走不动了。而且，陈振忠很快发现“圈舍饲养”的羊缺少运动和较少接触野外清新的空气、阳光，生病多、服药多，甚至死亡也多。初步算一下，假如一户养二三百头羊，每天需要10人左右来种草、施肥、割草、粉碎、喂羊、防疫等，每年起码要花费30万元左右的工钱。也就是说，“圈舍饲养”，养羊变成养工，同样很难让山里人脱贫致富。

穷则思变。陈振忠经常望着太阳照耀下的山坡冥思苦想：养羊，要有好草；有了好草，还要让羊简便经济地吃上！怎样才能找到既能种出优质牧草又能降低劳动强度和成本的养羊致富之路？

正在这个时候，林占熺得知了陈振忠的困惑，特地委托省工商联赴龙岩扶贫的驻村党支部书记吕磊，给他送去几十株巨菌草草种，并与他交流山区养羊致富的办法。后来，林占熺又带领团队成员来到金菊村，与他交流种植巨菌草、发展山区养羊的经验和办法。

恰如东风送暖，从此，陈振忠茅塞顿开，抓紧时间繁殖扩种起巨菌草。

他日复一日仔细观察对比，发现巨菌草具有超强的光合作用能力，比他种过的皇竹草、美洲狼尾草、象草等牧草都长得快，产量也来得高，亩产少则一二十吨，多则三十来吨。草的品质更是无可挑剔。为了验证巨菌草的营养含量和适口程度，他有意做了好几次的试验：把羊赶到野外吃天然野草，可是不到一顿饭的工夫，羊群都自己往回跑，到处寻找巨菌草吃，巨菌草外的木板围栏都被踩坏了。看到这一情景，陈振忠激动不已，同时好奇它究竟有什么特殊的滋味和魅力，竟成羊群的“最爱”。他情不自禁地摘下一片巨菌草，放进嘴里品尝，一股甘甜在口腔里弥漫。这下他明白了为什么羊会那么爱吃巨菌草，甚至连蜜蜂、蚂蚁也被引过来。他还观察到，吃了巨菌草不到一个月，羊的毛色变亮了，羊羔也生长得格外快，这是以往食用其他牧草都没见过的。

实践出真知。陈振忠认定，巨菌草是世界上的“牧草王”。草好羊就好，要成为“养羊大王”，离不开成为“种草王”。他更加用心钻研栽培高产优质巨菌草的各个重要环节：如何使草种尽快长出根系来，实现高成活率；如何根据土质选择横种、斜种，还是竖种；如何测土施肥、平衡施肥，使巨菌草更具备羊成长所需的各种营养；如何根据巨菌草的特性，在成长的节点上施好肥、浇好水；过冬前，如何适当施一次肥，让巨菌草疯长一茬，然后用割草机割下来，让其腐烂、回归土壤，维持、增强地力两三年……

种出优质高产好牧草后，下一步是怎样让羊简便经济地吃进肚子。

陈振忠想起小时候在电影上看过的固若金汤的千里钢丝网防线，于是产生一个灵感：能不能用不锈钢丝网，把顽皮好动的羊群“围网轮牧”？即按照养羊所需的牧草量，将一块山地或林地分成若干草场，用钢丝网把它分割开；然后，根据巨菌草生产的周期，轮流将羊群放入指定的牧场放养。他试了一下，发现平常连木围栏都难以控制的羊群，都服服帖帖地在指定的草场享受大自然赐给的一切，不会四散跑开。而这种钢丝网可用30年，分摊后每亩只需花10元左右。这样省工省力省钱高效的做法，不正是他多年来梦寐以求的经济简便的养羊新办法吗？

“围网轮牧”初试告捷的那个晚上，陈振忠兴奋地对爱人说：“今后有了‘巨菌草＋围网轮牧’养羊新技术，我们山区牧羊人成为富翁不是梦了！”

陈振忠马上带领着爱人和儿子，马不停蹄地干了起来。他因地制宜，买来不锈钢线，自己动手编织起一块块高1.2米的钢丝网；把山坡地、林地分成若干块，在主要的节点上牢牢地树起水泥柱，接着用钢丝网把它们分开，编上号；然后把巨菌草分别种在一块块隔开的小牧场里。当草长到1米高时，陈振忠便开始“围网轮牧”。先把所有的羊引进一号牧场放养，晚上收回；几天后，一号草场的牧草吃得差不多了，就把羊群引进二号草场继续放养；等到各块场地都轮了一遍后，一号牧场里巨菌草又长出来了，开始新一轮的循环。陈振忠算了一笔细账：在我国南方山区放牧1000头羊，需10来个工。有了“围网轮牧”，只要1个工就够了，甚至60岁以上的老人都可以做，等于省了三四十万元的雇工费。通过“围网轮牧”，羊群每天高高兴兴地吃着不用花费人工背回来的牧草，这等于多赚了几十万元。这样，牧羊人怎能不发财呢？

羊群生病、病死现象也明显减少了。陈振忠在与羊打交道的过程中观察到，“围网轮牧”替代了“圈舍饲养”后，羊群每天有充分的运动，吃的是鲜嫩牧草，享受着大自然赐予的新鲜空气和阳光，很少生病。这样，生产出来的羊肉是货真价实的绿色食品，市场价格自然不低。

有了“围网轮牧”，羊群轮牧到哪一块草地，就把那里的草吃得干干净净；没轮到的草地，羊一口也吃不到，草地获得休养生息、再生长的时间。同时，羊在指定草地轮牧时的大小便和吃草时掉落的残渣，也正好均匀地回归到土壤里去。这些有机物就地消化，良性互补，对提高地力、保证牧场不退化，功不可没。

陈振忠认为，“种好巨菌草＋围网轮牧”，反映了创新牧羊技术的魔力，开拓出一条“以草换肉”“以草代粮”的新路，很适合我国广大山区小微企业、农业合作社、农户进行复制与推广。“我坚信：一旦这项新技术在我国推广开，我国将很快告别每年大量进口牛羊肉和饲料的历史，满足我国食品结构变化的需求，并创造出惊人的财富，让广大山区农户过上富足的日子！”

林占熺的学生、运用菌草技术匠心打造绿色生态养殖业的南靖绿明生态农业有限公司总经理黄逸洲，十多年来，借鉴林占熺的菌草技术，探索出用巨菌草饲养香猪等家畜的新技术，大胆地开拓了一条不寻常的绿色生态养殖之路。其中，用85%巨菌草作为主食成功喂养生猪的新技术，颠覆了生猪的传统养殖习惯。林占熺教授得知后，给予关心和肯定，多次带着国内外专家学者前往参观考察，认真加以总结推广，还特地邀请他到“6·18”交易会上传经送宝。

绿明生态农业有限公司坐落于南靖县龙山镇的一座山丘上。走进公司养殖场，只见漫山遍野都是巨菌草，香猪奔跑在青山绿水间，鸡放养在树下，健壮的鸭子快活地在鱼塘里游水嬉闹，整个养殖场区都闻不到畜禽的异味。公司现拥有千亩林地，除了种植巨菌草，还因地制宜喂养香猪、鸡、鸭、鱼，同时种植各种果树，初步形成了一个立体循环的生态系统。

面对从四面八方前来参观学习的人们，黄逸洲认真地介绍自己是怎样走上“以草代粮”之路的：20世纪六七十年代，农村人打猪草喂猪，猪不与人争粮，家家养猪，既有经济效益，又可享受健康安全的猪肉。但自20世纪80年代后，各地纷纷从国外引进“外三元”的猪种，用粮食做饲料，追求五六个月就可以快速生长到二三百斤的“速成猪”，拿到市场出售。越来越多的生猪基本不吃鲜草只吃粮，我国很快成为世界上最大的饲料需求国。据国家有关部门统计，2018年全国饲料总产量为2.28亿吨，约占全球饲料总产量的四分之一。其中，猪饲料总产量就达9720万吨。我国是食用猪肉大国，随着人民生活的不断提高，猪肉的需求量日益增多。这样继续发展下去，必然造成“人畜争粮”问题，不利于国家的粮食安全，在饲料问题上随时有被国外“卡脖子”的风险。

“为了把中国人的饭碗牢牢端在自己手中，为了破解我国饲料严重短缺的重大瓶颈，为了能以最低的成本创造最高的食品价值，我们能不能想法走出一条‘以草代粮’的新路，用林占熺筛选培育的巨菌草等来替代进口饲料？”黄逸洲昼思夜想。

黄逸洲从福建农林大学国家菌草工程技术研究中心引进巨菌草，开始了“以草代粮”发展绿色养殖业的探索。他把养殖香猪作为主攻方向。他从摸索中发现，巨菌草不但产量高、成长快、口感好，而且含有丰富的蛋白质，经过打浆，猪、鸡等家畜家禽非常喜欢吃。食用巨菌草的猪、鸡等家畜家禽的免疫力大为提高，发病率明显降低，肉蛋品质也都大为提高。这正是黄逸洲追求的“回归自然，绿色生态，将无抗原的生态食品端上百姓的餐桌”的目标。他从中确定了目标，认准了方向，看到了希望，全身心地扑到“以草代粮”的绿色家禽养殖中。

黄逸洲发现，“人畜争粮”问题是发展畜牧业对蛋白源的刚性需求造成的，要解决“人畜争粮”问题，必须从源头上解决蛋白来源问题。巨菌草是多年生高产优质的牧草，其粗蛋白含量为12%—16%，利用巨菌草加工生产的优质饲料，营养价值高，优势明显。以巨菌草替代玉米等饲料，不仅可以解决“人畜争粮”难题，还能显著节省饲料成本、提高畜禽的生产能力。

用菌草饲养香猪，还有诸多预想不到的好处：大大减少饲料用量，整个生长过程，主食料巨菌草达到85%，平均每头每天只需1.5—2公斤巨菌草，成本明显降低；饲养投料简单，粪便粗纤维多，容易分解，氨氮含量低；延长饲养时间至13个月，肉质明显得到改善，口感增强，脂肪与胆固醇降低；小猪仔免疫力显著提高……

林占熺现场见证后，对黄逸洲坚持创新给予高度评价，并多次组织福建农林大学菌草国际班学员前来参观考察。如今，绿明公司已是福建农林大学国家菌草工程技术研究中心菌草养殖示范基地。

林占熺甘当人梯，满腔热情地扶持年轻一代发明创新，与新一代的创新者携手共进，这也成为广泛流传的佳话。

有一位来自贵州穷山寨的学生，名叫张习勇。2012年，他考上大学，从贵州省安顺市平坝区乐平镇挂多村来到福建农林大学，成为该乡村第一位大学生，一家人都很开心。

张习勇家境贫寒，父母均已六十出头。尽管国家给予关心，让其家享受政府建档立卡贫困户的待遇，但张习勇父亲仍在家务农，并照护常年在外打工的张习勇的哥哥留下的孩子，筹集张习勇上大学的费用。家里盼着张习勇能早日学到知识、拥有真本领，改变全家人的命运。

面对严酷无情的现实，张习勇只能不断地激励自己：知识能改变命运，学习能改变人生，只有更努力地学习，拥有更丰富的知识，才能拥抱更美好的未来！

2016年，张习勇考上福建农林大学的硕士研究生，师从生态学家曾任森教授。伴随着年龄的增长、视野的开阔，张习勇渐渐意识到，求学不是为了逃离贫困的乡村，而是为了让家乡不再贫困。读书不光是为了改变自己的命运，更是为了改变家庭的命运，甚至改变更多像自己这样的家庭的命运。张习勇开始思索怎样用自己学到的知识，回乡创业，改变更多人的命运。

2017年，张习勇在“6·18”交易会上认识了林占熺、福建农科院微生物发酵床养殖技术发明人刘波等专家，从他们研究的成果中得到许多启示。从此，他寻找一切机会向他们请教。林占熺看到这位像自己一样来自贫困山区的农家孩子这么好学、充满志向，对其更是关爱有加，有问必答、有难就帮。在林占熺的影响下，张习勇萌发把菌草技术与微生物发酵床养殖技术结合起来，在家乡发展现代种植养殖业，走出一条乡村振兴新路的念头。

张习勇先劝说已在外打工17年的两个哥哥返乡，探索用微生物养猪，然后开始招兵买马，把几位志同道合的儿时伙伴和同学拉在一起，成立贵州三习生态农业科技有限公司，拉开创业的序幕。2019年底，张习勇从学校回到故乡，与大家一起投入探索战斗。他们从信用社贷了5万元的特惠贷作为启动资金，基本能满足买猪、垫料、草

成本，并实现猪肉品质的提升。

当天下午举行的研讨会上，气氛格外热烈，与会者对“巨菌草＋微生物发酵床”创新给予充分肯定。

如今，“菌草＋发酵床养殖”技术，不仅在贵州省贵阳市、安顺市、毕节市、凯里市、遵义市、铜仁市等地推广，也推广到河南省开封市，得到广大养殖户的一致认可。

“菌草＋微生物发酵床”养猪新技术，必将在振兴乡村中乘风破浪，大显身手！

第九章　“圣草”治理绿黄河

菌草技术在贫困地区成功推广，不仅帮助人们摆脱了贫困，还为保护环境、促进可持续发展开辟出一条新路径。种植菌草既为菌菇栽培提供了充足原料，又有效缓解了牧场旱季青饲料匮乏的问题，促进了畜牧业发展，还为当地治理水土流失，治理荒漠化、沙化、石漠化作出了示范。

林占熺团队经过研究探索，选育出从黄河源头至入海口均可种植的菌草品种。经过精心筛选和培育的绿洲系列草种，在黄河上游的青海贵德，甘肃庆阳，内蒙古阿拉善、鄂尔多斯等地安全越冬，成为多年生草种，有效地解决了高寒地区年年种植菌草的难题，填补了黄河流域种植多年生菌草的空白，为在黄河全流域建立菌草绿色生态屏障开辟了新途径，为治理大江大河生态提供了可靠的经验。

容纳2000多人的大礼堂座无虚席，学生们已端坐近3个小时了。他们被主讲人平凡而伟大的经历打动了、迷住了，全场鸦雀无声。

这是2010年10月的一天，应福建农林大学党委组织部的邀请，林占熺给全校学生党员上党课，交流自己发明、推广菌草技术的历程。这是这群学生人生旅途中一场难以忘怀的报告，一场让心灵得以净化、灵魂得到升华的报告。

随着一阵又一阵掌声的平息，礼堂里又响起林占熺雄浑有力的声音：

“人的一生有许多幻想、梦想，经过岁月的冲洗，有些幻想、梦想变成现实了，又编织新的幻想、梦想。如果我们的梦想能与祖国伟大的事业结合在一起，就能形成汹涌的波涛，找到无悔的选择。

“现在，我对自己的今后就有几个新的梦想。

“第一，是在我们学校创建一个世界菌草技术研究发展中心，为中国、为世界培养、提供更多菌草技术人才，让世界更好地了解福建农林大学、了解福建、了解中国。

“第二，是开辟一个新兴的菌草产业，加快把菌草技术转化为现实生产力，使菌草业成为一个产值超千亿元的产业。

“第三，是努力把传统的二维农业，发展成高产、优质、循环、生态‘植物、动物、菌物’三物循环生产的现代农业。福建农林大学应为发展三物循环现代农业作出更多贡献。

“第四，是用菌草技术治理黄河、尼罗河等世界大江大河，为人类生态文明建设作出更大的贡献。”

林占熺最后加重语气说：“如果同学们有兴趣的话，只要我还健在，我们可以一道去，为母亲河变清作出我们应有的贡献。我相信有你们参与，这个任务一定能完成！”

掌声，雷鸣般的掌声，又一次在礼堂响起。

透过掌声，我们似乎看到了林占熺为菌草之梦，继续不屈不挠地“把论文写在祖国的大地上”。

透过掌声，我们似乎看到了林占熺的菌草之梦后继有人，菌草事业将蒸蒸日上、前程似锦！

不久，林占熺迈出人生重大的一步：向黄河进军，向构建治理黄河菌草生态屏障进军，向让母亲河黄河变清的目标进军。年近七十的他，又出发了！

人们不会忘记，把菌草技术用于黄河治理，一直是林占熺孜孜以求的人生梦想。挂在会议室里的中国地图上，从黄河上游至入海口的十几个生态治理示范点均以红五角星标注着。那是林占熺的梦想——

沿黄河筑起千里绿色菌草生态安全屏障，用菌草技术助力黄河变清，并为世界江河湖泊治理提供示范。每当说到这一构想，他就像个将军，指着汹涌澎湃的黄河，望着“作战地图”，目光如炬、精神抖擞。

机遇往往垂青于做好充分准备的人。2012年8月26日，林占熺参加在内蒙古乌海召开的中国首届沙产业高峰论坛，新的机遇、新的挑战向他招手了——菌草技术治理生态、治理黄河可以付诸行动了。会后，他先后三次赴内蒙古阿拉善盟乌兰布和沙漠进行实地考察。

内蒙古乌兰布和沙漠位于内蒙古西部巴彦淖尔市和阿拉善盟境内，地处我国西北荒漠和半荒漠的前沿地带，总面积约1万平方公里，海拔在1028—1054米，是我国八大沙漠之一。荒漠化土地总面积86.27万公顷，其中流动沙丘（地）43.75万公顷，占全区沙化土地面积的50.71%，是我国四大沙尘暴发源地之一。

近40年来，由于自然气候变暖和人为干预的双重原因，乌兰布和沙漠东进南移的速度非常惊人。目前，乌兰布和沙漠以每年8—10米的速度向东、南方向推进，沙漠东部边缘已经从黄河西岸的阿拉善盟扩展到黄河东岸海勃湾区，向南扩张已严重影响周边地区民众的生活，威胁我们的母亲河——黄河。根据内蒙古第三次荒漠化、沙化土地监测报告，内蒙古乌海市的荒漠化、沙化土地面积占全市土地总面积的比例高达80.12%。

西北黄河沿岸荒漠化导致的另外一个恶果是：全长5464公里的孕育中华文明的母亲河黄河，成为世界上输沙量最大、含沙量最高的河流，部分河段已成为“地上悬河”。黄河流域水土流失和荒漠化面积分别达46.5万平方公里和22万平方公里，占全国水土流失和荒漠化面积的15.7%和8.3%。

我国尤其北方地区，沙化现象日益严重，沙尘暴发生的频率越来越高。据史料记载，我国西北地区从公元前3世纪到1949年间，共发生有记载的强沙尘暴70次，平均每31年发生一次。而新中国成立以来，已发生80余次。来自遥感卫星对我国17个典型沙区的监测结果显示，沙化现象日益加剧，黄河沿岸受侵严重。其中，地处内蒙古、陕西、宁夏交界的毛乌素沙地，面积近4万平方公里，40年间流沙面积增加47%，林地面积减少76.4%，草地面积减少17%；浑善达克沙地南部由于过度放牧和砍伐，短短9年间流沙面积增加98.3%，草地面积减少28.6%。此外，甘肃民勤绿洲萎缩，新疆塔里木河下游胡杨林和红柳林消亡……

这一切，向我们重重敲响了警钟：再不找出治理荒漠化的有效办法和途径，中华民族的生存环境将受到威胁。

2012年11月8日，党的十八大在北京胜利召开，“大力推进生态文明建设”被写入大会报告，进一步为生态文明建设指明了方向。

顶着烈日、冒着风沙，荒原漠漠、广袤无边，林占熺艰难地行走在茫茫的荒漠上，考察着、思考着、论证着、谋划着。他心中想着怎样用菌草技术锁住沙漠，让荒漠变成绿洲；想着怎样用菌草技术固住黄河两岸的风沙，让母亲河早日变清变绿。在党的十八大精神的鼓舞下，林占熺总结了自己近20年来在各地利用菌草技术治理生态问题的成功经验，综合三次深入现场视察的情况，决定把菌草防沙治沙试验示范基地定在我国四大沙尘暴发源地之一、风沙危害十分严重的黄河西岸阿拉善盟乌兰布和沙漠东缘的巴音木仁苏木查汉套海。

基地位于东经106° 46′ 40.94″，北纬39° 43′ 49.67″，海拔1065米，年均气温7.8℃，极端最低气温-29.6℃，年平均降雨量102.9毫米，蒸发量2258.8毫米，属于干旱、高温、多风、少雨的典型大陆性气候，地质主要为流动沙丘，沙尘天气、沙尘暴频发。与试验地相连的一处流沙，近几年又向黄河方向推进了240米。

“这是在沙漠沿黄地区开展菌草治沙试验示范的好地方，具有很强的科研价值和典型意义，可积累菌草治理黄河生态实用技术和实践经验，为黄河两岸的荒漠化治理和菌草业发展探索开辟出一条生态、经济、社会三大效益相结合的可持续发展新路。”林占熺坚定地说。

随同林占熺赴沙地探查的工作人员，望着个头不高、年近古稀的林占熺一头扎进沙漠、迎风前行的坚实步伐和矫健身影，不能不对他选择试验示范基地的科学态度和良苦用心，由衷地感到敬佩。黄河是母亲河，这个项目如果能做下去，是件惊天动地、不得了的大事。但亲身体会到环境之恶劣，不少人难免为其选择这块特别难啃的地方作为菌草治沙试验基地捏一把汗，更多的人却为他的“异想天开”感到担忧：

“治理荒漠化是全球性的一道大难题，我国治沙有不少国家队，而且每年国家都有不少的专项资金，何必自找麻烦？”

“想用菌草技术治沙治黄是好事，但为什么每次都要挑最难啃的骨头、走最难走的路？难道就不能选择比较好啃的地方？万一有闪失也有个退路。”

“菌草治理风沙，全世界还没听说。小小菌草想战胜猎猎风沙，这不是匪夷所思吗？”

……

林占熺坚信：科技创新如登山，实践出真知，事实论成败；坐而论道、纸上谈兵绝非马列主义，唯有行动、奋斗才是通往成功之道。

在国家林业局，中共内蒙古阿拉善盟委、行署等的大力支持下，2013年初，林占熺带领福建农林大学国家菌草工程技术研究中心十来位研究生，与内蒙古阿拉善盟悦禾科技生态有限责任公司等联手，在这不毛之地安营扎寨，拉开了在干旱区的流动沙丘上种植菌草治沙的序幕。

4月19日，林占熺一行提前赶到阿拉善盟乌兰布和生态试验示范基地，为即将启动的菌草治沙试验示范项目做最后检查、热身，确保试验万无一失。他们一下飞机，就沿黄河沿岸护堤直奔项目所在地——阿拉善盟悦禾科技生态有限责任公司所属农场。

该农场是与林占熺团队合作治沙的具体单位，拥有数万亩黄河滩涂盐碱地和乌兰布和沙地，场部三排平房建在盐碱地上，方圆数里荒漠，一片苍茫，没有人烟。这里没有洗澡的地方，吃用的东西要从几十公里外的地方购买运进，陪伴试验人员的是风沙与烈日。林占熺派出的6名驻点先遣队员，已先期抵达。他们挤在一间10多平方米的房间里，屋内摆满上下铺铁架子床，夜晚盖的是有一层细稠沙尘的被褥。虽然旅途劳顿，但这里的干燥天气和屋外护场犬的嗷嗷叫声，还是让新到的人员难以入眠。

第二天一早，林占熺一行驱车前往项目实施工地。示范点上午还是风和日丽，午后就风云突变，风起沙动，热气腾空，黄浪翻滚，无孔不入。晚上，大家疲倦无力地返回住地时，从头到脚满是沙尘。这一天给大家留下的不是“风吹草低见牛羊”的草原美景，而是“风起沙飞视茫然”的难忘印象，大家感受到了什么是“飞沙走石”、什么是“不毛之地”、什么叫“沙进人退”。

4月21日，乌兰布和菌草防沙治沙项目正式启动，现场没有喧哗的锣鼓声，没有飘扬的彩旗，只有一条简单的横幅。林占熺团队的科研技术人员早已各就各位、摩拳擦掌：几车巨菌草和绿洲系列草种，已从遥远的福建、海南运抵示范试验点，一台为沙坡地量身定制的菌草播种机也整装待命……

随着一声令下，只见一丛丛如高粱秆般的菌草草种，截断后被菌草播种机种植在沙地里。林占熺团队对11种菌草草种的不同特性进行分析研究后，从中选出巨菌草、“绿洲一号”，作为这次菌草治沙试验的主要草种，采用育苗移栽和机械化种植两种方法进行试种，相继种在面积达6.69万平方米的沙漠上。

来自北京、内蒙古、福建的有关领导、专家、企业家近百人，见证了菌草史上这一具有重大意义的时刻。

这是林占熺朝着菌草治黄治沙迈出的第一步，也是菌草技术关键的一步、充满期待的一步。

但100天后，这片沙漠是否真的能变成青纱帐？不少人心里都没底，个别人甚至心中纳闷：这会不会是林占熺明知不可为而为之？

没有金刚钻，不揽瓷器活。林占熺下决心运用菌草技术治理黄河、治理风沙、治理生态、向阿拉善进军，绝非心血来潮，更非一时拍脑袋。20多年来，林占熺带领他的团队，在用菌草进行生态治理方面做了大量的探索，进行了各个方面的尝试，积累了不少成功经验。他敢果断跨出这一步，是做了多年的准备，是充满底气的。

林占熺开创的菌草技术，就是为扶贫致富、为保护生态而生。

早在1989年，林占熺就在福建尤溪的沙地河滩种植菌草治理生态。1993年，他又在南方红壤区福建长汀、连城、尤溪等地种植菌草，进行水土流失治理试验示范。当年，长汀严重水土流失区土壤侵蚀量就减轻78%，每公顷水土流失地每年减少土壤侵蚀60—70吨。同年8月10日，在福建连城对种菌草地和退化土壤进行测定，种草地土壤的速效氮增加27％以上，速效钾增加31％以上，有效地改善了土壤的肥力。此项研究，为利用菌草治理与开发水土流失区域提供了成功的先例。

从1996年起，林占熺相继在西南岩溶区广西都安、贵州罗甸、云南文山等地种植菌草治理石漠化，利用菌草栽培食（药）用菌，发展畜牧业，效益显著，为黄河流域菌草生态治理积累了技术经验。

1997年，在实施福建省和宁夏回族自治区政府菌草技术扶贫项目的同时，林占熺在宁夏彭阳县开展荒漠化地区发展菌草业的研究示范。第一年，每亩只收了10吨菌草，虽然产量不高，但林占熺觉得首次试种就有收获，是成功的第一步。遗憾的是，在南方多年生的草种在这里过冬时死掉了。他分析原因、总结经验，继续在宁夏多处生态脆弱地区展开试验。

1998年10月在宁夏扶贫时，福建农业大学向福建省政府提交了《关于赴宁夏开展小流域生态环境综合治理情况汇报》，建议发挥学校科技优势，利用包括菌草技术在内的多项技术，在宁夏实施小流域生态环境综合治理。

1998年，林占熺开始在闽宁村种植菌草，10月3日测产时，亩产鲜草12吨。此后几次试种验收，亩产鲜草稳定在15吨左右，产量比当地种植青贮玉米高出三五倍。实践中，林占熺还有更多发现：只要有一定含量的地下水，菌草就有望成功种植……

2009年8月，对外经济贸易大学中国开放经济与国际科技合作战略研究中心和福建省菌草生物工程研究中心对1997年以来黄河河套地区荒漠化治理和菌草业发展进行总结，肯定了林占熺把发展菌草业和沿黄河两岸荒漠化、沙漠化的生态治理结合起来的经验，并提出把种植菌草治理荒漠化、草原沙化与建贮备草基地结合起来。

2010年，林占熺团队又一次在闽宁镇荒漠上种植巨菌草，经专家验收，亩产鲜草20吨，初步为黄河流域荒漠化治理和菌草业发展提供了一种生态、经济、社会效益有机结合的新思路。

2009年，菌草治理荒漠化土地示范推广项目列入国家林业局“三北防护林体系建设工程”，在腾格里沙漠东缘的荒漠化地区种植巨菌草作为饲料和菌料。2010年，生态脆弱区发展菌草业关键技术的研究又被列为国家林业局林业公益性行业科研专项项目。

2010—2013年，林占熺团队承担国家林业局林业公益性行业科研专项，在福建、内蒙古、陕西、新疆、河南、贵州等重度水土流失地、沙化地、盐碱地、石漠地，开展菌草生态治理试验示范。在福建省闽清县，用等高线活篱笆种植菌草治理水土流失；在福建省长汀县，进行水土流失顽症“崩岗”的治理，3个月见效。

◎ 福建龙岩长汀种植菌草治理“崩岗”前后对比

2010—2013年，林占熺相继在宁夏中卫沙坡头，内蒙古呼伦贝尔市、新巴尔虎左旗、阿荣旗、海拉尔农垦局农场，西藏林芝，陕西榆林，新疆克拉玛依小拐乡、吐鲁番，河南灵宝、兰考等地，开展种植菌草防沙治沙、荒漠化治理与饲料综合开发试验示范，取得一定的生态和经济效益。

2011年7月，科技部与西藏自治区部区会商会议决定，把发展菌草业作为福建科技援藏项目。为此，林占熺团队在西藏林芝地区开始菌草治理流沙的试验。试验示范地处于海拔3067米的雅鲁藏布江左侧，试验地选择在密集且高大的流动沙丘上，高度超过20米。2012年9月24日、2013年6月21日，西藏林芝地区组织有关专家，对菌草治沙试验进行现场查定和验收。经专家现场查定，在流沙丘上种植的巨菌

◎ 林占熺在宁夏生态脆弱区试种巨菌草获得成功

草和“绿洲一号”，根系茂密发达，深度超过150厘米。鉴定意见认为：“当年沙地被完全固定，治理流沙成效显著，为国际首创。”而且，巨菌草综合开发利用价值高，适口性好，可作为牛羊饲草，生态与经济效益显著，对我国湿润区的零星沙地治理和高效开发具有重要意义。该技术具有实用性强的特征，宜在黄河河套地区防风治沙及荒漠化治理实践中大规模推广。

一次又一次的示范试验，在不同地区、不同条件下开展生态治理，为林占熺积累了丰富的生态治理经验，为他在阿拉善系统治理黄河生态打下基础。

当人们欢呼庆贺菌草首次顺利扎根一望无际的沙漠时，林占熺显得格外清醒，他不时告诫自己，这只是黄河生态治理万里长征走出的第一步，还有很多困难在后头等着我们去征服、去战胜。

正如林占熺所料，困难和问题一个个接踵而来：试验基地的气候，比当地气象资料记载的要复杂多变得多，空气相对湿度最低时达5%—8%，尤其是干旱、热风严重威胁菌草的生长；当地方圆数里无人家，劳动力缺乏，组织协调、日常管理面临重重困难；特别是种植时节正是北方沙尘暴频发的日子，各种难以预见的情况随时都可能发生……

菌草刚种下，一次次强大风沙的严峻考验就扑面而来。

5月18日至7月21日，试验示范区相继遭遇8级以上大风沙袭击，平均每8天一次。7月21日，试验区还遭遇到30年一遇的10级沙暴，附近农场的4根电线杆全被大风吹倒了。6级以上的风沙天气更是不计其数。每次大风沙之后，菌草幼苗或被风沙折断打烂，或被掩埋沙下，或因为风吹日晒而枯萎。要不是专家组人员一次次及时采取补救措施，试验很可能功亏一篑。

看着自己的艰辛劳动成果一次次被摧残，看着自己汗流浃背抢救出来的菌草死而复生、生而复死，林占熺团队中一些队员情难以堪。有个队员悲伤地像个孩子一样哭了起来：“林老师，这次真的不行了。另想办法吧！”

连续几次失败后，一直战斗在菌草治沙第一线的林占熺的小女婿余世葵，也几乎陷入绝望。听着外面呼呼狂叫的风沙声，他偷偷地打电话告诉妻子：“已经失败6次了，风沙实在太大，有点顶不住了，季节不饶人，再失败下去怎么办？我不知怎么办才好。”

妻子心疼地说：“要不要我告诉爸爸，确实困难很大，做不下去了，今年缓一缓？”

“不行啊，你知道父亲是怎么想的。父亲胸有成竹、志在必得，很难说动。他再三说，只要按照他的想法，一步一步做下去、坚持下去，一定能成功。”

其实，林占熺对这次试验的成功，是充满信心与底气的。他研究过气候，沙尘暴吹过后，风沙就会逐渐转小，这时菌草就能趁机生长。另外，他对这次选用的菌草，在实验室做了多次实验，在没有光合作用、没有水的条件下，50天内根、叶还能生长。

面对风沙一次又一次无情的肆虐，林占熺和他的战友们众志成城、不屈不挠。林占熺带着仪器，迎着风沙，逆风而上，艰难地爬上沙丘顶端，测量风速，研究对策；冷静地与团队成员一起研究当地风沙的规律，分析沙土构成，调整种植布局，变换育苗方式。他们根据当地气候特点和风沙规律，开创性地摸索出用菌草与草篱结合等防风防沙新办法，大大降低了沙暴对菌草幼苗的危害。他们还采用机械种植，一天可以补种巨菌草32亩，工效明显提高，且发芽率提升到75%以上。

林占熺斩钉截铁地对大家说："在我没有宣布失败以前，你们任何人都不能退却，还要继续前进！成功与失败之间往往只有一步之遥，成功往往产生于最后再坚持一会儿。"

坚持就是胜利，就是成功。第一年种植季快到尾声，种下的菌草终于战胜第7次疾风狂沙，傲然挺立在沙漠上，并以每天七八厘米的速度势不可挡地往上长。贫瘠的黄色荒漠上，育出了绿洲，固住了流沙，运用菌草治沙获得成功！

林占熺黝黑的脸上，露出了灿烂的笑容！

2013年8月24日，艳阳高照。来自中国农业科学院、北京林业大学等单位的专家对菌草治沙试验项目进行现场评估验收。他们发现：种植的菌草成活率在75%以上，成活的巨菌草和"绿洲一号"在流动沙丘上生长良好，在阻止流动性沙丘的扩展与蔓延方面效果显著，100天之内均能把流沙完全固住。专家们还高兴地发现：试验点的菌草根系发达，固沙作用良好。有关人员将一株菌草连根挖起，对根部进行冲洗，整整用掉了21瓶矿泉水，尚不能把菌草根部的沙土完全冲掉。他们还对菌草成长后改善沙地微生物及相关成分的效果做了研究检测，发现有机质含量增加了58.97%。

专家们得出如下结论：在乌兰布和沙漠试验区这种条件下，种植菌草治理沙地是可行的，且菌草治沙技术实用性强，方法简便、便于推广，生态与经济效益显著，对我国荒漠地、沙化地的治理和开发具有重要意义，建议在黄河沿岸适宜地区大规模推广。

2013年9月14日，烈日当空。阿拉善盟菌草生态治理现场考察暨座谈会在示范基地举行。50多名院士、专家学者和企业家汇聚于此，共同见证治沙“新式武器”——菌草生态技术的成功应用。

汽车驶进乌兰布和沙漠腹地的穿沙公路，眼前沙丘连绵起伏。行走一个小时左右，一片绿洲突然映入眼帘，郁郁葱葱，如纱似帐，试验示范基地到了。

“震撼！”“奇迹！”“罕见！”“了不起！”望着一望无际的沙海长出绿洲，望着一丛丛茁壮成长的翠绿菌草，望着比人还高的草篱，看着巨菌草发达的根系，行走在草海中的与会专家，情不自禁地连声发出赞叹，惊叹之情溢于言表。等不及主持人的介绍，他们已争先恐后占据最佳位置，用相机拍下这难得的风景。

林占熺作现场解说。“这次菌草治沙试验，经受住了10级风沙的严峻考验，6次‘死去活来’，终于在第7次取得了成功和突破！”“实践证明，菌草光合作用能力超强，根系网络相当发达，菌草只要能扎下根，顶着风沙长至30厘米高，便能经得起8级大风的侵袭。”“我们因地制宜，运用不同菌草栽植复合草篱，防沙固沙效果很好。”“菌草生长120天，就将流沙固住，为我国防沙治沙闯出一条新路。”……

9月14日下午召开的院士专家和企业家座谈会更是热烈激昂，会议时间竟然延长了一个多小时。林占熺结合视频，概括地介绍了整个试验过程，并回答了大家提出的问题。

◎ 各地客人前来阿拉善菌草固沙治水示范基地参观沙漠中的绿洲

中国科学院院士谢华安，中国工程院院士李玉，中国科协原副主席、中国国土经济学会沙产业专业委员会主任刘恕，内蒙古自治区党委原副书记、沙产业草产业协会会长杨利民，清华大学教授谢新佑等，在会上相继对菌草技术治理生态获得成功表示祝贺与肯定，同时提出了高瞻远瞩的意见和建议。

谢华安充分肯定林占熺团队的科学探索精神，高度评价菌草治沙所取得的成果，并呼吁将菌草治沙技术列入国家“863”重大专项。

刘恕说：“在这里，我看到了希望！风沙怕软不怕硬，草本植物抗风沙能力强，治沙大有作为。林占熺教授带领一批年轻人走出实验室，从遥远的福建来到这里，在最严酷的自然环境下搞研究工作，令人非常钦佩、敬佩。坚持理论联系实践，是方向性问题，对于当代科学研究非常重要，而现在真正能做到这点的人越来越少了，应引起我们高度重视。”

对外经济贸易大学中国开放经济与国际科技合作战略研究中心执行主任夏友富则以亲身体验和大量数据，从经济、生态、社会三大效益相结合的角度，阐述了菌草治沙与菌草产业发展相结合的意义，认为菌草技术治沙是可持续发展经济的典范。他认为，阿拉善的试验初战告捷，证明菌草生态技术开创了一种全新的治沙模式。他建议国家把实施黄河菌草生态修复工程，列为国家和地方重大项目，从政策上给予引导与支持，运用菌草技术在黄河沿岸适宜地区发展菌草产业，从根本上实现黄河流域的生态治理。

“此次试验的成功，为北方荒漠、半荒漠地区治理生态、发展经济提供了极为宝贵的经验。林占熺团队选育出的菌草，既可以防沙固土，还可作为菌料发展菌业，还可作为优质饲料发展畜业；既治理了环境，改善了生态，还能创造巨大的经济价值，利国利民，一举多得。何乐而不为？”中国农业科学院副院长唐华俊铿锵有力地说，“由于菌草在经济及社会效益方面的双重功效，将有效促进社会资本对生态治理、荒漠化治理的投入，在后续特色产业的开发利用中发挥显著作用。今后通过大规模种植菌草，在荒漠化、半荒漠化地区新建一批奶源基地、食用菌基地、新能源基地等，都是有可能实现的。”

林占熺也认为，经过近些年的不断攻关，菌草生态治理技术已日渐成熟，可进一步推广应用。建议国家林业局、黄河水利委员会将菌草生态治理技术纳入黄河治理有关科研推广项目，对应用菌草技术进行典型荒漠化、沙化、石漠化治理的科学研究与应用，进一步加大支持力度，通过政府组织，科研单位、企业、民众共同参与，形成合力，使之更好更快地服务我国的生态建设和可持续发展。

经过现场考察、听取汇报和深入研讨，不少专家学者在发言中异口同声地说，林占熺团队经过4个多月的奋勇攀登，在荒漠上造出了绿洲，固住了风沙。这一成功案例，初步探索出菌草治沙防沙的新模式，证明菌草生态技术是荒漠化的“克星”，为在内蒙古阿拉善乌兰布和沙漠开展黄河河套地区防沙治沙，为我们的母亲河黄河变清，迈出了可喜的一步。

2013年9月14日，新华网刊发文章《福建“菌草学”成果成中国治沙“新式武器”》，文章开篇写道：“9月14日，来自中国科学院、中国工程院、北京大学、清华大学、国家菌草工程技术研究中心等部门的50多名专家学者齐聚内蒙古阿拉善乌兰布和沙漠，共同见证了一种治沙‘新式武器’——菌草的亮丽登场。”文章指出：“今年4月，在中国国家林业局、内蒙古阿拉善盟等大力支持下，世界著名的‘菌草之父’林占熺及其带领的国家菌草工程技术研究中心示范团队开始了一项前所未有的试验——在干旱区流动沙丘上种植菌草治沙。”“仅用120天时间就能将流沙完全固住，菌草技术已经为我国防沙治沙闯出一条新路。”

“行百里者半九十。”几十年一直在科研第一线摸爬滚打的林占熺，此刻头脑十分清醒：现在还不是放鞭炮、召开庆功会的时候。林占熺明白：重大科研试验示范，仅仅一次成功往往是不够的，特别是农业项目，更需一定规模，才能避免偶然性、片面性，才能为全面推广和实现产业化打下牢固的基础。第一年试验示范开局喜人，但面积毕竟只有百亩出头。在两次评定研讨会上，与会院士、专家、企业家在充分肯定初战告捷的同时，提出了一些建设性的建议意见，必须更多地听取各方人士的意见，并及时加以梳理，根据轻重缓急，深入试验示范，攻难点、补短板、堵漏洞，认真加以突破解决。社会上对菌草技术治沙固土存在各种疑问，也需通过试验示范，以科学有力的事实和数字，有针对性地加以解答。菌草技术一些深层次的理论问题，也应该通过研究探讨，集思广益、取长补短、形成共识。

“阿拉善乌兰布和沙漠的试验示范要继续进行下去，黄河沿岸甚至全国各地治理生态脆弱示范点的试验也要坚持下去。”为此，林占熺团队义无反顾地坚守在阿拉善“高地”上，一干就是九年多，书写、演绎了九年多治沙治河的壮丽诗篇。在阿拉善菌草技术治理生态示范基地，林占熺团队留下了坚实的脚印，记录着中国科技工作者治

◎ 内蒙古阿拉善菌草固沙治水基地用菌草育出绿洲

沙治河的坚毅决心与非凡勇气。

一场场示范会、研讨会、鉴定会相继在这里举行。

2015年9月18日至19日，菌草技术与黄河生态治理研讨会在内蒙古阿拉善举行。在研讨会期间，出席会议的50多位院士、专家考察了内蒙古黄河西岸治沙固土菌草生态屏障建设研究示范基地、内蒙古磴口荒漠地沙地菌草产业生产基地、内蒙古黄河西岸乌兰布和沙漠东沿流沙治理研究示范基地等，并对“干旱半干旱区菌草防风固沙技术的研究与示范”项目进行了技术鉴定。鉴定委员会一致认为，林占熺团队等在内蒙古连续进行三年的运用菌草技术防风固沙的实践成果，为我国干旱半干旱区生态修复提供了新途径，该成果在干旱半干旱区菌草防风固沙技术的研究方面达到国际领先水平。

鉴定结论认为：项目针对干旱半干旱区沙区环境和气候特征，开展了菌草品种的筛选研究，通过对比巨菌草、“绿洲一号”等7个品种的萌芽率、抗寒能力、光合作用、根系生长情况等栽培特性，筛选出适宜在干旱半干旱区沙地种植、防沙固沙效果明显的菌草草种，并成功建立了快繁体系。项目还初步建立了包括机械沙障、草种配置、节水栽培、留茬高度优化等菌草防风固沙和生态修复的技术体系。

2017年4月8日，中国治沙暨沙业学会年会在内蒙古召开。其间，由27位治沙专家组成的咨询组，对福建农林大学国家菌草工程技术研究中心等共同承担实施的“菌草防沙治沙暨产业开发应用”进行项目咨询。他们一致认为，该项目的研究与推广应用，达到了同行业国际先进水平，菌草固沙治沙暨产业开发应用具有广阔前景。

◎ 青海贵德海拔2350米高寒地区洪积扇种植菌草前后对比

阿拉善菌草技术治沙固沙的壮举，在全国产生重大影响。不少院士、专家认为，菌草治沙固沙效果好，能把生态、社会和经济效益紧密结合起来，为黄河流域生态治理开辟了新的途径，对我国荒漠化治理和高效开发具有重要意义，成果达到国际同类研究的领先水平，建议在黄河流域全面推广。

2019年9月6日，由福建农林大学国家菌草工程技术研究中心等主办的黄河菌草生态安全屏障建设和菌草新兴产业发展推进会，在内蒙古阿拉善盟召开。

中国科学院谢联辉院士，中国工程院李玉院士，中国林业科学研究院、北京大学等高校和科研机构的专家学者，水利部、科技部相关人员，联合国开发计划署驻华办事处代表，企业家以及来自埃及、利比里亚等16个国家的代表共100余人参加会议。

与会者先到乌兰布和东缘的黄河沿岸菌草生态治理示范基地现场考察。漫漫沙海，一片绿洲，菌草随风轻摇，绿浪起伏。

“治黄（河）先要固沙。”林占熺团队的人员把一株一人高的巨菌草的根部沙土挖开，露出庞大的根系，足有1米多深。林占熺向大家介绍，这是当年5月13日种下的巨菌草，生长90天,植株已高达1.56米，分蘖57个，根系深1.02米，单株固沙面积12.56平方米，体积达11.3立方米。

在基地的另一示范区，与会者看到，去年种植的一片巨菌草，基本把流沙固定住了。在菌草复合草篱沙障示范区，生长快速、根系发达的巨菌草，与耐寒、耐旱、分蘖能力强的“绿洲一号”菌草套种，防风固沙的效果更加明显。实践再次证明：经过6年多不懈的努力，试验与示范获得成功。

一片青翠的瓜地格外引人注目。瓜地四周种植着一圈巨菌草，把大漠风沙阻挡在外。附近的沙地中，还种植着当地药材肉苁蓉，以及马铃薯、花生、西瓜等作物。有人现场抱起一个大西瓜称了一下，重达30斤左右，与会者还在烈日下品尝了又沙又甜的西瓜。

在菌草、灌木、乔木综合治理示范区，2014年在沙漠中种下巨菌草，次年于草行间再采用育苗兜栽的方式套种柳树、白杨，树苗成活率达到80%—85%，比在沙地直接种植的成活率高20%—30%。

“菌草作为先锋植物，可进行‘草、灌、乔’结合治理，降低风沙对林木苗期的侵害，提高苗期成活率；可与多年生沙生植物沙蒿、花棒和梭梭套种，为其营造良好生长环境，提高存活率。”菌草团队向考察人员介绍，试验发现：巨菌草含有固氮菌，其叶、茎、根均可以固氮，种植菌草一年，沙地有机质含量增加58.97%，沙地土壤微生物与昆虫的种类和数量显著提高，第二年除了防风固沙，巨菌草还可以“变沙为土”。数据显示，在基地的丰产示范区，沙漠中种植巨菌草若采用滴灌浇水，每亩浇水350—400吨，施肥60公斤，菌草亩产量可达15—20吨，可供喂养10头羊或1头牛，作为饲料预计每亩产值4500—6000元。

“巨菌草具有良好的营养价值，粗蛋白含量为8%—16%，是优质食药用菌培养料和优质饲料。在相同的土地及管理条件下，巨菌草产量是青贮玉米的2.3倍、紫花苜蓿的10.3倍。”福建农林大学国家菌草工程技术研究中心科研人员介绍，菌草全身都是宝，除了作为牧草，经微生物转化后还可培养食用菌、药用菌，或作为发电燃料、造纸原料、沼气原料等。

林占熺就黄河菌草生态安全屏障建设与产业发展作专题汇报。他介绍，多年来对黄河沿岸的荒漠、流动沙地、洪积扇、砒砂岩、盐碱地等的研究与实践，已较好地解决了菌草生态屏障建设与产业发展的关键技术难题，筛选出优良菌草草种，并在黄河上、中、下游不同类型生态脆弱区建立了一批示范基地。巨菌草在阿拉善种植80—100天能有效防风固沙，并具有良好的营养价值，综合利用价值高。2013年种下的巨菌草的根系至今仍可以有效固沙。巨菌草内含固氮菌，其叶、茎、根均可以固氮。事实证明：巨菌草作为先锋植物，可进行“草、灌、乔”综合治理，可与花棒、梭梭等多年生沙生植物套种。目前，试验基地有部分地方开始变沙为土、生地变熟地，可用于种植马铃薯、花生等作物。林占熺呼吁，为黄河筑起千里绿色菌草生态安全屏障，可为世界江河湖泊的生态治理提供示范。

与会院士专家围绕会议主题，展开热烈讨论。他们对林占熺团队运用菌草技术防风固沙的科研和实践成果给予充分肯定，高度评价菌草生态治理技术的创新发展，认为菌草技术为黄河流域生态治理开辟了新的途径，对我国荒漠化治理和高效开发具有重要意义。

“令人振奋！菌草技术也许将改变世界！”中国工程院院士罗锡文说，“参观了内蒙古阿拉善菌草治沙试验示范基地，大有收益。过去有人说一粒种子可以改变世界，那么一棵草能不能改变世界？如果能在沙漠、在黄河两岸种植成功，它就能改变世界。我们的重点应放在生态治理方面。党的十八大把生态文明建设列为国家战略任务，我们要站在国家的高度，重点围绕菌草生态治理来开展工作。要深化草种选育、种植管理、综合利用的研究，推动工程化、机械化应用。要选准突破口，争取重大工程和项目落地，更好地发挥菌草在生态环境保护建设中的重大作用。”

“要在生态上多做工作，紧扣‘菌草’两个字，将研究方向凝练到菌草与生态治理结合上，这才是别人没有做过的创新点。”中国工程院院士李玉提议，今后凝练方向是必须长期坚持，要持之以恒，如外来物种入侵的长期评估、生物多样性的影响、菌草生物转化研究、加工机械开发等，现在就要开始做。要通过凝练研究方向，展示科学水准，引领菌草科学和菌草产业的发展。

“关键要突出主攻方向，选准主题，突出重点。”多年关注、支持菌草技术的中国科学院院士谢联辉认为，人类面临人口、食物、健康、环境、资源、能源六大困境，菌草都可以有所作为，菌草技术发明的原始出发点就是“以草代木”，防止大量森林被砍伐，保护生态环境。因此，今后主攻方向应以生态为主。生态有资源生态、健康生态、环保生态等，应以环保生态为中心，围绕治山治水、治沙治土做文章，带动其他。要围绕环保生态选育出一两个具有广适性的草种。要强化规范试验，试验要有严格的科学方法，注重可比性、规范性、科学性，形成规律性的结果。要深化菌草学的内涵，通过全面深入的研究，用大量的科学数据来支持，不断完善菌草科学体系。他还希望林占熺科研团队发扬几十年来菌草技术研发过程中的优良传统，按照“开创性、广适性、引领性”的要求，通过几代人的努力，把“菌草学”这本书写好，让它长期传承下去。

“要把菌草生态治理作为重点。”中国工程院院士刘兴土提出，要继续深化菌草治沙、治理水土流失的研究试验，重视数据的采集和试验报告的整理完善，如种植菌草前后土壤、风速的变化等，都要用数据来支持研究成果。在生态治理中，提高菌草综合利用价值也非常重要，如菌草动物饲料的开发要加以认真研究。

“要凝练研究的重点，突出抓生态治理和菌草饲料开发两个方面，力争将菌草业列入国家战略性新兴产业。”对外经济贸易大学中国开放经济与国家科技合作战略研究中心执行主任夏友富建议。他说，菌草生态治理已做了很多工作，要很好地进行总结，进一步完善有关科研数据，列入黄河生态修复工程。示范基地建设要集中精力抓好几个典范。要用好各方面力量，加强协同创新。

“要在基础研究上下功夫，对菌草的生物学特性进行深入研究，为后续工作提供理论基础。”国际灵芝研究学会主席、北京大学医学院原副院长林志彬说，还要重视比较研究，深化菌草与其他培养基栽培食（药）用菌的产品产量、质量、成分的对比分析，形成科学结论。

“菌草是生态文明建设的一盏明灯。”联合国生态安全科学院院士刘宗超认为，土壤是文明的基础，森林是文明的起源和最大的碳汇，“以草代木”是菌草产业对保护森林、保护生态的最大贡献。而且，菌草是高效生态生物质能源，发展菌草有利于维护生态安全，是解决生态问题的有效途径之一，也符合发展低碳经济的需要。

福建省农业科学院副院长翁伯琦认为，运用菌草技术进行生态治理非常重要。在深化研究的同时，要认真总结技术成果，多发表高质量的论文，系统科学地回答菌草在生态治理中的诸如生态负载、作用效果、综合利用价值等问题。要积极申报项目，促进技术研发。要凝练目标、突出重点、形成规模。

这些“国宝”级人士满腔热情地为菌草技术发展出谋献策，为菌草技术健康发展指明方向。

2017年6月，14名亲历菌草生态治理的中国“两院”院士和知名专家——李玉、孙鸿烈、王光谦、罗锡文、谢联辉、谢华安、侯立安、张全兴、唐守正、康绍忠、刘兴土、林占熺、杨文斌、贾泽祥等，联名向国家提交《关于加快推进黄河菌草生态屏障建设和菌草新兴产业发展的建议》（以下简称《建议》）。

《建议》写道：“黄河治理是一项关乎中华民族伟大复兴的战略性系统工程。新中国成立以来，黄河的治理开发取得了举世瞩目的成就。但是，黄河目前仍是世界上输沙、含沙量最多的河流之一，全流域还有一半以上的水土流失面积没有得到根本的治理。在黄河流域建立菌草生态屏障、发展菌草新兴产业具有重要意义。”

《建议》指出：“上世纪80年代发明于我国的菌草技术，以保护森林资源、实现菌业可持续发展为目标，通过‘以草代木’栽培食（药）用菌，有效解决了‘菌林矛盾’。此后，拓展到菌草生态治理、菌草菌物饲料、菌草菌物肥料、菌草生物质能源与材料开发等领域，形成菌草综合利用技术体系。实践证明，建立菌草生态屏障是黄河生态治理的有效途径。而且，运用菌草技术发展菌草产业，形成‘菌草—生态治理—综合循环利用’一体的产业发展模式，是高产、优质、高效、生态、安全的新兴产业。大力发展菌草产业，有利于菌业可持续发展，有利于缓解我国饲料紧缺问题，有利于国家能源安全，有利于农民脱贫致富。菌草产业发展潜力巨大。”

他们建议：“将菌草业列入国家战略性新兴产业和国家贫困县产业扶贫项目。由发改委、农业部等部门支持推动菌草产业化发展，为‘稳增长、调结构、惠民生’注入新动力。建黄河千里菌草生态安全屏障，在黄河上、中、下游水土流失严重、荒漠化、沙化危害较大的沿河两岸，建立1000公里菌草生态安全屏障，并逐步拓展到黄河全流域。”

一年又一年，经冬复历春。9年多来，林占熺带领着一批年轻的科技工作者，与风沙为伴，与菌草为伍，以孤独为荣，以寂寞为乐，在荒无人烟的基地开展各种试验。在阿拉善示范基地，在黄河边，不仅固住风沙，提供高质量的饲料，还使脚下沙漠逐步向生地、熟地、耕地演变，开始长出又大又沙又甜的大西瓜，长出花生、向日葵、马铃薯等农作物。这些瓜菜被用来招待远道而来视察参观的客人，还运往当地高校，让师生们共享与天奋斗、勇于创新的欢欣。

9年多的菌草固沙治河的壮丽诗篇，不仅在阿拉善基地不停地书写着，还在黄河沿岸各示范点不停地演绎着。

2016年9月20日至21日，菌草技术与筑牢黄河流域生态安全屏障座谈会在黄河源头青海省召开。

座谈会第一天，与会院士专家实地考察了福建农林大学国家菌草工程技术研究中心青海省贵德县菌草技术示范基地。基地把发展菌草业与精准扶贫结合起来，采用冬小麦与巨菌草轮作，利用河滩地种草养畜、种草栽菇，利用废菌料作饲料，初步形成“植物—动物—菌物”三物循环系统，在保护生态的前提下，充分利用当地的太阳能、水、土地三大资源，促进农民增收。当天，福建农林大学国家菌草工程技术研究中心等单位共同承担的“青海贵德菌草生态屏障建设与产业扶贫试验示范项目”通过了验收。

2016年4月至7月，课题组筛选出适宜在黄河上游生态脆弱地区种植的巨菌草，在青海省贵德县松巴峡口的280亩土地上种上巨菌草、青贮玉米、紫花苜蓿，并进行比较试验。验收表明，巨菌草生物量高，能在较短时间内快速生长，重建地表植被，分蘖数量多，地径粗，冠幅广，覆盖度高，能有效固沙固土。巨菌草的产量是青贮玉米产量的2.3倍，是紫花苜蓿产量的10.3倍，且粗蛋白含量高，可做优良饲料。试验证明：菌草技术能实现生态、经济、社会效益共赢，在黄河上游高寒地区应用前景广阔。

参与评审的专家认为，可以以优选的多种菌草为先锋植物，以上游植被恢复和保护、中游防风固沙、中下游盐碱地改良为重点，采用复合草篱或“草、灌、乔”相结合方法，融合应用先进生物工程技术，保水、治土、阻沙，不断改善流域生态环境；同时把生态治理与经济发展、产业扶贫有机结合起来，把菌草生态产业与沙产业、草产业结合起来，建设新兴菌草生态产业带，辐射带动流域及相关地区的生态建设和经济社会可持续发展。

第二天，与会院士、专家代表参加座谈会，就推进黄河菌草生态屏障，确保母亲河“一江清水向东流”提出指导性意见建议。

“大有作为、大有潜力、大有希望。”中国科学院院士谢联辉首先发言。他指出，实地考察进一步证明，菌草技术具有“三优六高三益”特有优势：优质的生态屏障、优质的动物饲料、优质的食（药）

用菌的菌料，高效、高产、高肥效、高水效、高抗风、高固沙，可持续的经济效益、生态效益和社会效益。不仅国家要大力支持，有眼光的企业也要积极参与，尽快形成规模效益，为在黄河两岸建立起菌草生态安全屏障做出贡献。

中国工程院院士张全兴也指出，实地考察后深受震动，很受鼓舞，菌草技术有望成为一个巨大的新兴产业。治理、保护黄河是一项千年伟业，必须联合更多的高校科研单位、企业，共同攻关。我们相信到建党百年的2021年，黄河流域菌草生态安全屏障的建设能初见成效。

会议形成共识：治理黄河生态是中华儿女的千年夙愿，也是一项关乎中华民族伟大复兴的战略性系统工程。治理、保护黄河要从源头做起。菌草技术在地处黄河上游的青海省治理洪积扇和固沙试验获得成功，意味着可利用这一技术进行植被修复和生态治理。对于黄河源头地区，要以植被修复为主：一是在冲积坝种植菌草，减沙阻沙，恢复植被；二是利用黄河滩涂地种植巨菌草，利用菌草发展畜牧业；三是在滩涂地把种植菌草与其他经济作物相结合，增加经济效益。要充分发挥菌草技术在生态治理上的独特作用，筑牢黄河流域生态屏障，确保母亲河“一江清水向东流”。

2016年10月5日至6日，由福建农林大学国家菌草工程技术研究中心等承担的菌草砒砂岩治理研究与示范项目，在内蒙古鄂尔多斯市准格尔旗暖水乡圪秋沟村进行现场查定。

砒砂岩是一种松散岩层，由于其成岩程度低、沙粒间胶结程度差、结构强度低，遇水如泥、遇风成砂，造成严重水土流失，群众深受其害，视其如砒霜，故称其为“砒砂岩”。我国的砒砂岩大面积裸露于黄土高原北部鄂尔多斯高原，面积约1.2万平方千米，是黄河泥沙和粗沙的主要来源。砒砂岩区的诸河流比降大，流域水系发育，将砒砂岩区切割成破碎的沟壑丘陵地貌，植被稀疏、基岩裸露、千沟万壑、沙丘散布、荒漠化严重，当地生态和农牧业生产环境深受影响。如准格尔旗境内砒砂岩分布区域，多年平均输沙量为1.61亿吨，其中粒径大于0.05毫米的粗沙量为0.982亿吨。所以，砒砂岩地区成为黄土高原侵蚀最剧烈的区域，是被国内外专家称为“世界水土流失之最”的区域之一。寻找探索新的治理办法，从根本上减少进入黄河的粗砂量，是黄河中下游砒砂岩地区迫在眉睫的重大课题。

林占熺团队迎难而上，带着菌草技术，向砒砂岩宣战。2013年，黄河水利委员会召集相关专家在河南郑州对菌草技术治理修复砒砂岩进行了初步讨论。2014年起，福建农林大学国家菌草工程技术研究中心以内蒙古鄂尔多斯市准格尔旗暖水乡圪秋沟小流域为研究区域，展开利用菌草技术治理修复砒砂岩的研究。3年来，林占熺团队通过对准格尔旗砒砂岩所处地理位置、气候、水文、土壤、植被及生态环境进行调研观察，掌握项目实施地区基本环境状况；从国内外筛选耐寒、抗旱、耐贫瘠、根系发达、持水能力强、生长良好的菌草优良品种，摸索、发现菌草治理砒砂岩的关键技术，提高砒砂岩地区的植被覆盖率，以减少进入黄河的粗泥沙，为菌草治理砒砂岩提供科学依据。

现场查定表明，巨菌草根系发达、分蘖能力强、冠幅广、覆盖度高、生物量大，能在砒砂岩地区正常生长，能有效固沙固土、改善生态环境，可为砒砂岩生态修复提供新的途径。实践证明，菌草治理砒砂岩，是把生态效益和经济效益结合起来的有效办法，也是一条保障黄河下游两岸防洪安全的新途径。

2014年6月至2016年9月，在项目实施地砒砂岩坡顶、沟坝地、河滩地等不同土壤条件下种植巨菌草、“绿洲一号”等菌草，进行不同栽培模式、不同栽培季节种植试验，试验地面积120亩。巨菌草种植采用条栽方式，覆沙或土厚度3—5厘米。在分蘖期施复合肥30公斤/亩，拔节期施尿素20公斤/亩。

2016年4月16日，在砒砂岩区沟坝地种植巨菌草，株行距50厘米×60厘米，每亩平均存活1800株，平均分蘖数8.1个，平均株高289.8厘米，亩产鲜草7.6吨；砒砂岩区灌溉农田种植巨菌草，漫灌水2次，株行距50厘米×60厘米，每亩平均存活1800株，平均分蘖数8.2个，平均株高291.0厘米，亩产鲜草8.5吨。

2016年5月初，在呼和浩特罗家营村灌溉农田进行种植巨菌草和其他饲用作物的对比试验。结果表明：巨菌草亩产量13.9吨，苏丹草亩产量3.6吨，“华丰六号”玉米亩产量4.1吨，甜玉米亩产量3.4吨，甜高粱亩产量6.8吨。

菌草在砒砂岩区生长良好，部分立地类型产量高，具有显著的生态、社会和经济效益，已辐射至内蒙古及我国西北地区，累计种植5万余亩，产值超2亿元。

2017年10月17日，福建省科技发展研究中心组织有关专家，对福建农林大学国家菌草工程技术研究中心完成的黄河上游洪积扇菌草生态治理的研究与示范成果，在青海省进行评定。“又一个国际领先水平！”专家们认为，项目取得的生态、社会和经济效益显著，达到国际同类研究的领先水平。

在海拔2353米的青海省贵德县尕让乡松巴村，专家们考察了黄河上游洪积扇菌草生态治理的研究与试验示范现场，听取了项目组汇报，审阅了相关材料，得出以下结论：山前洪积扇采用菌草技术治理，植被恢复快、效果好，产业化前景广阔，生态、社会和经济效益显著，应用前景广阔，为建设黄河菌草生态安全屏障奠定了坚实基础。该成果达到国际同类研究的领先水平。

2018年10月20日，黄河菌草生态屏障建设和产业发展推进会在山西省运城市召开。

10月的运城，万荣黄河滩涂碧绿丛丛，4000余亩的“绿洲一号”生态草经历两年的酷寒、酷暑、干旱考验后，依旧生机勃勃，喜获成功。

运城是目前全国种植“绿洲一号”面积最大的地方。在会议期间，与会人员观摩了“绿洲一号”组培基地、万荣西滩菌草种植基地等。

运城市耕地保有量825万亩，其中滩涂面积110万亩。如何开发好治理好这些盐碱滩涂地资源，是运城市面临的一项重大课题。运城市领导说：“运城市高度重视菌草技术推广应用，把其作为全市实施农业科技创新提档升级行动的重点项目，给予大力支持。让其早日成为绿色产业发展的新样板、农民增收的新渠道、黄河生态保护的新屏障。”

2020年9月5日至6日，由福建农林大学国家菌草工程技术研究中心等单位在宁夏石嘴山市联合举办菌草产业发展及黄河生态安全屏障建设观摩交流研讨会。出席会议的有中国科学院院士谢华安，中国工程院院士罗锡文、李德发，以及相关高等院校和科研单位的专家、教授等。

与会代表实地考察了宁夏石嘴山市大武口区龙泉村退役军人就业创业孵化基地、惠农区海燕村退役军人食用菌种植基地、惠农区静安村盐碱地改良菌草试验基地，观摩了内蒙古阿拉善左旗巴音木仁布朗菌草防风固沙研究示范基地，对黄河菌草生态治理和产业发展，有了更直观具体的了解。

研讨会上，谢华安、罗锡文、李德发及其他专家学者作了发言。他们高度评价黄河流域菌草生态治理和产业发展研究应用所取得的成果，认为菌草技术可为黄河流域生态保护和高质量发展开辟新的有效途径，加快建设黄河菌草生态安全屏障、促进黄河流域菌草新型产业高质量发展，具有重大意义。林占熺研究员作了《黄河菌草生态安全屏障建设与产业发展研究》报告。

在会议期间，福建农林大学与石嘴山市签订了合作框架协议，并举行了相关企业的签约仪式，菌草产业新的突破口和升级版，正在宁夏大地紧锣密鼓地筹划之中。

菌草固沙治河的壮丽诗篇，也传到了首都北京。

2013年5月31日，由福建农林大学国家菌草工程技术研究中心等单位联合举办的菌草技术和生态可持续发展高级研讨会，在对外经济贸易大学行政楼举行。研讨会紧紧围绕利用菌草技术优化生态展开。国际生态安全合作组织副总干事安学礼首先发表讲话。“菌草技术发明人林占熺的先进事迹，彰显了一位优秀科学家的风范。”安学礼称赞说，林占熺在国内外应用菌草技术开展扶贫，建立菌草产业示范基地，实施菌草种植技术培训，利用菌草种植和产业开发对长江、黄河流域进行生态治理和修复，为维护生态安全、保护环境、实现人类的福祉作出了积极的贡献。

“菌草技术是中华民族对世界的一大贡献。”对外经济贸易大学夏友富教授作了“菌草技术产业的全球发展与生态经济社会效益共赢”的主题发言。他认为，菌草技术及其产业化不但可以缓解人类面临的粮食危机，而且可以为治理沿江沿河的荒漠化和水土流失、草原退化及石漠化、盐碱化创造新模式，为生物质能源的发展创造新的空间。这一技术已扩散到87个国家和地区，为中国援外作出重要贡献。他建议：把菌草技术产业列入国家战略性新兴产业加以培育，实施黄河、尼罗河荒漠化和水土流失治理，100万亩级能源草项目，“以草代木”菌类粮食化等重大项目，把这一技术作为援外和“走出去”战略的重点。

2015年10月17日至18日，第十三届国际菌草技术及产业发展研讨会在北京市通州区召开。来自中国、蒙古、泰国、伊朗、埃及、缅甸、赞比亚、乌干达、哥伦比亚、巴拿马、刚果(金)、卢旺达等27个国家的院士、学者、政府官员和企业代表齐聚京城，热烈研讨运用菌草技术，打造黄河、京津冀绿色生态屏障。

在研讨会期间，与会代表还现场参观考察地处通州的800多亩巨菌草，并由专家进行现场测产验收，亩产鲜菌草达到近16吨。大家对这一成果感到震撼，对项目将为建立京津冀绿色生态屏障产生的示范作用，寄予很高的期待。

9年多的菌草固沙治河的壮丽诗篇，同时也在菌草发源地福建、在全国多个菌草技术示范基地如火如荼地展开着。

2016年6月18日下午，黄河菌草生态治理与产业发展院士专家咨询座谈会在福建农林大学召开。出席会议的有中国科学院院士王光谦、谢联辉、谢华安、吴常信，中国工程院院士沈国舫、郝吉明、盖钧镒、李玉、石碧、罗锡文和其他有关专家学者。与会院士、专家认真考察了福建农林大学国家菌草工程技术研究中心。

林占熺对黄河流域菌草生态治理与产业发展的情况作了汇报。与会院士专家热烈发言，踊跃献策，强调要大力推进黄河沿岸菌草生态屏障和菌草产业带的建设。

会议指出，大力推进黄河流域菌草生态治理和产业发展，符合国家生态文明建设和产业结构调整的战略需求，符合黄河流域生态治理和经济发展的现实需要。目前时机、条件、技术已经具备，完全可以在总结黄河流域多年菌草生态治理和产业发展经验的基础上，以优选的多种菌草为先锋植物，以上游植被恢复和保护、中游防风固沙、中下游盐碱地改良为重点，采用复合草篱或“草、灌、乔”相结合方法，融合应用先进生物工程技术，保水、治土、阻沙，因地制宜，综

◎ 林占熺在福建农林大学向石玉林、李玉、谢联辉等院士介绍菌草技术发展情况

合施治，沿黄河两岸建设千里菌草生态屏障，同时把生态治理与经济发展、产业扶贫有机结合起来，把菌草生态产业与沙产业、草产业结合起来。

会议建议：将黄河菌草生态治理列入国家重点研发计划项目；将菌草生态治理列入黄河全流域综合治理规划和国家生态建设重点项目；把发展菌草业列入国家粮食作物改为饲料作物试点项目，为解决北方畜牧业发展中的“饲料紧缺”问题和“人畜争粮”矛盾开辟新路；把发展菌草业列入黄河流域扶贫开发重点项目；创建黄河菌草生态治理和产业发展试验区，对全流域菌草生态治理与产业发展起到引领作用；设立黄河流域菌草生态治理和产业发展专项资金，科学推进黄河沿岸千里菌草生态屏障和百万亩菌草生态产业带建设，推动菌草业成为黄河流域战略性新兴产业，让菌草技术更好地造福黄河两岸人民。

2017年6月18日，福州海峡国际会展中心，由福建省“6・18”组委会办公室等联合主办的第十五届国际菌草产业发展研讨会暨院士专家论坛在这里开幕。来自斐济、巴布亚新几内亚、巴基斯坦、塔吉克斯坦、缅甸、朝鲜、蒙古、伊朗、斯里兰卡等近20个国家的嘉宾及中国10多位“两院”院士参会。开幕式宣布：制约菌草技术在北方更快推广的瓶颈——菌草未能过冬，已被突破，菌草技术将迎来大发展的新阶段。

在论坛现场，山西代表带来了两株6月15日刚砍下的越冬“绿洲一号”菌草。这两株菌草长在黄河边的河滩沙地上，冬季当地最低温度达零下20摄氏度，安全过冬。当地试种成功的“绿洲一号”菌草已有2000多亩。这一突破，引起参会人员震动。林占熺等专家当场验证后认为，今年还有3个多月的菌草成长“黄金期”，这些顺利过冬的“绿洲一号”菌草，有望长到9米多高，产量将比现在再翻一倍，产生相当不错的经济、社会和生态效益。

与会者获悉：近5年来，林占熺菌草技术在黄河流域的青海、内蒙古、新疆、宁夏、甘肃、河南、山东、山西等省（区）不同类别的生态脆弱地区中，对生态修复治理进行了广泛应用与不懈探索，在黄河上、中、下游开展防沙固沙试验示范，取得可喜的成果。

其间，与会的“一带一路”沿线国家和地区的来宾还与福建农林大学国家菌草工程技术研究中心举行菌草技术合作签约仪式。国内外嘉宾还参加国际菌草苑奠基仪式，福建农林大学国家菌草工程技术研究中心示范基地签约、授牌仪式，并参观了菌草中心。

2018年4月12日，福建农林大学国家菌草工程技术研究中心60多名成员，齐聚平潭岛长江澳，实施平潭滨海菌草生态治理及产业化的开发研究与示范项目，用菌草技术打响征服世界知名风口的新战役。

福建省平潭岛位于海坛海峡与台湾海峡之间，所在海峡与百慕大、好望角被称为世界三大风口。风口风大沙猛，风灾不断，动辄危害十几个村，民间有“一夜沙埋十八村”的传说。风沙给平潭人民的生活和发展，尤其是生态文明建设、打造国际旅游岛带来严峻的挑战。

“早在20世纪60年代，平潭就开始对长江澳、龙凤头燕下浦、远垱澳、流东、流西五大风口实施防沙固沙治理。其中长江澳是平潭最大的风口，尝试过很多办法，效果都不很理想，一些主要风口的风沙灾害仍无法得到根本解决，成为建设美丽平潭的‘硬骨头’和‘老大难’。”平潭有关负责人介绍。

2018年，林占熺团队经过深入调研和分析比较，决定选择最大最难的世界知名风口——长江澳风口，作为滨海风沙生态菌草治理的研究试点。

林占熺信心满满地说：“有多年在黄河沿岸运用菌草技术治理风沙积累的成功经验，一定能把平潭岛长江澳这肆虐的流沙固定住，然后向平潭岛的其他大风口，甚至全省、全国、全世界沿海的风口岛屿逐步推广，为人类生态文明建设多作贡献！”

针对风口流动沙丘与滩涂盐碱地区的生态特点，林占熺团队筛选出适宜滨海风口流沙和滩涂盐碱地生态环境治理的巨菌草、“绿洲一号”等菌草品种，通过育苗移栽、扦插等菌草种植方式，开展生态治理研究和示范。

第一期在平潭长江澳种下了百余亩菌草，开展滨海环境下菌草生态治理，当年菌草成功越冬，防风效能达到47.99%—91.93%，初战告捷。2019年，第二期188亩菌草分别在平潭的澳前镇、流水镇等风口地带扎根，成活率高，效果显著。

2019年7月5日，联合国菌草技术国际学习团一行60余人抵达平潭，开展滨海菌草生态治理技术的学习考察活动。

考察当天，正值艳阳高照。放眼长江澳，沿岸绿意盎然，浓密的菌草互相缠绕着，紧抱沙地，在风中摇曳。不远处，风力发电的风车随风徐徐旋转，美丽海景在眼前展现。长江澳菌草种植示范基地一片苍绿，两米多高的菌草在风中摇晃，呈现出一派生机勃勃的景象。看着长势旺盛的成片菌草，联合国菌草技术国际学习团成员们惊叹不已。“我们接触过很多菌草项目，了解过不少相关的信息，但这次来平潭真的是让我们大开眼界。在种树不成功的地方，竟通过种植菌草，达到防风固沙、生态修复的作用，太神奇了！”

平潭岛滨海风口菌草治理的成功，展现了菌草防风固沙的独特效应。2020年1月，湄洲岛管委会批准菌草生态治理研究与示范项目由林占熺教授团队承担，5月中旬开始实施。林占熺团队在已取得的经验基础上，结合湄洲岛的气候环境条件，选择了巨菌草、“绿洲一号”等草种，在东环路、冬至山、鹅尾地质公园等地，采用移栽方式种植菌草150多亩。不到2个月，分蘖超过20个，株高超过1.8米，很

◎ 平潭长江澳风口种植菌草防风阻沙效果显著

快发挥菌草防风固沙的作用。

“要进一步扩大种植规模，充分发挥其保护生态的作用。”湄洲岛负责人高兴地表示，“利用菌草治理生态，有助于在生态脆弱的前沿沙滩风口，快速建立防风屏障，为绿化向彩化香化转化创造良好的条件，为打造高颜值生态岛提供可持续的生态治理新途径。”

在书写9年多的菌草固沙治河的壮丽诗篇历程中，林占熺团队对菌草发展面临的重大难题，展开深入科学的研究，以有力的事实和数字，破解菌草固沙治河的突出难题，给予圆满的答疑解惑。

一粒种子可以改变世界。在菌草固沙治河的征途中，林占熺常为未能找到“武艺齐全”的草种而烦恼——要么繁殖快、产量惊人，但不耐寒难过冬；要么耐寒能过冬，但繁殖慢、产量低。

林占熺培育、筛选的50多种菌草，多为热带生。这些草种在我国南方种植为多年生，可像收割韭菜一样连收二三十年，年亩产可达30吨左右。但在-2℃的地方，多年生就受到挑战，不得不来年重新种植，增加了生产、运输成本，成为寒冷地带发展菌草业的一大瓶颈。破解这一难题，成为北方各地发展菌草业的强烈呼声和迫切期盼。

发展的难点就是科学攻关的重点。固沙保水的需要就是攀登的目标。

林占熺不停地寻找着，不停地探索着，不停地筛选着。这一天终于到来了，他兴奋地对妻子说：

“孩子妈，快把酒拿来。今天你们一定要让我喝，因为我终于发现了一种根长九米多的新草种。多年来我一直想为治理黄河、治理荒漠找到更好的草种，这下有希望了！”

林占熺爱人先怔了一下，因家里有一个不成文的规定：鉴于林占熺心脏、血压都有毛病，家里禁酒，但多年来从未看到丈夫像小孩子一样欢快，林占熺爱人不声不响地把酒递给了他。

林占熺一连喝下了三杯酒，边喝边说：“目前剩下的问题是这一草种的分蘖能力较差。我们完全有办法解决这个问题。估计两到三年就能解决，那时候就有更好的多年生的固沙治河的菌草草种了！”

这一草种是林占熺偶然发现的。其根部特别长，生物特性也好，零下温度可以越冬，只是繁殖能力差点。林占熺想：如果它“武艺齐全”，固沙治河就有更好的草种资源，将发挥多大作用啊！林占熺小心翼翼地把这一草种带回办公室，开始细心培育。

第一次培育以失败而告终，第二次培育他干脆移到自己家里进行。他把培育草种的花瓶放在自己家的阳台前，以便随时观察，随时发现问题随时解决。天道酬勤，第二次培育成功了。他让他的助手们把培育出来的新草种的根部拉开，仔细一量，长达9.03米。听到这一数字，林占熺情不自禁地跳了起来。他给它取名“绿洲一号”，寓意“绿遍神州大地”。

带着“绿洲一号”，林占熺来到西藏、内蒙古阿拉善、黄河上中下游、新疆等气温寒冷地区，迎着刺骨的寒风和猛烈的风沙，做着各种验证试验，相继获得成功，捷报一个又一个传来：“绿洲一号”是理想的多年生草种，前景广阔，可以根据各地的实际加以推广。

为了心中那把“草”，林占熺一直没有放弃任何寻找更好草种资源的机会，他几乎成为有名的“草迷”。不管走到哪里，他心中老想着那把草。有一年，他到南京农业大学参加一个全国性会议，路过学校农场时，他被前面小山坡上一株近4米高的草吸引住了。他急忙冲到草丛前观察一番，最后想方设法地把这株草带回来。在福建的一个小村子里，他看见溪水里有一株草长得特别茂盛，就赶紧下水把草带了回来。有几次，省有关部门组织专家到外地考察，人们发现林占熺“失踪”了。赶忙派人去寻找，才发现他正蹲在那里，为移植路边几株不知名的小草而忘掉了一切。一名队员从西藏发来照片，他发现在枯萎的草丛中，有一束草还是绿的，急忙让队员把草带回来研究……了解林占熺的人都知道，每次他出差回来，行李中最多的是与草有关的东西。

目前，根据菌草业发展的需要，林占熺已为高产优质菌草选育，制定出六大具体目标：光合作用率高；富含固氮作用强的内生菌；根系发达，蓄水固土改土效果好；长速快、植株高大、产量高；粗蛋白含量高，营养丰富，综合利用价值高；抗逆性强，适应性广。林占熺团队已经系统选育出适宜栽培食（药）用菌、适宜用作饲料、适宜用于生态治理的菌草草种49种，可栽培58种食（药）用菌；制定了《菌草栽培技术规范》《菌草品种认定技术规程》，被颁布为福建省地方标准；建立了巨菌草、绿洲系列微型扦插、组培快繁体系；收集筛选出适宜菌草栽培的食（药）用菌菌株821株，从野生菌中选育出一批适宜菌草栽培的食（药）用菌优良菌株；对63个菌草生物转化菌株进行了亲缘关系鉴定、生产特性和遗传特征评价，建立菌草生物转化菌种种质资源库；选育出14个菌草食（药）用菌优良品种，并通过省级品种认定……

更多的难题和疑问，也通过不断试验示范，一个个得以迎刃而解。

“菌草长得这么高、这么大，会让土壤很快变瘦吗？”

近几年来，林占熺团队带着这个问题，对巨菌草内生固氮菌开展了系列研究。通过反复试验，发现巨菌草富含内生固氮菌，能够吸收空气中的氮作为养分；巨菌草种植后，沙地有机质、酶活性及微生物数量有明显增加，巨菌草的总氮含量超过了其从土壤和肥料中摄取的总氮量，其中内生固氮菌在其中起了重要的作用。试验揭示了巨菌草丰产和内生菌固氮机制，为丰富和完善内生固氮菌种质资源库，提高巨菌草产量，研发内生菌生物肥料及在荒漠地、沙地、沙漠、砒砂岩、洪积扇等生态脆弱区推广种植菌草提供新思路和新途径。

研究试验还发现，巨菌草根系发达。与沙漠固沙先锋植物沙蒿比较，巨菌草的根，鲜重是沙蒿的5.6倍，数量是沙蒿的20倍，总长是沙蒿的22.29倍。平均一株巨菌草固沙面积达15.2平方米。2013年种植的巨菌草收割后，其根系9年内仍有良好的固沙作用。沙地种植巨菌草和“绿洲一号”后，当年有机质含量增加了58.97%。由于根系发达，老化的根还能作为有机质改良土壤，显著提高土壤肥力。对土壤微生物数量及土壤酶活性具有促进作用，有效改善土壤质量并丰富土壤微生物群落。因此，种植菌草不用担心会让土壤变瘦。

© 内蒙古阿拉善沙漠菌草示范基地的巨菌草根系

“小小的菌草，真的能成为固沙治河的神秘武器吗？”

林占熺遍寻资料，请教高人，但都没有得到肯定的答复，有的甚至“无可奉告”地摇摇头。就在他冥思苦想之际，他发现中科院地质地球所的一项研究不谋而合，印证了他的观点。这篇研究论文发表在英国《应用生态学》杂志。

这项研究发现，两万年以来，无论冷期还是暖期，黄土高原的植被均以草为主。研究表明，黄土高原植被恢复应以种草为宜，通过大规模植树恢复黄土高原生态的做法并不可取。这一研究成果为黄土高原植被恢复提供了科学依据。

林占熺联想到：长期以来，我国为治理荒漠化，投入大量的人力物力，开展绿化，种树种草。但大多数草种可利用程度低，经济效益较低，缺乏特色产业支撑，影响了企业社会资本投入的积极性。林占熺更坚定了自己的观点：在生态治理中利用经济价值高、用途广、太阳能利用率高的优质草种，并进行后续特色产业的开发利用十分重要，它能有效地促进社会资本对生态治理的投入，使生态治理取得实实在在的成效，得到可持续发展。

小小的菌草，确实能成为人类固沙治河、治理生态的神秘武器！

“我国不少地方是缺水或水资源分布不平衡的地方，特别是荒漠化的地区，缺水更为严重，适合发展菌草种植吗？”

没有水就没有生命。试验证明，水分同样是影响菌草生长的决定因素，光合作用、呼吸作用、有机质的合成与分解过程都需要水分参与。土壤的含水状态会直接或间接影响菌草的光合作用。缺水时，根系吸收功能下降，叶子出现萎蔫，气孔关闭，影响二氧化碳进入，光合作用下降；水分过多，根系缺氧，抑制根系呼吸作用，厌氧细菌会产生有毒物质，不利于根系的生长。

林占熺经过试验与思考得出结论：“关键的问题是如何科学用水、节约用水、高效用水，用同样的水，生产出质高、量大、又快又省、可持续发展的物质来！”

林占熺团队通过研究发现，土壤含水量是制约菌草生长的关键限制因子，经干旱胁迫复水后的修复能力也是植物菌草抗旱能力高低的一种体现，从而揭示了菌草抗旱能力机制，不仅为菌草抗旱性基因组学研究提供了理论依据，也为植物非生物胁迫研究提供了候选遗传资源。试验表明，在沙地，巨菌草水分利用效率是青贮玉米的256%，同样的水分，采用滴灌的巨菌草的产量是青贮玉米的2.5倍以上。而且，巨菌草营养丰富，粗蛋白含量为11.3%—17.7%，可用作菌料并生产菌物饲料，也可直接用作饲料、肥料、生物质燃料与材料。在中国南方地区为多年生，一次种植可多年多次收割，在作为作物栽培的情况下，年亩产鲜草可高达34.7吨，在巴布亚新几内亚东高地省栽培，最高亩产鲜草可达56.86吨。其太阳能转化率是阔叶树的5.5—7.46倍，最高可达21.6倍。在北方地区，鲜草亩产量为8—20吨，分别比同等地力条件下青贮玉米、苏丹草的产量高239%、286%。同时，我国大部分地区雨热同季，4—9月为湿度高的季节，降雨量占全年的70%—90%，高温期与降雨期同季的气候特点有利于菌草的生长。

林占熺风趣地比喻道：“有汽车、地铁、高铁、飞机这样的现代交通工具，正常人绝不会沉迷于行走在羊肠小道的板车、自行车、三轮车等传统车辆。同样用水，种植巨菌草有这么多优势、好处、优点、亮点，我们为何不给其呐喊、给其助威？广泛种植、大力推广，把‘水’更科学地用起来，让神州大地长出更多的生态草、能源草、致富草、幸福草！”

“全世界都十分关注气候变化问题，菌草技术能为人类减排温室气体作出贡献吗？”

林占熺明白，气候变化是人类面临的一个全球性的严峻问题。随着各国二氧化碳排放量增加，温室气体猛增，对生命系统形成威胁，每个国家、每个人都难以置之事外。在这一背景下，世界各国以全球协约的方式，减排温室气体，我国也提出碳达峰和碳中和目标与承诺。

“碳达峰”就是我们国家承诺在2030年前，二氧化碳的排放不再增长，达到峰值之后就慢慢减下去；而到2060年，新排放的二氧化碳，要采取植树、种草、节能减排等各种方式，全部抵消掉，这就是“碳中和”。林占熺强调：“为此，我们国家要采取多项有力措施，加快调整优化产业结构、能源结构，要开展大规模国土绿化行动，提升生态系统碳汇能力。”

人类大事，匹夫有责。近些年来，林占熺团队在深入研究发展菌草技术的过程中，格外注意聚焦国家“双碳”目标，开展对生态固碳新星——巨菌草的种植试验示范。

试验示范表明，菌草是环境修复和环境保护的理想植物之一，是应对全球气候变化的有力武器。巨菌草是碳四植物*，光合作用效率高，生长快，能快速地固定更多的碳，种植巨菌草每亩每年可吸收空气中的二氧化碳6550—10480千克，能有效增加我国未来碳汇的潜力。因此，菌草大有用武之地，不仅能带来巨大的生态效益、社会效

---

* 植物进行光合作用时，固定二氧化碳形成的第一个产物是四碳糖，这类植物叫作碳四植物，如玉米、高粱等。

益，同时也给经营者、种植者带来丰厚的经济效益，为我国实现碳达峰、碳中和的承诺作出重要贡献。

林占熺团队还针对我国沿海滩涂资源丰富的条件，与江苏省盐城张全兴院士工作站、盐城师范学院等单位合作，以沿海滩涂减污降碳为目标，在盐城大丰成功试种巨菌草，提升沿海滩涂生态系统的碳汇增量，打造沿海滩涂生态改善及生态固碳新试点。巨菌草长势喜人，高度超4米。经第三方检测，其粗蛋白含量高达16.88%、粗脂肪达19.60%，是牛、羊、麋鹿等的理想饲料，降碳及生态改善初见成效。目前，他们正继续在沿海滩涂、盐碱地等开展巨菌草试种，围绕种植、养殖、土壤改良、生态固碳四个方面，为农业减污降碳协同增效探索可借鉴、可复制的发展模式，助推国家“双碳”战略目标的实现。

不停地攀登，不停地奋斗。林占熺团队攻克了一个又一个菌草学的世界难题，取得了系列国际领先成果，为构建治理黄河绿色屏障和加快菌草产业高质量发展，提供了科学依据、技术和经验。

9年多的菌草固沙治河的壮举，为新时代打造出一批实干兴邦的人才。9年多来，当林占熺在大漠、在戈壁、在荒山、在河滩埋头苦干的时候，党和人民没有忘记他，国内外的各种奖状、荣誉，联翩而至、纷至沓来。

2013年10月9日，在2013年欧亚经济论坛上，鉴于林占熺的新理论、新技术已取得卓越成果，国际生态安全合作组织决定向林占熺颁发“世界生态安全奖”，并邀请他在生态安全分会上作主题报告。林

◎ 林占熺团队在阿拉善沙漠建设菌草绿色屏障，成果显著

占熺成为中国内地第一个获此殊荣的人。

2015年6月18日，中国黄河水利委员会把菌草技术列为全流域推广技术，并设立利用菌草工程技术保护黄河流域生态专项基金。专项基金以保护黄河为宗旨，赞助黄河流域及相关地区投资生态治理与生态农业项目，推进黄河流域及中国生态脆弱地区生态保护事业发展，为建设美丽中国，为天蓝、地绿、水清、民富，实现中华民族永续发展作出更大贡献。

2016年2月25日，全国首个国家菌草工程技术研究中心通过专家组现场验收。科技部组织的专家组一致认为，2011年12月29日批准、依托福建农林大学组建的国家菌草工程技术研究中心项目，已全面完成规定的各项任务及考核指标，通过验收。中心由国家科技部批准立项组建，是福建省农业方面首个国家级科学研究平台。其圆满完成的各项指标包括：完成菌草及其食（药）用菌种质资源收集与优良品种选育、标准化与工程化栽培、菌草食（药）用菌精深加工、菌草及产品质量与安全检测控制以及菌草综合利用等技术研究任务，通过省级认定的食（药）用菌品种6个；开发系列营养保健品3种；开发菌草产业化种植机械装备5台（套）；制定技术标准9项；申请专利36项，其中发明专利30项；授权专利20项，其中发明专利14项；获省部级科技进步与发明奖4项；出版著作2部，发表论文74篇，成果显著。

2016年，由林占熺担任党支部书记的福建农林大学生命科学学院菌草所党支部被评为全国先进基层党组织。7月1日，林占熺代表党支部，出席在北京人民大会堂隆重举行的庆祝中国共产党成立95周年大会，并接受颁奖。

2017年5月6日上午，在北京人民大会堂金色大厅举行的第二届“中国生态英雄”颁奖大会上，林占熺荣获“中国生态英雄”奖，成为福建获得这一重大奖项的第一人。

2019年，林占熺作为嘉宾，出席庆祝新中国成立70周年大会，并观看大阅兵等重大活动。在新中国成立70周年庆祝活动现场，林占熺心潮澎湃、思绪万千。“解放前，父亲每天战战兢兢地度日，仍因交不起佃租，被人家拔出伯格手枪押走。解放后，父亲感到扬眉吐气，穷人不仅站起来了，而且有了许多施展才华的机遇。”他坚定地说，

◎ 林占熺在菌草工程技术保护黄河流域生态新闻发布会上介绍取得的成果

◎ 2012年3月22日上午，国家菌草工程技术研究中心在福建农林大学举行启动仪式

“要与祖国并肩，走好新的长征路！”

在中国共产党成立99周年之际，决胜全面建成小康社会、决战脱贫攻坚进入冲刺阶段，中共中央宣传部2020年7月3日以云发布的方式，向全社会宣传发布了闽宁对口扶贫协作援宁群体的先进事迹，授予他们“时代楷模”称号。林占熺作为闽宁对口扶贫协作援宁群体的突出贡献者和代表，在央视《时代楷模发布厅》主会场讲述了对口扶贫路上的动人故事，并作为代表接受“时代楷模”奖牌和荣誉证书。

2020年2月25日上午，全国脱贫攻坚总结表彰大会在北京人民大会堂举行。大会对全国脱贫攻坚先进个人、先进集体进行表彰。1981名同志荣获“全国脱贫攻坚先进个人”荣誉称号，林占熺名列其中。

“当天的表彰大会，我就坐在人民大会堂大礼堂一排1号位置，正对着总书记，如此近距离聆听总书记的重要讲话，心一直都在剧烈地跳动。”林占熺事后说。

2021年6月8日，中宣部特邀全国4位脱贫攻坚领域的优秀党员代表，与中外记者见面交流。林占熺作为其中一位，向中外记者介绍、展示了他带领的菌草团队在内蒙古阿拉善乌兰布和防风治沙取得的成果和照片，满怀豪情地表示，要在黄河两岸筑起千里菌草生态安全屏障……

“赓续百年初心，担当育人使命。”2021年9月10日，在第37个教师节到来之际，中央宣传部、教育部联合发布2021年“最美教师”先进事迹，感谢全国广大教师和教育工作者用生命点亮孩子的人生道路，用信念传承人类的厚重文明。当晚，“最美教师”发布仪式在中央广播电视总台综合频道、科教频道以《闪亮的名字2021——最美教师》播出。林占熺教授等全国十位“最美教师”展现了他们学为人师、行为世范的崇高精神和高尚品格。

2021年10月28日，第六届全国杰出人才表彰大会在北京人民大会堂举行。林占熺作为全国杰出专业技术人才先进集体代表在大会上发言。林占熺回顾35年来的发展历程，感激地说：“青青菌草之所以能栉风沐雨、漂洋过海、福泽五洲，是因为我们有伟大的党和伟大的祖国作坚强的后盾，是因为我们菌草人始终秉持一颗为民之心、一腔报国之情。心中有信仰，脚下有力量。为民谋利、为国争光，这是我们一种发自内心的情怀和追求。它不仅激励着我们菌草人在科研创新中攻坚克难、勇攀高峰，也激励着我们在技术推广中不畏艰险、奋勇向前。”

2021年11月，国家农业农村部发布关于2020—2021年度神农中华农业科技奖的表彰决定，授予林占熺主持完成的“菌草生态治理与高效利用关键技术及应用”神农中华农业科技奖科学研究类成果二等奖。表彰指出，该项目经过30余年的研发，开发了菌草新型生物资源，率先开展了菌草草种筛选与培育，创建了世界首个菌草种质资源圃，阐明了菌草生态治理机理，创建了不同生态脆弱区菌草生态治理和菌草高效利用关键技术体系，以菌草生态治理促进产业发展，以产业发展反哺生态治理。成果已推广至国内31个省（市、自治区）506个县（市）和106个国家，经济、生态和社会效益显著，成为落实2030年可持续发展议程“中国方案”的重要农业技术，为我国援外工作作出重要贡献，成果总体达到国际先进水平。

近20年来，特别是党的十八大以来，在国家多个部门和中共福建省委省政府、兄弟省份的大力支持下，林占熺带领菌草技术团队，在内蒙古阿拉善，在黄河流域上、中、下游各省（区），在其他省份部分生态脆弱地区，开展黄河菌草生态治理和生态屏障建设的研究与示范。

林占熺团队艰苦奋斗、不惧失败、善于总结、勇于坚守，克服难以想象的艰难困苦，选择不同类别的生态脆弱地区，运用菌草技术开展固沙治河试验示范，对黄河沿岸生态治理进行了不懈的探索。

林占熺团队经过研究探索，已选育出从黄河源头至入海口均可种植的菌草品种。经过精心筛选和培育，菌草的绿洲系列草种，在黄河上游的青海贵德，甘肃庆阳，内蒙古阿拉善、鄂尔多斯等地，多数安全越冬，成为多年生草种，有效地解决了高寒地区年年种植菌草的难题，填补了黄河流域种植多年生菌草的空白，为在黄河全流域建立菌草绿色生态屏障开辟了新途径，为治理大江大河生态提供了可靠的经验。

林占熺团队攻克建设黄河菌草生态屏障与菌草产业发展的关键技术，在实践中总结出一批行之有效的综合配套办法，建立起菌草生态治理技术体系和产业发展模式，为黄河菌草生态治理和产业高质量发展打下坚实的基础。

林占熺团队用生命与热血，使菌草技术的科学研究应用不断取得新的突破，从“以草代木”栽培食（药）用菌，拓展到菌草生态治理，菌草菌物加工的有机饲料、有机肥料，生物质能源与材料开发，功能性的食品和保健品等领域，建立起菌草综合开发利用技术体系，推动了菌草新兴生态产业的发展，菌草技术研究应用正朝着系统化、工程化、国际化方向迈进。

第十章　百年献礼表初心

宏伟的事业是奋斗出来的，是拼搏出来的，是脚踏实地做出来的。林占熺及其团队根据国家确定的2035年基本实现社会主义现代化的远景目标，初步确定未来15年分四步走：根据国家战略需要，在技术上支持各地创建各具特色的“菌草科技创新产业园”，在党的百年生日到来之时，在黄河沿岸关键的地段，创造三个以上面积万亩左右的“菌草科技创新产业园区”，发展绿色经济，“植物、动物、菌物”三物循环生产，实现经济、社会、环境三大效益结合，以优异的成绩向党的百年诞辰献礼。

宁夏石嘴山菌草科技创新产业园

2021年新春佳节，林占熺比往年更忙。今年，他不能在家与全家老小一起吃年夜饭，受央视春节联欢晚会邀请，他得前往参加晚会，现场向全国人民拜年；大年初一又要赶回福建春晚现场，向全省人民拜年……

其实，近半年来，他想得最多的是，2021年是中国共产党百年华诞，要以什么向党的百年诞辰献礼？

早在2020年七八月间，林占熺及其团队在回顾总结20多年来运用菌草技术脱贫致富、治理生态时，发现小小菌草能从小农户副业到家庭农场模式，从专业合作社到“公司+农户”，再到企业独立运营，取得丰硕的成果，与不断改革生产方式与生产关系，紧跟时代前进的步伐是分不开的。随着菌草生态治理在黄河沿岸试验取得成功，随着菌草技术在发展畜牧业、生态治理、制作生物质材料等方面的巨大潜力逐步凸显，林占熺认为，有必要与时俱进，加快步伐，创建一种能够集中体现所有模式优点的新形式，一种与黄河生态治理与高质量发展紧密结合的新业态。他提出，可以在沿黄河地区建设若干个菌草科技创新产业园，加快菌草技术工业化、产业化的步伐，促进菌草综合利用发展，向中国共产党百年诞辰献礼。

林占熺及其团队根据国家确定的2035年基本实现社会主义现代化的远景目标，初步确定未来15年分四步走：根据国家战略需要，在技术上支持各地创建各具特色的“菌草科技创新产业园”，在党的百年生日到来之时，在黄河沿岸关键的地段，创造3个以上面积万亩左右的“菌草科技创新产业园区”，发展绿色经济，促进“植物、动物、菌物”三物循环生产，实现经济、社会、环境三大效益结合，以优异的成绩向党的百年诞辰献礼。3年后的2024年，以黄河沿岸为主，在全国建6—10个“菌草科技创新产业园区”。再经5年的努力，到2029年新中国成立80周年之际，以黄河沿岸为主，在全国共建10个“菌草科技创新产业园区”。再继续奋斗，到2035年，黄河沿岸菌草产业园区达到20个左右，基本连成一片，黄河千里菌草生态绿色屏障有望基本建成，菌草产业也成为国家一个重大的绿色产业。菌草梦变成生态梦、幸福梦。

宏伟的事业是奋斗出来的，是拼搏出来的，是脚踏实地做出来的。林占熺在自己的手机上，专门设定一个党的生日倒计时提示装置，随时提醒自己离党的百年华诞这一天还有多少时间，提醒自己还有多少大事要事等着完成，提醒自己要与时间赛跑。

林占熺及其团队立即投入“党的生日献礼”选点落实工作。他们冒着烈日酷暑，顶着寒风冰雪，深入黄河沿岸和一些生态脆弱地区第一线，考察、调研、筛选拟作为重大献礼项目的实施实况。

2020年8月23日，宁夏石嘴山市惠农区。那天，雨淅淅沥沥不停地下着，气温骤降。林占熺又到这里选点来了。他把主要关注点放在盐碱地的改良和利用上。盐碱地是长期困扰石嘴山市农业发展的难题和瓶颈，仅平罗县宝丰镇，惠农区庙台乡、红果子镇一带11个村，就有2.8万亩。如果能通过种植巨菌草加以改良，就能为石嘴山市盐碱地改良积累经验，有效解决当地畜牧业发展的饲草供应难题。

“林老师，雨还不停地下着，等雨停了我们再去现场吧。”一路舟车劳顿，担心77岁的父亲林占熺身体吃不消，林冬梅关心地问道。

“雨不大，打伞去地里吧，多留些时间给现场的朋友提问。”林占熺回答说。

于是，车辆直接开进惠农区的一处盐碱地。

“这块地是这边盐碱化程度较重的地块，土壤沙化也相对厉害，面积有多大？”下车后，林占熺在雨中询问同行的试种者。

“应该是有180亩。”试种者王军答道，“整个石嘴山市需要菌草生态治理的盐碱地约有20万亩。”

荒滩戈壁，尽染新绿，菌草迎风，翻滚波浪。据试种者介绍，地里的“绿洲一号”菌草于2020年7月8日播种，不到两个月时间，已经长到了一米左右高了。

同行小心翼翼挖开沙土，将一株“绿洲一号”拎到空中，林占熺上前刨开植株根系上的土块，仔细端详起来。

“从今天现场看到的情况来看，可以做出两个判断：一是‘绿洲一号’在这边可以正常生长，二是现在种植的方法还需要改进。”林占熺一边细数植株根尖上的生长点，一边强调种植要领，“现在的试种关键点，就看能不能顺利越冬了。看来很有希望，你们有信心，我

◎ 林占熺、林冬梅等在阿拉善菌草基地研究“绿洲一号”菌草过冬情况

们有办法。”

“不少实践已证明：菌草是盐碱地的‘克星’。我们地少人多，不能用于耕种的盐碱地有近亿公顷，如能用菌草把它变成耕地，一举几得，那该多好啊！”

聆听着林占熺的话语，簇拥在他身边的试种者心里有了底，一个个喜上眉梢。林占熺又蹲在地上继续查看，林冬梅举着雨伞一步不离地跟着……

调研出真知，调研出智慧，调研出共识。

经过深入调研、反复对比、综合考虑，首批三个“菌草科技创新产业园区”重大项目终于确定。第一个选在宁夏石嘴山市。

选择在宁夏石嘴山市建立第一个“菌草科技创新产业园区”，原因在于闽宁两省区是中央确定的多年“对口帮扶、东西协作”的省区，20多年前，菌草技术正是在宁夏打响产业扶贫的第一炮，并创造出全国闻名的脱贫攻坚的“闽宁模式”，为全国脱贫事业作出重大贡献，在全国甚至世界上都有一定的影响。目前，两省区对口帮扶协作正面临与时俱进、深化合作，巩固全面脱贫成果，实现乡村振兴的关键时刻。另外，经过多年对口帮扶协作，两省区人民已建立起深厚“山海情”，相互了解、相互信任，双方更容易沟通合作。加上石嘴山市地处黄河沿岸地区生态脆弱地区，正处产业转型阶段，是双方施展优势、实现共赢的好机会。

2021年3月28日，距离第一个向党的百年诞辰献礼的菌草重大项目落地，还有20天。林占熺仍放心不下。这是向党献礼的重要一步，容不得半点闪失和粗心大意，必须确保首战告捷。此时正是仲春时分，大地仍未解冻。林占熺又冒着寒风，来到宁夏石嘴山惠农区红果子镇检查各项准备工作的落实情况。他们一行来到红果子镇下营子村光伏大棚，看到各项工作正有条不紊地进行，相关公司已租用好下营子村合作社现成的菌草菇栽培棚50余座，还新建现代化智能菇栽培棚12座，望过去颇为壮观。

4月9日，林占熺又一次来到石嘴山市惠农区庙台乡一片重度盐碱地里检查。农田里白花花的盐碱霜，仍四处可见。林占熺带着几名工作人员走进田间。可喜的是，这片盐碱地试种的菌草植物顽强地活着，经过一个格外寒冷的冬季的考验，只是茎干叶片有点枯黄。林占熺小心地挖出当中几株菌草，掰开根部看了又看。“扎得比较深的根系还活着，说明只要措施得当，这些菌草是可以越冬的。好，好，好啊！”林占熺连说几个“好”字，眉头顿时舒展开来。

林占熺总算放心了：当年在闽宁镇带领菇农种菇致富的“山海情”，有望延续到石嘴山市的红果子镇等地，在新的起点上，演绎新的“山海情”。

4月17日上午，彩旗招展、锣鼓喧天。第一个“菌草科技创新产业园”项目在石嘴山市平罗县宝丰镇破土动工，正式开启菌草“闽宁协作”升级版。

蓦然回首，24年前，林占熺作为第一批福建省援助宁夏人员，带着六箱菌草草种来到宁夏。林占熺团队不以事艰而不为，不以任重而畏缩，从实际出发，因地制宜、以科施策，经过试种，菌草食用菌培育大获成功。菌草技术被誉为“东西部扶贫协作的希望”，小小的菌草为宁夏贫困群众撑起了大大的“致富伞”。

“这是深化闽宁协作的具体举措，也是我们为建党百年献上的诚挚贺礼。”在启动仪式上，林占熺兴奋地说，“石嘴山菌草科技创新产业园项目的建设，与以往不同，它以筑牢黄河生态安全屏障和高质量发展为目标，通过‘产业园＋旗舰点＋合作社＋农户（退役军人）’的新方式，着力推进机械化、智能化和网络化，全程收集土壤、植物生理、气象环境等各种类型的数据，并开发‘智慧菌草’，为绿色低碳发展提供科学依据和实用技术，为深化闽宁协作，为黄河流域生态保护和高质量发展起到积极作用。”

“这是闽宁对口帮扶、东西协作的新起点、新模式。”林占熺表示，“该项目是因一批福建华侨企业家感动于家乡关注脱贫、关注生态而投资建设的，也是新时期跨山越海，巩固全面脱贫成果，助力乡村振兴的新探索。”

“项目启动将进一步完善石嘴山探索建立的帮扶老兵创业就业新模式。”石嘴山军分区有关人员表示，菌草产业园还采取菌草产业组织老兵干事创业、实现梦想的老兵就业产业链，让退役军人成为巩固拓展脱贫攻坚成果的带头人，成为推动家乡乡村振兴的排头兵。

启动仪式的第二天，石嘴山市举办退役军人“三位一体”菌草产业帮扶培训班，围绕融入国家战略、赢得社会尊崇、践行一二三产业融合模式等问题，向石嘴山市的80多名退役军人授课，分享发展菌草产业的经验和心得。

“作为退役军人，我们钻研菌草技术要更认真，在管理方面也要有一手。”来自平罗县崇岗镇下庙村的刁立民摩拳擦掌，“我们可以先闯先试，探索有效的种植办法，带动村里其他农户一起发展。”

“种植菌草可以改善环境；用它作饲料，可以发展养殖业；它还是替代木屑用来制作菌筒或培养基的原料，用来种香菇。最关键的是，一旦形成产业链，小小一株菌草可以实现生态、经济、社会效益共赢。”平罗县崇岗镇镇朔村的退役军人张国红将自己总结的要点记在手机备忘录上，回去好好温习实践。

平罗县姚伏镇退役老兵杨光新复员回家后希望通过种植蘑菇进一步改善生活，但由于经济拮据，没有多余资金建造温棚。平罗县人武部及时帮助杨光新建起一座菇棚。半年后，蘑菇丰收，杨光新不仅因此改善了生活条件，还带领村民开展蘑菇栽培，成为村里的技术能手和致富带头人。杨光新种菇致富的实践，给石嘴山军分区开展退役军人帮扶工作带来了新的思路和启发——抓住石嘴山市工业转型机遇，通过利用全市闲置大棚开展菌草产业帮扶，让退役军人投身产业，发挥自身优势。

2019年，位于石嘴山市大武口区龙泉村的石嘴山市退役军人就业创业孵化基地改造完成，改造香菇种植大棚31座，培训退役军人200余名。2020年，在疫情阻击战中，“三位一体”培训班的退役军人先后完成了防控点位值守、防疫宣传、应急物资装运等任务，成为战“疫”一线的攻坚力量，“三位一体”模式进一步得到丰富完善。

“我们将持续推动退役军人助力乡村振兴的创新实践，让退役军人在投身国防和驻地经济建设中，得到更广泛更持久的尊崇，让退役军人成为产业发展排头兵！”石嘴山军分区相关负责人表示，“石嘴山菌草科技创新产业园启动后，可以通过构建以草代木菌草新型产业链，探索打造‘可复制、可推广’的乡村振兴产业发展模式，菌草产业又可以向前推进一步。”

在参加石嘴山菌草科技创新产业园启动仪式期间，林占熺不忘当年在宁夏创建“闽宁模式”脱贫攻坚的老朋友。3月29日，他带着女儿林冬梅，一起专程来到宁夏银川市永宁县闽宁镇，看望当年带头跟他学种植菌草菇的示范户刘昌富；还来到宁夏银川市永宁县闽宁镇镇史馆参观。

林占熺边看边追忆当年扶贫创业的往事，艰难岁月一幕幕在眼前浮现。他指着闽宁镇新区沙盘图，感叹地说，真是今非昔比，换了人间，当年的戈壁滩变成如今的“金沙滩”！

20多年前，闽宁村刚创建，林占熺开始在这里教村民们种菇致富。然而，当时村民们刚从山大沟深的宁夏西海固地区搬迁出来，既没见过菌草，也没见过双孢菇，顾虑重重。敢想敢干的刘昌富带头在自家院子里盖起菇棚，经过林占熺手把手传授，大获成功。“头一年就挣了7000多元。以前哪里见过这么多钱？”刘昌富现身对大伙说。其他村民看到成效明显，纷纷跟随刘昌富搭棚种菇。

时隔20多年，在林占熺的鼓励指导下，刘昌富又一次成为闽宁镇菌草种植推广的带头人。2020年，他种植的菌草喜获丰收，引起不少人的注意。当附近的菇农得知林占熺来刘昌富的大棚查看菌草育苗情况时，未等林占熺下车，从银川市兴庆区月牙湖乡、永宁县胜利乡等地专程赶来的农民就把林占熺团团围住，询问发展菌草业的新思路。

刘昌富带领林占熺父女走进大棚里，查看菌草生长情况。大棚里的菌草苗已长到一人多高，郁郁葱葱，十分壮观。林占熺详细询问各项生产数据后，对刘昌富伸出大拇指说："老刘，这次你又带了个很好的头，希望你在乡村振兴中再立新功！"

经过2020年的实践示范，2021年宁夏扩大菌草种植面积，以适应多个菌草生态产业园区项目纷纷落地或被提上议事日程的需要。2020年，刘昌富种植208亩菌草获得成功，还带动了闽宁镇、西吉县等地种植了2200亩。在不久的将来，这或许能发展成一项助力乡村振兴的新产业。林占熺得知这一切，嘴巴笑得差点合不拢，连连称赞，紧紧握住刘昌富的手。

林占熺感慨地说："正因为在宁夏积累了丰富的菌草扶贫和生态治理经验，能够适应广大贫困地区和农户需求，菌草技术在全球最落后国家与地区都能成功复制和推广。从20多年前菌草技术走出国门，赴巴新开展菌草国际扶贫第一站算起，我们团队已经将菌草技术传播至全球106个国家。在菌草援外中，我们经常把'闽宁协作'当作第一节课来讲，向各国提供脱贫致富的'中国方案'。斐济农业部的一位司长听完课后，非常羡慕我们能有这样的协作政策，也坚定了他们把这项技术推广下去的决心。"

他接着若有所思地说："30多年的实践使我深深感到，生态恶化与贫穷落后是一对孪生兄弟。生态脆弱往往是一个地方经济发展的瓶颈。为此，在利用菌草栽培食用菌的同时，必须在生态脆弱的荒地上广种菌草，治理生态，发展生态产业，实现生态、经济、社会效益共赢。我的菌草梦说到底，就是生态梦、幸福梦。"

林占熺还与刘昌富等一起回忆当年走过的岁月。林占熺说，中国全面消除了绝对贫困，是件大喜事。但脱贫摘帽不是终点，而是新生活、新奋斗的起点。下一步，要做好巩固拓展脱贫攻坚成果同乡村振兴有效衔接。“乡村振兴不是另起炉灶，我们要甄选、发展有助生态治理、高质量发展的菌草业，加以总结推广，让闽宁帮扶模式深化发展，让闽宁协作踏上新的征程！”

刘昌富也动情地说，25年前，林占熺他们作为第一批福建援宁人员来到宁夏，睡的是菇棚、吃的是土豆，从不被理解到大范围推广。“你们给宁夏人民带来的不仅是菌草技术，还有福建人‘爱拼才会赢’的精神。”

林占熺团队在宁夏开拓菌草产业发展新模式，向党百年生日献礼，在宁夏引起热烈反响，一批有志之士也相继奔上菌草产业化之路。在宁夏同心县石狮开发区麻圪塔村，原先的1.3万亩荒滩地，眼下也成为草畜一体化产业园，种的是巨菌草，养的是杜泊羊。尝到甜头的农民，面对新品种、新技术，跃跃欲试：“羊儿长得又快又壮，市场又需要，不愁没销路，我们可以放心干啦！”

加快菌草产业化，前程似锦，人心所向，大有可为，有菌草技术助推，黄河生态治理和菌草产业化必定步步高升，宁夏的明天会更美好！

内蒙古磴口菌草科技创新产业园

2021年5月29日，雄壮的《中华人民共和国国歌》在北京人民大会堂奏响。作为全国6名特邀代表之一的林占熺，被安排在北京人民大会堂第一排中间，出席在这里召开的全国“两院”院士暨中国科协第十次全国代表大会，聆听习近平总书记的重要讲话。习近平总书记洪亮有力的声音，在他耳边响起：要坚持把科技自立自强作为国家发展的战略支撑，面向世界科技前沿、面向经济主战场、面向国家发展重大需求、面向人民生命健康，把握大势，抢占先机，直面问题，迎难而上，全面实施创新驱动战略……

林占熺深受感动，备受鼓舞。作为一名科技工作者，他深感自己责任重大、使命光荣，恨不得马上插上翅膀，飞向他精心谋划的向党百年诞辰献礼的第二个重大项目——内蒙古磴口菌草科技创新产业园。

黄河流经巴彦淖尔市磴口县的河段长52公里，刘拐沙头是起点，也是黄河与乌兰布和沙漠“握手”的地方。乌兰布和蒙古语意为“红色公牛”。多年来，这头桀骜不驯的“红色公牛”疯狂肆虐，当地百姓饱受风沙侵害，磴口县68.3%的土地被沙土占据。它每年还将7000多万吨黄沙输入黄河，导致黄河河床逐年抬高，严重威胁下游地区群众的生命财产安全。

驯服这头“红色公牛”，寻找一条生态、经济和社会效益共赢之路，实现生态产业化、产业生态化，把地处黄河沿岸的内蒙古打造成幸福之地，是内蒙古广大干部群众迫切的期待。

几十年来，在国家的支持与帮助下，内蒙古经济、生态和社会发展发生很大的变化。磴口县2008年底启动刘拐沙头生态治理工程，建一条长约4公里、宽约3公里的大型锁边林，切断沙漠入侵黄河的通道，修筑穿沙作业主路，打组合井，压沙障，建大型阻沙林带，人工种植梭梭花棒、沙棘、甘草等耐旱沙生植物等，阻止沙漠东侵，取得一定的成效。但至今，这里的沙漠仍以每年8—10米的速度，向黄河挺进。在风力作用下沙漠不断东移，流沙已直抵黄河，向黄河大量输沙，被抬高的河床高出磴口县城所在地巴彦高勒镇2—3米，在磴口县境内形成了名副其实的“悬河”。

如何破局？林占熺团队连续8年多在内蒙古阿拉善固沙治河的显著实效与成果，引起磴口县领导的关注和重视。2020年12月2日，磴口县委、县政府专门召开黄河菌草生态治理与新型产业发展研讨会。

会议特地邀林占熺作《发展菌草新兴产业　服务生态建设与乡村振兴》专题报告。林占熺平实地说，在黄河沿岸发展菌草生态产业，不仅有生态效益，而且有经济效益，有利于把黄河建设成为造福人民的幸福河。在磴口县设立巨菌草试验示范基地，创造一个新的模式，以菌草新型产业治沙这种模式，形成一种新的生产力，有利于推动黄河沿河的生态屏障建设和新型产业的发展。

磴口县组织机关同志参观考察林占熺团队坚守8年多的乌兰布和沙漠菌草防沙固沙现场。他们围绕菌草护坡生态治理、巨菌草防风固沙生态治理、巨菌草一次种植连续8年固沙效果等课题，进行现场观摩与研讨。走出去、学进去、深进去、融进去，县领导班子进一步形成共识：发展菌草产业是贯彻落实习近平生态文明思想、践行“绿水青山就是金山银山”发展理念的生动实践，是推进巴彦淖尔市乌梁素海生态保护和河套灌区高质量发展的有力举措。磴口县将全力推动黄河流域高质量发展和乌兰布和沙漠生态治理，大力支持菌草产业发展。

一场又一场打造菌草科技创新产业园的会议、动员、筹划、协调，在磴口紧锣密鼓地进行。林占熺在短短不到一年的时间里，先后5次来到磴口县，向各级领导介绍菌草技术、交流看法，到现场考察当地的地理、气候、环境等方面的现状，选定在磴口治理黄河和实现高质量发展的地点，分析实现“生态产业化，产业生态化”的重点和难点，制定出磴口黄河沿岸菌草产业园的初步方案。

在这里，林占熺看到菌草新兴产业发展充满机遇，也遭遇严峻的挑战：磴口县全县土地面积4167平方公里，坐落于内蒙古西部，东依黄河，西邻乌兰布和大沙漠，光照充足，热量丰富，是我国光能资源最丰富的地区之一。磴口县水资源丰富，有大小湖泊160个，总水面积19.56万亩；闻名世界的三盛公黄河水利枢纽工程诞生于此，水域面积达3万亩……具有治理黄河生态和发展菌草产业的优势条件。

2021年5月30日上午，林占熺来到磴口县巴彦高勒镇二十里柳子的防洪观测塔处。这里是第二个向建党百年献礼重大项目启动会的现场，林占熺仔细地检查各项准备工作进展状况，并冒着烈日沙尘，再一次来到黄河边，进一步考察即将落地的菌草产业园。河风在耳边呼啸，热浪被风扯碎。望着黄河水就在眼前流淌而过，离黄河主河道110米处，还有4万多亩可利用的黄河盐碱滩地即将开发，附近还有几百万亩的黄河滩地等待利用改造，林占熺情不自禁当场算起“账”来：以保守的每亩长8吨鲜草计算，这4万多亩的盐碱地种上菌草后，不仅可以有效地治理黄河生态，每年还可以生长32万吨左右的优质菌草，提供各方面菌草产业发展之用。这里有望成为构建黄河菌草生态屏障和实现产业高质量发展的“支点”。他兴奋地说：“构建黄河千里菌草绿色屏障，指日可待！”

5月31日下午，林占熺抽空重返他眷念的内蒙古阿拉善菌草技术治沙试验基地。这里离磴口县还有近百公里路程，林占熺带领团队在这里拉开菌草技术“固沙治河”的序幕。来到基地现场，首先映入眼帘的是前面那片沙漠上用菌草种植出来的八个大字“建党百年”“菌草献礼”。前两年用菌草种植出来的大字，分别是“菌草梦”“中国梦　菌草梦”，寄托着无数菌草人热烈的追求与期盼，震撼着许多前来参观考察之人的心。不少人驻足留步，争先恐后地拿起手机，拍下这富有纪念意义的镜头。

林占熺最关心的是，年初试验基地遇到往年少见的低温，地表温度达到零下30摄氏度。往年多地试验示范在零下20摄氏度左右还能过冬成活的绿洲系列菌草，能挺过这严峻的挑战吗？事实证明林占熺

◎ 林占熺与黄世宏在阿拉善菌草固沙治水示范基地

的担心不是多余的，基地种植的“绿洲一号”菌草，至今才长出20来株，其中多为2020年种下的，只有一株是2019年4月16日种植的，而且破土而出均比往年推迟半个多月。林占熺蹲着对这株菌草研究了半天，并小心地用铲子拨开一边的沙子，仔细观察研究起来，发现小草虽然成活不久，但已顽强地分蘖成6株。林占熺给它拍了照片，做了记号，自言自语地说：“科技的探索与研发，确实是无止境。零下30摄氏度能不能安全过冬，看来又是一个新的研究课题！”

6月1日上午，内蒙古磴口菌草科技创新产业园启动仪式在巴彦高勒镇二十里柳子防洪观测塔举行。

观测塔四周，张贴着多幅醒目的大标语——“为民族复兴奋斗

◎ 林占熺在阿拉善菌草基地上用菌草写上“建党百年”“菌草献礼”八个大字

向建党百年献礼”“生态产业化　产业生态化”“发展菌草新型产业　助力乡村振兴战略”“发展菌草产业　筑牢黄河流域生态安全屏障”“让黄河成为造福人民的幸福河”“践行生态优先　绿色发展高质量发展之路”“绿水青山就是金山银山”，展现磴口县广大干部群众和企业治理黄河和高质量发展菌草产业的决心。主席台前面摆放着12株5米高左右的菌草，逆风而立，不屈不挠。

据了解，磴口菌草科技创新产业园规划利用黄河滩地和沙地种植菌草，利用菌草发展畜牧业、菌业、加工业，实现“一草多用”“植物、动物、菌物”综合循环生产。产业园以菌草生态治理与产业化开发为主线，建设5万亩菌草生态治理及产业发展基地，其中包括高标准菌草良种繁育基地、穿沙公路锁边与沿黄河阻沙锁边种植示范、沙地土壤改良示范、饲草加工与养殖、食用菌生产与菌肥生产，形成“菌草种植—生态修复—规模养殖和菌菇生产—畜粪与菌肥养地”的沙区循环产业链，助推内蒙古乡村振兴、产业升级和绿色发展、循环发展、低碳发展，为建设黄河菌草生态安全屏障、保障黄河长治久安，提供一个重要的战略支撑点。福建农林大学国家菌草工程技术研究中心全程提供技术服务与指导。

“今天我们启动的不仅仅是一个园区的建设，更是开启了黄河菌草生态安全屏障建设和菌草新型产业高质量发展的新阶段，开启了菌草事业不断迈向高峰的新征程。”林占熺在会上致辞。他说，3天前，他有幸在北京人民大会堂参加了中国科学院第二十次院士大会、中国工程院第十五次院士大会和中国科协第十次全国代表大会。习近平总书记在会上的重要指示，给他增添了巨大的力量。发挥菌草技术优势，服务国家生态建设，尤其是为治理中华民族母亲河黄河寻找到一条投资省、见效快、效果好的可持续发展新途径，是他铁下决心、孜孜不倦的探索和追求。依托科技创新，建设产业园，加快推进黄河流域新型产业高质量发展，是践行习近平总书记提出的“生态产业化，产业生态化”“让黄河成为造福人民的幸福河”系列思想的有效抓手，是落实内蒙古关于加快菌草技术产业化、为内蒙古生态文明建设作出更大贡献的具体行动。

林占熺指出，内蒙古磴口县万亩菌草科技创新产业园集技术推广、产业孵化、辐射带动等功能于一体，利用黄河滩地和沙地种植菌草，实现“一草多用”、综合利用、循环利用，形成集“菌草种植—生态治理—综合利用”于一体的新型产业发展模式，将为促进内蒙古乡村振兴、产业升级和绿色发展、循环发展、低碳发展做出样板，为建设黄河千里菌草生态安全屏障、保障黄河长治久安、助推黄河流域高质量发展提供重要的战略支撑点。

“磴口县实施菌草产业化项目，是紧紧抓住国家推进黄河流域生态保护和高质量发展，勇敢地走出的一条新路。”内蒙古沙产业草产业协会会长张卫东在现场接受央视农村频道采访时表示。他说，林占熺教授及其科研团队，多年来坚持科技创新，引领菌草技术发展，开辟了在不同地区、不同气候条件下治理生态的新模式。尤其是他们在内蒙古首次突破的沙漠盐碱滩地的菌草治理，扎实推动钱学森当年倡导的沙产业草产业理论，成功地创造可复制、可推广的实践和模式。

启动仪式后，林占熺来到菌草种植现场，介绍指导种植菌草的技术要点。当得知今天在黄河滩上种植菌草，磴口县农牧和科技局党委组织、带领系统党员干部169人前来参加“义务劳动”时，林占熺露出满意的笑脸，鼓励说：“这是我们党的优良传统。动作虽然还不是很规范，但有了决心与行动，就是成功的开始！”

接着，林占熺组织有关人员，把参加启动仪式的来宾和现场12株3—5米高的菌草，一起“请”到刘拐沙头。这就是乌兰布和沙漠与黄河直接“握手”的地方，是公认的磴口县治理黄河生态的重点与难点。不久前，林占熺在河岸种植巨菌草，形成宽50米的菌草防风阻沙带，3个月后，基本固住流沙，有效阻止泥沙继续流入黄河，目前治理正在进一步探索与深化中。

“让我们大家留下一张在黄河边具有纪念意义的照片吧！”林占熺激动地说，“再过一个月，就是我们党的百年华诞。我们要牢记这一天，如果实践最后证明菌草技术治理风沙、治理黄河是有效的、是

◎ 黄河河岸刘拐沙头菌草阻沙固沙试验示范点

成功的，我们要为今天的付出感到欣慰和自豪；如果遇到挫折，我们就总结经验教训，继续奋斗，寻找更好的办法，一定要让黄河成为造福人民的幸福河！”参加活动的来宾个个争先恐后，在“让菌草成为造福老百姓的致富草”红色横幅标语前，留下难忘的合影。

河南武陟菌草科技创新产业园

林占熺把第三个向建党百年献礼的项目，选在河南省武陟县黄河边。对此，他是经过深入权衡与考量的。

黄河河南段全长711公里，是黄河流域的重要组成部分。正得益于黄河奔流不息的冲积，河南拥有一望无际的大平原，在黄河下游两岸还兴起不少人口密集的城市，使河南成为我国的大粮仓、闻名全国的农业大省，在生态、经济、社会、安全方面处于十分重要的地位。

遗憾的是，由于黄河河患剧烈，决溢频繁，黄河水患几乎充斥整个中国历史。602年至1938年间，黄河主流在河南省境内迁徙改道、决溢泛滥，冲积形成扇形“黄河故道区”，涉及河南省的25个县(区)，面积约4.1万平方公里，人口约3100万。黄河成为世界上含沙量最多的河流，被称为“一斤黄水半斤沙”，平均年输沙量达16亿吨，多沙的年份，下游河道最大淤积量可达20亿吨，是世界上所有大江大河中最凶猛的搬运者。每当洪水过后，黄土高原质地松散的大量泥沙被黄河输送到海洋，还有相当一部分堆积在黄河河道里，使黄河以善淤、善决、善徙而闻名；河床连年淤积、抬高，形成地上“悬河”的自然特性。历史上黄河水患频繁，风沙不断，给沿岸人民带来了深重灾难。

林占熺根据多年的现场考察还发现："黄河流域生态安全已经成为制约河南省经济社会发展的一个重要因素。"长期以来，受黄河河水漫滩和传统耕作方式的影响，黄河滩区以种植业为主，夏种小麦，秋播玉米、大豆、花生，产业结构单一，发展水平低下，而多年的春耕夏播事实上也增加了滩区防风固沙的难度。滩区群众收入较低。同时，由于粗放经营，长期以来，河南省黄河滩区面临水资源短缺问题，城镇生活和农业水源污染以及水力侵蚀、水土流失较为严重，人口比较密集的郑州、焦作、开封等沿黄地市以及周边地区，植被生态质量深受影响。林占熺坚信，生态治理黄河是实现中国梦、建设美丽中国的一项伟大工程。防止水土流失、固沙减沙，是谋求黄河长治久安的关键所在。着力打造黄河生态安全屏障，使千里黄河滩区增绿变美，让黄河成为造福人民的幸福河，是沿黄人民的共同企盼。

在林占熺的脑海中，中原大地在菌草业推广、发展上有着较好的基础。早在2013年，河南省就引进菌草技术，在郑州荥阳黄河滩区种植菌草，当年就种植成功，亩产鲜草达22吨，粗蛋白含量达12%—16%，证明在河南黄河滩区发展菌草产业是可行的，成效是显著的。

河南黄河滩种植菌草的成功，在中原大地吸引了一批看好菌草新兴产业的"菌粉"们。他们有的甚至打破"铁饭碗"，不远千里来到福建农林大学，向林占熺求教。有的甚至几次参加菌草技术培训班，决心跟随林占熺，一起走"菌草之路"。

2019年9月18日，习近平总书记赴河南考察调研，并在郑州主持召开黄河流域生态保护和高质量发展座谈会。会上，习近平明确提出"保护黄河是事关中华民族伟大复兴和永续发展的千秋大计"，宣布黄河流域生态保护和高质量发展是重大国家战略，并发出了“让黄河成为造福人民的幸福河”的伟大号召。

“让黄河成为造福人民的幸福河！”习近平有关黄河生态治理和高质量发展的重要指示，像春雷、像冲锋号，在河南引起巨大的反响，应用菌草技术实现黄河生态治理和高质量发展，进一步成为广大河南干部群众的共识和追求。

河南省政府和相关部门积极行动起来了。他们围绕发展菌草业，深入开展调查研究，确定方案目标，勇于示范开拓，狠抓落实到位，扎实推进黄河菌草绿色屏障建设和产业高质量发展。

2019年11月30日，黄河流域菌草产业发展技术交流会在郑州隆重召开。“迎接菌草春天的到来！”成为会议使用频率最多的话语。与会人员表示，习近平总书记关于黄河生态保护和高质量发展的重要讲话，使黄河治理迎来春天。黄河生态治理急需菌草技术，我们要大力发展菌草事业，让菌草技术更快更好地扎根中原大地！

很快，一个标志菌草业迈进春天的日子来到了。2020年5月21日至22日，河南省黄河流域菌草生态屏障建设培训会在兰考召开，沿黄8个省辖市、10个试点县（市）的林业主管部门分管负责人和具体承办方共80余人齐聚一堂，参加培训。河南的菌草种植，由形成共识，制定方案、规划，进入具体的实施。

2020年7月22日至23日，林占熺率研究团队来到河南，专题调研黄河流域菌草生态屏障建设与产业高质量发展情况，为建党百年献礼在河南选点做准备。

22日，黄河流域河南段菌草生态屏障建设座谈会在新乡召开。

会上，林占熺以《追梦黄河清——黄河菌草生态屏障建设与产业发展研究》为题，作了专题报告。他对河南省重点推进兰考试验区和10个试点县菌草生态屏障建设的做法给予充分肯定，对实施沿黄林草工程模式、打造千里菌草生态屏障寄予厚望，并同意将兰考试验区作为福建农林大学国家菌草工程技术研究中心示范基地。

会后，林占熺一行，实地考察兰考、内黄菌草繁育示范基地和板材加工基地。在繁育基地，林占熺认真听取介绍，就高质量育苗问题进行现场指导；在黄河滩区3000亩菌草种植示范基地，看到雨后碧绿连天的菌草，他不顾泥泞，深入田间指导；在内黄板材厂，林占熺现场观看了用菌草生产的板材进行的防火试验。考察中，林占熺希望示范区能成为试验基地，为黄河流域生态保护和高质量发展发挥作用、贡献力量。

2020年12月，河南省黄河滩区草业带建设初见成效。截至2020年11月底，河南省9个重点县滩区饲草种植面积已达21.24万亩，滩区草业带优质饲草生产能力初步形成。在黄河滩区种植高质多年生牧草，可比种植一般农作物减少风沙扬尘80%以上、减少水土流失约90%。

2021年2月19日至20日，林占熺一行实地考察武陟县黄河生态安全屏障建设情况，进一步论证在武陟县黄河滩地打造菌草生态园的可行性。林占熺现场考察后非常激动，他站在尘土飞扬的黄河边当场表示：这里1.08万亩黄河滩区的条件，完全适合建造一个菌草产业园，作为向共产党百年诞辰的献礼项目。

在考察调研的基础上，第二天，河南省人大常委会组织省发改委、财政厅、自然资源厅、农开集团、省林业局等单位，就黄河菌草生态屏障和菌草生态科技创新产业园建设事宜，进行座谈交流。大家一致同意支持福建农林大学国家菌草工程技术研究中心中原办事处和中科光启菌草产业有限公司合作，联合相关单位与企业，一起打造郑州、焦作、新乡、濮阳黄河百里菌草绿色生态长廊示范区，助推乡村振兴发展，让黄河真正成为造福人民的幸福河。

2021年4月26日，河南省政协一行13人赴福建农林大学，对国家菌草工程技术研究中心进行考察调研。双方商定进一步加强合作，推动河南省菌草产业更快发展。同时提出希望进一步加强与国家菌草工程技术研究中心的沟通交流和深化合作的要求。2021年5月8日、7月12日，河南省政协农村农业委员会和有关省政协委员两次专程到开封兰考菌草种苗基地、原阳、武陟滩区种植基地进行考察调研，并形成专题报告《大力发展菌草产业助力乡村振兴发展》……

水到渠成，瓜熟蒂落。在各方面的关心、支持和共同努力下，中原大地终于迎来河南（武陟）菌草产业园正式落地的这一天。2021年6月18日上午，河南郑州国家菌草工程技术研究中心中原办事处，高朋满座、喜气洋洋，河南（武陟）科技创新菌草产业园正式落地。

仪式由河南省林业局、福建农林大学国家菌草工程技术研究中心联合主办。河南省人大常委会委员、民建河南省委会副主委张晓林在致辞中表示，黄河生态菌草科技创新产业园项目落成，是落实习近平总书记提出的“让黄河成为造福人民的幸福河”宏伟目标的有力措施。菌草产业园是新时期三产融合的全新探索，通过打造“卫星遥感大数据＋产业融合＋生态保护＋乡村振兴”产业园建设模式，菌草产业园不仅会成为国家菌草工程技术研究中心菌草全产业链示范项目，而且会成为沿黄九省区黄河菌草千里生态屏障示范项目、促进乡村振兴战略样板项目。

林占熺因6月8日在赶赴北京参加中共中央宣传部“弘扬脱贫攻坚精神”中外记者见面会时，不慎右脚踝骨裂，不能按原计划到郑州参加仪式，以《建设黄河生态屏障，向党百年诞辰献礼》为题，进行了视频发言。

林占熺说：“今天隆重召开的河南（武陟）菌草科技创新产业园启动会，具有特殊的重要意义。这是落实习近平总书记2019年发出‘让黄河成为造福人民的幸福河’号召的具体实践。我不能按照计划到会向大家汇报，在此，真诚地向大家致歉，感谢各位领导和嘉宾在百忙中抽出时间参加启动会，对所有关心和支持黄河菌草生态安全屏障建设的同志表示衷心的感谢。”

“菌草技术是在习近平总书记长期关怀下成长起来的！”林占熺强调说，20多年来，菌草技术从“以草代木”栽培食（药）用菌，发展到菌草生态治理、菌草菌物饲料、菌草生物质能源和材料等领域，为我国扶贫攻坚和国际减贫贡献了一分力量，现已推广到全国31省500多个县，通过援外与国际合作传播到106个国家，2017年，菌草技术被列为联合国和平与发展基金重点推进项目向全球推广，为构建人类命运共同体贡献“中国方案”。

林占熺表示，创建河南（武陟）万亩菌草科技创新产业园，走产业生态化、生态产业化的绿色发展之路，这是福建农林大学国家菌草工程技术研究中心和河南省有关部门共同向党的百年诞辰献礼的重要项目。我们希望并深信河南武陟菌草科技创新产业园将是“让黄河成为造福人民的幸福河”的一个重要支点，将为黄河菌草生态安全屏障建设和高质量发展作出积极贡献。

会议现场，与会企业相继签约菌草产业园合作项目12个，其中涉及菌草全产业应用咨询、碳中和交易、产业互联网建设、菌草等离子专用肥、菌草食用菌发展、微生物饲料发酵床养殖、生态菌草畜禽养殖污水消纳应用、菌草环保阻燃板、菌草纸浆制造等领域。这些项目，将为中原大地菌草技术产业化、生态化，开好局、引好路……

翘首企盼的盛大节日——中国共产党100周年诞辰终于来到了。

7月1日清晨，林占熺早早起床，并做了一番认真打理。

今天，是一个十分庄严而重大的日子，中国共产党迎来建党一百周年大庆。已有56年党龄的林占熺，上午将作为党中央刚评选的“全国优秀共产党员”，出席在天安门广场举行的庆祝建党百年大会。

这是党和人民对林占熺的信任与肯定，也是对菌草技术造福人类的嘉奖与表彰。

林占熺被安排在面对天安门城楼左侧的观礼席上，见证这伟大而神圣的一天：庄严雄伟的天安门广场上，纪念碑北侧高7.1米、宽7.1米的中国共产党党徽和“1921”“2021”字标格外醒目。广场东西两侧，100面鲜艳的红旗迎风飘舞。林占熺踮起脚尖，朝人山人海的天安门广场望去，此时天安门广场像只“巨轮启航”的造型，正乘风破浪、扬帆奋进，驶向中华民族伟大复兴的光辉征程。

振奋人心的时刻来临了。8点左右，在欢快的乐曲声中，习近平等党和国家领导人来到天安门城楼主席台，全场爆发出雷鸣般的掌声。林占熺仰望长空，71架战机飞向天安门广场，空中护旗梯队拉开飞行庆祝表演序幕：5架直升机分别悬挂中国共产党党旗和写有“伟大的中国共产党万岁”等字样的4幅大标语，迎风向前。随着钟摆，年份数字依次显现，象征着巨轮启航的汽笛声响起了，庆祝大会开始了！

100响礼炮响彻云霄。随后，全场7万多名与会者，齐声高唱《中华人民共和国国歌》，鲜艳夺目的五星红旗在天安门广场冉冉升起，在天安门广场上空迎风招展。习近平总书记在热烈的掌声中，发表重要讲话。那铿锵有力、气壮山河的声音，响彻天安门广场，响彻祖国大地，传遍世界七大洲四大洋。

当晚，望着窗外到处灯光璀璨，万家欢乐，焰火朵朵，林占熺又度过了一个无眠的夜晚。他想起自己曾喜爱的《今天是你的生日》这首歌：“今天是你的生日我的中国，清晨我放飞一群白鸽，为你衔来一枚橄榄叶，鸽子在崇山峻岭飞过。我们祝福你的生日我的中国，愿你永远没有忧患永远宁静，我们祝福你的生日我的中国，这是儿女们心中期望的歌……”

林占熺回顾56年来在党的抚育下成长的过程，回想几天来作为全国优秀共产党员赴京参加的系列庆祝活动，深感幸福光荣，更感责任重大。几天来所有的劳累，似乎一下子都消失。他奋笔疾书，写下了自己当天的感想：

“我为我们党的百年非凡历程和伟大功业感到无比自豪和骄傲，对我们党的光辉未来充满信心和希望。作为一名有56年党龄的老党员，我要一心一意、再接再厉，为党和人民的事业生命不息、奋斗不止。

“我要矢志不渝跟党走。历史充分证明，中国共产党是伟大、光荣、正确的党，只有中国共产党才能团结带领全国各族人民建立新中国、发展新中国，走向实现中华民族从站起来到富起来到强起来的伟大道路。今后将更加坚定不移、无怨无悔跟党走。在实现第二个百年奋斗目标的征程中，牢记初心、不辱使命、奋勇前行。

“我要全心全意为人民。我是从革命老区闽西大山里走出来的农民儿子，是一位在党的培养和教育下成长起来的农业科技工作者。30多年来，我为夺取脱贫攻坚全面胜利贡献了一分力量。这里个人的作用是十分渺小的，因为组织的关怀和力量，小小菌草才能茁壮成长。要真正做到‘我将无我、不负人民’，永葆共产党人的本色。

“我要攻坚克难创新业。永远牢记习近平总书记当年为我颁发福建省政府‘一等功’证书时的殷切教诲，铭记一名科技工作者只有把自己的发明创造与国家的需要紧密结合起来，才能创造无愧于时代的业绩。目前菌草技术创新和新型产业发展正迎来很好的机遇，我们加快菌草技术产业化的步伐，促进乡村振兴，推动黄河菌草生态安全屏障建设和新型产业高质量发展，为黄河‘成为造福人民的幸福河’作出新贡献，为构建人类命运共同体多出力！”

这是一位79岁老党员的又一份入党誓言，这是对建党百年发自内心的忠贞表白。

天蒙蒙亮了，破晓的晨光正唤醒大地，新的奋斗一天即将开始。

“踏平坎坷成大道，斗罢艰险再出发。”为了菌草事业更灿烂辉煌的明天，为了绿水青山遍布神州，为了构建人类命运共同体，林占熺铁定了心：永不停步，奋斗向前！

第十一章　向命运共同体奋进

林占熺团队几十年专注研发“以草代木”的菌草技术，以及与联合国相关部门富有成效的合作，使菌草技术被列为“中国—联合国和平与发展基金项目”，这为加强发展中国家通过菌草技术发展可持续农业，不断提升菌草科学研究国际化与产业化水平提供了良好契机，让菌草技术为“一带一路”建设，为构建人类命运共同体作出更大的贡献。

这是一张值得永久珍藏的照片；

这是一张内涵丰富、回味无穷的照片；

这是一张菌草事业发展史上的重要照片。

“世界菌草之父”林占熺与他的大女儿林冬梅，站在纽约联合国总部大楼前面。林冬梅的右手紧紧挽着父亲的左手臂，依偎在父亲的身边。父女俩的眼光一起平视着前方。背后，联合国各成员国的国旗在微风中飘舞。

历史就这样定格。这是林占熺与长女林冬梅应邀赴纽约联合国总部参加中国—联合国和平与发展基金菌草技术项目正式启动暨首次研讨会结束后的合影。照片上还附有以下几行字：“万万没有想到，当年为孝顺父母，义无反顾地从新加坡回到祖国；如今，却与父亲以亲人加战友的名义，一起走进联合国神圣的讲堂。”

2015年9月，联合国可持续发展峰会通过《改变我们的世界——2030年可持续发展议程》，描绘了全球发展的新前景，提供了国际发

◎ 2017年5月26日，林占熺、林冬梅一起出席中国—联合国和平与发展基金菌草技术项目研讨会。其间，父女俩在联合国大厦前合影

展合作的新机遇。

2015年9月28日，中国国家主席习近平赴纽约联合国总部，出席第七十届联合国大会。习近平主席在会上发表题为《携手构建合作共赢新伙伴同心打造人类命运共同体》的重要讲话，全面阐述人类命运共同体理念，提出一系列促和平、谋发展的倡议举措，在联合国史上留下深刻的中国印记。习近平在讲话中宣布：中国决定设立为期10年、总额10亿美元的中国—联合国和平与发展基金，支持联合国工作，促进多边合作事业，为世界和平与发展作出新的贡献。

和平与发展基金项目很快进入筛选阶段，内容涉及落实2030年可持续发展议程、促进发展中国家科技创新等诸多领域，为促进联合国工作和多边主义事业作贡献。

在筛选可持续发展项目的过程中，全国众多强势项目为获此殊荣投入竞争。林占熺团队几十年专注研发的“以草代木”的菌草技术，与联合国相关部门早就有富有成效的合作，为人类可持续发展作出显著贡献，并已传授到全球100多个国家。菌草技术因此脱颖而出，被和平与发展基金一眼选中，成为其重点关注和推进的项目。林占熺与他的长女林冬梅作为嘉宾应邀赴联合国总部出席项目启动仪式暨首届研讨会，向世界介绍这一中国智慧和中国方案。

2017年5月26日上午，具有历史意义的时刻正式来临。会议向全球宣告：

菌草技术被联合国列为中国—联合国和平与发展基金重点项目。

中国—联合国和平与发展基金菌草技术项目，宣告正式启动。

林占熺首次代表菌草技术发源地中国，走上联合国讲台，推介菌草创新技术。

联合国已决心在全球推广应用菌草技术，搭建更加广阔的平台，造福全人类。

对于一个农民的儿子、基层的科技工作者，这是多大的荣誉和信任。这次，林占熺已不必像23年前为赴瑞士角逐世界发明奖，借贷3万元作为往返费用；也不必出发前带足“三合面”，好保障参展期间的口粮。他只要专注在联合国庄严的讲台上，理直气壮地发出中国的声音，让大家共享菌草技术给世界带来的幸福与欢乐。

中国常驻联合国代表刘结一大使，中国—联合国和平与发展基金指导委员会主席、联合国秘书长办公室主任维奥蒂，南非常驻联合国代表马吉拉大使，斐济常驻联合国代表团临时代办达乌尼瓦鲁大使等常驻代表，联合国粮农组织、联合国环境规划署等国际组织代表，以及各国常驻团官员等100多名来宾出席会议。

“菌草技术是中国—联合国和平与发展基金重点关注和推进的重要项目。”刘结一首先代表中国政府在启动会上致辞。他指出，这一项目紧扣发展中国家普遍关心的消除贫困、减少饥饿、可再生能源利用、促进就业和应对气候变化等问题，结合非洲、亚洲国家具体国情和需要，积极贡献中国方案，帮助非洲、亚洲等地区发展中国家破解发展难题，落实可持续发展目标，推进全球发展事业。

刘结一大使在致辞中特别赞扬林占熺专家团队，善于从各国实际出发，因地制宜推广运用菌草技术，不断攻克技术难关，确保菌草技术在相关国家“落地生根”，发挥实际效益：

结合斐济当地气温高的特点，中国专家团队改造货柜作为出菇棚，并克服困难培育出食用菌，为斐济“量身打造”了适合本国发展的菌草项目。

卢旺达当地水土流失现象严重，中国专家专门设计了菌草同大豆、玉米和果树等当地传统作物间作、套种模式，以保持水土，取得了积极效果。

在巴新东高地省，当地极度干旱缺水，白天气温高达50摄氏度，夜间则低至6—7摄氏度，中国专家研发了适合当地条件的阴畦覆土栽培，成功克服技术难题。

……

“菌草技术项目潜力巨大。中国期待此次研讨会搭建重要合作平台，为菌草技术项目起好步。”谈到下一步如何加紧落实时，刘结一大使成竹在胸地提出三条建议：

一是建立渠道。建议各国常驻团将菌草技术项目材料和信息提供给各自国内主管部门，以便后续落实，探讨开展具体合作。

二是构建网络。建议各国提交主管部门人员联系方式，就落实菌草技术项目设立国际合作平台和网络，开展经常性沟通与交流。

三是重点推介。以现有成果为基础，结合有关国家需要和合作意向，召开区域、次区域菌草技术项目推介会，加快项目落地。

刘结一最后指出：“中国期待有更多国家加入菌草技术项目，使该项目更好地服务于落实2030年可持续发展议程，造福广大发展中国家民众，为构建人类命运共同体作出更大贡献！”

与会代表纷纷发言。他们积极评价菌草技术项目对实现消除贫困和饥饿、促进粮食安全、应对荒漠化以及应对气候变化等可持续发展目标的重要意义。

维奥蒂表示，菌草技术在斐济、南非等多个发展中国家成功落地，在提高有关国家粮食安全保障、改善民众营养水平、实现农民增收方面发挥了重要作用，带来了广泛的经济、社会和环境效益。下一步可在联合国科技创新多利益攸关方论坛等技术促进机制下，推广菌草技术项目，更好地造福发展中国家民众。

联合国粮农组织纽约办事处主任卡拉·穆卡维说，通过对菌草技术的了解，他确信这一技术对农业可持续发展非常重要，在发展中国家推广菌草技术，将有助于减贫和消除饥饿，联合国粮农组织和联合国系统都对此表示赞赏。

“菌草项目是‘革命性’技术，对帮助南非防治荒漠化、提供生物燃料、提高民众收入和健康卫生标准作出了重要贡献。”南非马吉拉大使认为，菌草技术项目已成为南南合作的典范，未来可为发展中国家全面落实消除饥饿、改善营养状况和促进可持续农业等可持续发展目标发挥更大作用。

“菌草技术项目得到斐中两国领导人直接关心，短时间内产生了积极的经济、社会效益，提高了斐济民众生活水平。”斐济达乌尼瓦鲁大使表示，菌草技术产生于中国，但已为全球范围实现可持续发展目标作出重要贡献。“在中国专家的帮助下，我们建立了食用菌菇生产线和一个小型实验室，年生产 3 万公斤食用菌菇，斐济高等院校已能培训菌草技术人才。我们希望菌草技术得到更好落实，造福更多国家和民众。”

他强调说，用菌草而不用木材培育食用菌菇，这一技术对环境非常有益处。菌草技术真正帮助改变普通人的生活。“这不只是给斐济，而且是给全世界的礼物，是落实2030年可持续发展议程中，用成熟技术带来实际成效的例子。”

在互动环节中，尼日利亚、巴勒斯坦等国外交官和嘉宾对菌草技术项目均显示出极大兴趣，表达了积极开展合作、在本国推进菌草技术项目的积极意愿。

同一天，为配合项目启动仪式暨首届研讨会，联合国总部第六会议室连续播放着一个动人的菌草视频。这一视频讲述着卢旺达首都基加利蘑菇种植户莱昂尼达斯的故事。莱昂尼达斯参加菌草培训班后，于2014年成立了一家名为“得意”的公司，雇用、培训当地青年和妇女，种植菌草然后用菌草培植食（药）用菌，生产的菌草菇供给酒店、餐厅、集市，所获收入不仅让自己的两个孩子能上好学校，还自办了一个幼儿园。“每天早上，幼儿园的孩子们都能喝到菇汤，解决了营养不良问题……”莱昂尼达斯骄傲地说。小小视频，却引起在场观众不小的震动，他们都兴奋地鼓起掌来。

林占熺代表中国福建农林大学国家菌草工程技术研究中心、福建农林大学菌草技术研发团队，代表千千万万中国菌草人在会上发言。他发言的题目是《菌草技术与可持续发展——新领域、新技术、新食品、新产业》。

他首先介绍菌草技术的创新与威力。“菌草技术为解决人类面临的食物、贫困、资源、能源、环境等问题开辟了一条新途径。”林占熺镇定自若地说，为了消除贫困、保护森林资源，从1983年起，他开展用野生和人工种植的草本植物“以草代木”栽培食（药）用菌的研究。1986年获得成功，发明了菌草技术，开辟了菌草科学研究与应用新领域。现已拓展到菌草生态治理、菌草饲料、菌草菌物饲料、菌草菌物肥料、生物质能源与材料等领域，创建了菌草综合利用技术体系，并推动了新兴产业——菌草产业的发展。

紧接着，林占熺针对这株神奇的“中国草”功能，向来宾作了介绍。他如数家珍、娓娓道来：菌草技术适应性强、应用范围广，对落实可持续发展目标起到积极作用。

一、“以草代木”发展特色农业，潜力巨大。目前，已选育出象草、巨菌草等46种菌草，可用于人工栽培平菇、木耳等54种食（药）用菌，并可加工成高附加值的功能性食品，菌草栽培药用菌的菌糟可加工成功能性饲料和饲料添加剂。

二、运用菌草技术发展的菌草业是高产优质、高效、生态安全、可持续发展的农业，为帮助农民增收，为发展中国家实现可持续发展目标创造了良好条件。农民种植菌草，既能带动食（药）用菌的发展，也可促进畜牧业和饲料业发展。在大多数发展中国家，农民种植1公顷的巨菌草可产鲜草450—500吨，用于栽培食（药）用菌，可转化为80吨鲜菇；用于养畜，每公顷鲜草可饲喂30头牛或300只羊。有关国家实施菌草项目的经验表明，菌草产业可有效增加就业，促进可持续农业发展。

三、菌草是可再生的清洁能源原料，可有效应对气候变化挑战。菌草太阳能转化率高。1公顷土地年种植菌草的燃烧发电量，相当于52—60吨原煤的发电量。每吨干巨菌草可产548立方米沼气。菌草生长时吸收二氧化碳，在热带和亚热带每公顷的菌草年吸收二氧化碳90

吨，同其燃烧排放的二氧化碳相抵，属零排放、零污染，是应对气候变化挑战的清洁能源新来源。

四、种植菌草有助于养护土壤、防治水土流失，有助于保护生态环境和防治沙漠化。巨菌草生命力顽强、生长迅速、根系发达，对环境条件要求低，种植后100多天内即可固定流沙、改善土壤质量。经菌草技术改良的土壤，可用于种植经济作物，在防沙、固沙的同时，给沙区民众带来经济效益，为治理荒漠化、应对水土流失提供了新思路和新模式。

……

会场格外安静，只能听到林占熺的讲话声和个别人轻微的呼吸声。这时，为了增强现场效果，会场放起视频短片。林占熺继续介绍着："自1992年起，菌草技术已通过国际合作和援外推广到101个国家。斐济、巴布亚新几内亚、泰国、马来西亚、南非、卢旺达、莱索托和厄立特里亚等8个国家建立了菌草技术示范基地，推动这些国家菌草产业的发展。"当视频里出现几个南非单亲家庭欣喜地手捧丰收菌草菇的图片时，与会来宾情不自禁地鼓起掌来。

"今天起，菌草技术正式成为中国—联合国和平与发展基金重点推进的重要项目。"林占熺微抬着头、平视着会场说，这一项目紧扣发展中国家普遍关心的促进就业、消除贫困、减少饥饿、可再生能源和应对气候变化等问题。我们将在中国—联合国和平与发展基金项目的指导下，结合非洲、亚洲等发展中国家具体国情和需要，积极为发展中国家破解发展难题，落实可持续发展目标，推进全球菌草产业发展。

“菌草技术源自中国，属于全人类。”林占熺以铿锵有力的声音，结束了他的发言。会场再次响起热烈的掌声，并纷纷向林占熺父女投来敬佩和祝贺的眼光。

林占熺面带微笑，健步走出会议厅。此时此刻，他的内心并不平静，心脏剧烈地跳动着，他默默地告诉自己：“菌草胜利了！”“菌草从此掀开服务构建人类命运共同体的新篇章！”

启动仪式的一幕幕场景还不停地在眼前浮现；与会来宾发自内心对菌草技术的赞扬声还在耳边回响：“菌草项目是‘革命性’技术”“菌草技术是一个给全世界的礼物”“菌草技术应是重点关注和推进的项目”“菌草技术紧扣发展中国家普遍关心的问题”“菌草技术为发展中国家破解发展难题贡献中国方案”“菌草技术真正帮助改变普通人的生活”“菌草技术是落实2030年可持续发展议程中成熟成功的实例”……面对厚望和鼓励，林占熺深感菌草的担子更加重了，菌草的任务更加艰巨了，菌草对人类应该有更大的担当。

林占熺漫步走进联合国总部院内占地18英亩的玫瑰花园，想理一理杂乱的思绪。他抬头望着长方形、楼高153.9米、共39层的联合国大厦，它由玻璃墙维护着；望着总部前一长列按英文字母排列的各成员国的国旗，思绪万千。他认真地找出猎猎飘扬的五星红旗，凝视着、凝视着，似乎在告诉五星红旗：“菌草技术没有辜负祖国的希望，我们已经在联合国的讲台上发出中国的声音，今后我们会发出更多中国的声音！”

林占熺走过花园中屹立的寓意深远的著名雕塑，其中有几座格外引人注目。一座是“打结的手枪”，代表着人类渴望和平，不要战争，让枪炮入库、马放南山，武器无用武之地；旁边另外一个雕塑的造型是撕裂的地球形状，它在警醒人们：人类只有一个地球，且已遭破坏，要立即行动，爱护地球、保护地球。草坪上，许多飞禽正低头觅食。林占熺触景生情，更感到自己立志为之奋斗终生的菌草技术，追求的正是和平发展、构建人类命运共同体，正是生态优先、绿色发展、可持续发展！这与联合国的宗旨和主张是息息相通的，与广大人民祈盼的是完全一致的。他更坚信自己前进的方向没有错，完全符合人类发展的需要，顺应了人类发展的大趋势。

林占熺在玫瑰花园内一张靠背椅坐下，但他的心仍难以平静，大脑还是不停地翻滚着。他想起几十年来，鼎力支持、关心菌草技术的各级领导，与他同甘共苦、历尽艰辛的同事，为他担惊受累的妻子女儿、亲朋好友，特别是想到“亲人加战友”的长女林冬梅。

他为女儿找到“忠孝两全”的人生之路感到庆幸。客家人有着重视孝道、刻苦学习的传统。家庭耳濡目染、潜移默化的熏陶与影响，使林冬梅自小就喜欢看书学习、崇敬热爱科学。但她眼中的科学家，不是那种戴着眼镜，身穿白大褂，两点一线往返于家和单位，在实验室里用瓶瓶罐罐鼓捣出一摞摞科研成果的人；也不是那种坐在宽敞明亮、一尘不染的实验室，在各种高精尖设备环绕下做实验的形象；而是像父亲一样，奔走在田间地头上、没有条件也要创造条件搞科研的“铁人”。

林占熺至今依然清晰地记得，当时自己给冬梅的第一份“科研工作”，就是每天傍晚准时守在电视机前收看福建天气预报，然后把各县市的气温记录下来，作为他研究种植食用菌的参考数据。对于父亲在当时环境条件都很差的情况下，仍以种种颇为“乡土”的方式坚持科研，最终成功研究出菌草技术，帮助了一批又一批渴望摆脱贫困的人，林冬梅十分敬佩。

正因如此，高中阶段文科成绩名列前茅的林冬梅，得知父亲希望自己能学理科时，二话没说就转到理科。当时因转科一时不适成绩下滑，林冬梅没有慌乱灰心，而是迎难而上，最终以优异成绩考入厦门大学生物系。事也凑巧，林冬梅高考那一年，正赶上中国与新加坡合作实施一项为期10年的人才培养计划。林冬梅接到厦门大学录取通知书两周后，因成绩优异，被学校推荐为该计划培养人选，保送新加坡继续学业。

岁月如流，林冬梅在新加坡学习、工作了11年。是留在新加坡继续安享发达国家高工资、高福利的工作和生活，还是回国助父亲一臂之力，让父亲不再那样辛苦。两难的选择摆在林冬梅面前。林冬梅知道，父亲不仅工作繁重艰苦，还要经常承受巨大的精神压力。“以木养菌”的技术是传统的、现成的，想要转变一个已经成熟的产业链，谈何容易？而父亲选择的“以草代木”的菌草技术，不仅仅是菌类培养原料的简单替代，而是对整个菌类种植行业的换代升级，是让其以一种更加绿色、健康、可持续的方式发展下去，是对传统做法的挑战，势必会影响到一部分人的既得利益和“铁饭碗”。一些人对菌草新技术不理解，笑话父亲不务正业，没有技术含量，甚至冷嘲热讽、刁难使绊、造谣生事，使菌草事业举步维艰、阻力重重。这一切曾让林冬梅有些心灰意冷，不想走父亲的路，想把父母接到新加坡安享晚年，让她尽孝道。但父亲从未接受她这个建议，始终一心一意扑在自己的菌草事业上。

当时，林占熺主导的菌草技术帮扶宁夏脱贫致富工作正在紧张进行，他负责的全球第一个菌草技术援外项目——巴新东高地省菌草旱稻示范点也刚刚上路，他忙得无暇分身，父女俩难得一见。林占熺每次往返巴新在新加坡转机时，父女俩才能匆匆见上一面，机场成为他们父女相聚交流最好的机会与地点。每次相会，林冬梅都觉得父亲日渐衰老了。有一次，他们又高兴地在新加坡机场短暂地小聚。林冬梅吃惊地发现：曾经走路生风的父亲，步伐已经跟不上自己，黝黑的脸庞又增添了多道皱纹，父亲比上次又苍老了。林冬梅顿时感到，父亲多年从事扶贫工作，长年在外奔波，去的又多是生活贫困、环境艰险之地，随时都可能发生意外。自古忠孝两难全，但事在人为，为什么不能找到一条忠孝两全之路，既可以照顾父母，尽子女孝道，又能把自己在国外学到的东西，带回来帮父亲一点忙，让父亲不要那么辛苦？林冬梅终于下定决心回国。2003年，她放弃新加坡的高薪工作和永久居留权，回到父亲的身边，投身到父亲的事业中，成为父亲团队的一员。

林冬梅回国后，一直陪伴、追随着林占嬉，扛起扶贫治沙的事业，用小小的菌草，撑起大大的“致富伞”，干起治理生态的大事业，足迹踏遍大江南北，尤其是“老少边穷”地区。有人开玩笑说：“你们父女俩是靠脚步去丈量贫困落后的地区——高原、沙漠、盐碱地、滩涂，环境恶劣的亚非拉贫困地区，这是你们拼搏耕耘的主战场。”

长期处于高强度的工作状态，加上面对各种巨大的压力与挑战，让林冬梅错过了成为母亲的机会。林占熺也为她惋惜、着急、苦恼。但林冬梅并不这样认为，她觉得这不是人生的缺失，坦然地劝父亲：“只要内心圆满，人生就是完整的。”她说：“近20年来，我们父女去的多是全球最落后最穷的地方。但是正因为他们落后和贫穷，才更需要我们，菌草技术才更起重要的作用。父亲对人生取向的选择，决定我们父女不能享受安逸，只能去最艰苦最贫困的地方。但也正因为有了菌草，我才能走遍世界很多角落，欣赏过很多难得一见的风景；我与世界多国不同阶层的人，才有着深入交往与沟通，通过他们的视角对世界有了更深刻的认知。我结识了很多不同肤色、不同种族的朋友，他们带给我一种大道不孤的惺惺相惜之感；我在全世界结识了许多志同道合的朋友，拥有宽广无比的施展个人才华的平台，获得各方的认可与尊重，为菌草团队、为福建农林大学、为福建、为国家争了光。”

林冬梅经常与自己交流：正是在跟着父亲去中国西部、去发展中国家乡村做菌草扶贫工作的过程中，真正接触到贫困农村的生活，每天与农户面对面交流，亲眼看到他们的生活正在发生根本性的变化。特别是当看到那些孤苦无依的单亲家庭通过菌草技术的帮助，能够自食其力、独立自强的时候，内心深处更感受到自己每天工作的价值和意义，真真切切感受到自己的人生非常充实、非常富有，感受到个人和团队所拥有的这一切，值得倍加珍惜，值得全身心投入，以完成构建人类命运共同体这一伟大使命。

林占熺对女儿成为自己的“亲人+战友”，菌草事业后继有人，感到十分宽慰。多年的实践磨炼、并肩战斗，女儿不仅是自己的亲人，而且成为自己的好学生、好助手、好朋友、好战友。林占熺身上好一点的衣服，几乎都是女儿亲自帮他挑选的。一年四季他还缺什么、每次出差要带什么随身药品、三餐吃饭要注意什么等，女儿都会事先帮助考虑安排。他看到，林冬梅多年学习积累的知识和能力，虽然有人认为有点“杂”，但最后都在菌草事业里找到了有用武之地。大学本科阶段的化学专业知识，成为她如今进行菌类营养价值和药用价值分析的基础；硕士阶段的教育学专业，成为她开展技术培训工作的利器；工商管理专业更是掌握经济发展规律，将技术转化为经济效益所必需的知识。而文科功底和连专业人员听后都赞不绝口的英语水平，则让她拥有很强的语言和文字表达能力、翻译能力，以及对实践思想的总结提炼能力，可以将林占熺实践中形成的思想所得，归纳整理成章，并传播出去。

当然，父女俩在书房里，在田间地头，对不同的看法也会展开激烈的讨论，各执己见。林占熺对“发展菌草业，造福全人类”的宗旨情有独钟，从未想过用技术为自己谋利，而是选择了另一条路——与大众共享。即使遇到诸多困难和障碍，也常对林冬梅说：“我们的工作就是在补短板，把菌草技术应用到贫困地区，是补社会的短板；把技术应用到生态恶劣的地方，是补生态的短板。锦上添花容易，雪中送炭难得。我们要挡得住诱惑，耐得住寂寞，受得了委屈。”林占熺是研究菌类出身，更偏向菌的重要性，而对任何重大发明创新，只有尽快实现产业化、商业化才能可持续发展，不那么敏感。而作为新生代科技工作者的林冬梅，更注重的是菌草事业发展的内驱力，认为菌草技术实用性很强，在创造经济效益方面有着天然优势，要立于不败之地，主要靠来自社会的驱动力。社会迫切需要解决什么问题，我们就研究解决什么问题；什么是未来发展的必然趋势，我们就朝着这个趋势开展工作。应把“草”的多功能多用途作为应用研究的重点，把产业研究的重心由“菌”移向“草”，或“草”与“菌”并重。这些分歧往往在激烈的交锋中，互相说服，加深理解，最后达成共识。争论后，林冬梅总是毫不犹豫地坚守自己的定位：在科研工作中，做好“林老师”的助手，让“林老师”最大限度地发挥作用。

林占熺更为放心的是：林冬梅对构建人类命运共同体有着深刻的理解与思考。“发展菌草业，造福全人类”，这从菌草诞生之日起就是它的宗旨。经过多次与女儿交流沟通，从女儿撰写的论文、文章、发言的阐述中，林占熺发现女儿对菌草为什么能成为构建人类命运共同体的理想项目，有着深入的研究与理解：

首先是发现种质资源的共享性。与杂交水稻、蔬菜等使用杂交种子不同，菌草项目选用的草种与菌种是无性繁殖，受援国农户可留种扩种，获得草种与菌种的成本低，农户接受程度高，技术扩散快。

其次是菌草技术应用的普惠性和广适性。菌草技术已包括45个优质的草品种和50多个菌菇品种，可根据各地气候条件和市场偏好选择合适品种，大多数国家都可以应用；筛选的草品种抗逆性强，可在沙地、盐碱地等边际土地生长；开发了适合热带、高原、荒漠等不同气候区域类型的菌菇栽培模式，以及手工家庭作坊、集约化农户生产与规模化工厂化多种菌菇生产模式。坚持“以人为本”进行技术本土化，简化技术，使受援国民众“一看就懂、一学就会、一做就成”，可以大大提振农户的自尊自信，激发其积极性。

再次是技术简化后易操作易复制，以“10平方米菇场”模式为例，利用10平方米土地年生产1.2吨鲜菇，即使最落后国家、最贫困群体都能因陋就简、因地制宜进行生产，实现千家万户参与、千家万户发展。这样，菌草不仅是贫困国家或地区脱贫致富的“短平快”项目，而且菌草的产业链很长，还可以为欠发达的国家与地区提供可持续发展的综合性解决方案，一草多用、循环利用。

最后，近年来，对外援助所涉及的菌草技术范围，已从用草种菇的单一技术拓展成为包括饲料、菌菇、肥料与水土流失治理等方面的产业链技术，促进发展可持续农业，对以自给自足小农户为农业主体的发展中国家更具吸引力。菌草产业链长，产业关联度高，且对土地、资金、劳动力技能的要求不高，可服务当地形成内生性的经济增长。

林冬梅有实践、有观点、有理论、有高度，中国菌草事业的未来，中国智慧和中国方案要走向世界、造福人类，需要这样的人才和视野！

林占熺再次望了望联合国大厦前面的五星红旗，信心十足地站了起来：孩子长大了，女儿成熟了，她接过担子后一定会干得更好。在这次联合国菌草项目启动会上，她忙上忙下，从容不迫，落落大方，优雅得体，充分展示了一个中国科技工作者的素质与气质。中国的菌草事业后继有人啦！我完全可以放手地把菌草技术接力棒交给她，让她带领菌草技术团队“百尺竿头，更进一步”，在构建人类命运共同体路上发出更多的光和热。

随着中国—联合国和平与发展基金菌草技术项目正式启动，菌草事业迎来更多更大的平台，多项菌草项目作为构建人类命运共同体的活动相继在世界各地展开，越来越多的国家表示希望从中国引进菌草技术。

2017年9月9日，《联合国防治荒漠化公约》第十三次缔约方大会菌草技术边会在内蒙古鄂尔多斯国际会展中心举行。来自21个国家的近百名代表，饶有兴致地听取报告并进行交流。这是菌草技术入选中国—联合国和平与发展基金重点关注和推进的重要项目后，菌草技术亮相的一次国际会议，倍受关注。

联合国经济和社会事务部代表封鑫博士在会上作了题为《支持发展中国家运用菌草技术发展可持续农业和治理荒漠化》的致辞。林占熺父女也在会上作了发言。在会议期间，津巴布韦环境、水与气候部与林占熺签订了菌草技术合作协议。

“把菌草生态治理与产业发展有机结合，对人类是一大贡献！”会上，中国保护黄河基金会副秘书长于宝亮充分肯定了菌草技术在生态建设中的作用。他指出，菌草技术已作为黄委会在黄河全流域推广的项目。这项技术在黄河上中下游进行的试验示范，充分证明它是一项新的技术、新的领域，同时带来新的产业。

2018年6月4日至5日，由联合国经济和社会事务部、斐济农业部、福建农林大学共同举办的太平洋岛国菌草技术能力建设研讨会，在斐济楠迪举行。中国驻斐济大使钱波应邀在会上作了题为《中国将始终与太平洋岛屿国家“同呼吸，共命运”》的讲话。他说，菌草项目是一个多功能项目。目前，该项目已成功进行了8个食（药）用菌的示范生产，结束了斐济不能生产食（药）用菌的历史。菌草种植帮助斐济多家牧场、农户缓解了当地旱季缺乏青饲料的困难。“授人以鱼，不如授人以渔。”中国对斐济的援助不仅包括物资和基础设施，也包括能力建设。中国每年为斐方提供上百个培训名额，涉及农业、气候变化、治国理政等领域。截至目前，已有上千名斐济官员和技术人员赴中国参加各类研修班和技术培训班。

他表示，没有包括斐济在内的太平洋小岛屿发展中国家农业和农村地区的发展，没有农民、女性、青年等弱势群体收入的提高，2030年可持续发展议程及可持续发展目标就无法真正实现。“中国愿与南

◎ 林占熺、林冬梅在2019年3月斐济楠迪召开的“中国—太平洋岛国农业部长会议”上向与会代表介绍有关我国菌草技术援外及其在发展中国家推广经验

技术项目已在众多“一带一路”沿线国家实施，助力有关国家落实消除贫困和饥饿、促进粮食安全、保障和增加就业、应对气候变化和保护生态环境等多项可持续发展目标，帮助有关国家普通民众摆脱了贫困，过上了更加美好的生活。在习近平主席宣布设立中国—联合国和平与发展基金后，2017年实施的菌草技术项目通过举办培训课程和研讨会、进行生产示范等多种方式，帮助许多发展中国家加强落实可持续发展目标能力建设，为推动“一带一路”倡议、落实联合国2030年可持续发展议程作出了实质性贡献。

“菌草技术实际上是一个非常生动的案例。”马朝旭大使进一步指出，通过菌草技术项目的合作及实施，全世界人民都能看到中国的“一带一路”建设给世界带来的福祉。菌草技术项目惠及成千上万的普通民众，携手落实联合国2030年可持续发展议程，为构建人类命运共同体、建设新型国际关系作出了新的重要贡献。

轮到林占熺作主旨发言了。会议厅似乎更加寂静了，与会官员、专家不约而同地屏住呼吸，把目光投向这位来自中国福建的专家。他个子不高，被风吹日晒得黝黑的脸庞上，略带微笑，那么朴实，那么可亲。

林占熺以简洁的语言向与会贵宾介绍了什么是菌草后，着重分享了菌草技术至今的研究与应用的情况：

20世纪80年代，菌草草种选育以筛选野生资源丰富的草本植物为主要目标。从90年代起，以适宜不同气候条件下规模栽培的优质草种为主要目标。经研究，已可用菌草全部替代木屑，栽培54种食（药）用菌。1公顷菌草（鲜草300—500吨）可生产鲜菇80—130吨，不仅产量高，而且质量好，可持续发展。生产方式灵活，既适合千家万户小农户参与，也适合企业大规模投资生产。菌菇深加工产品，如功能性食品、保健品与药品，可大大提高附加值。

菌草是优质的饲料，粗蛋白含量高，适口性好，可作为青饲料、青贮饲料、干草饲料等饲喂家禽家畜。可缓解不少地方饲料短缺的问题，促进畜牧业发展。例如，斐济Legalega研究站试验，生长8个月的巨菌草的粗蛋白含量是8%，每公顷鲜草产量为255.15吨。当地生长8个月的传统牧草臂形草的粗蛋白含量只有5.40%，每公顷鲜草产量为40.95吨。巨菌草单位面积产粗蛋白量是传统牧草臂形草的9.22倍。1公顷菌草可以饲喂30头牛或300只羊。

菌草可用于生物质能源。1公斤的巨菌草（干物质）燃烧值为3580千卡，相当于0.716公斤原煤的燃烧值；1公斤的巨菌草（干物质）可产沼气0.548立方米。1公顷巨菌草（干物质135吨）燃烧发电量相当于52.5—60吨原煤的发电量，或可生产沼气74020立方米（含甲烷55%）。

菌草可用于生态治理。经20多年的探索，建设黄河菌草生态安全屏障的研究示范获得成功，菌草作为先锋植物，种植80—100天可有效固沙固土。在高寒地区，2013年种植的菌草到2021年仍可有效固沙。种植一年的沙地，有机质含量增加58.97%，土壤微生物和昆虫的种类和数量显著提高，第二年便可种植马铃薯、花生、西瓜等作物。这为世界各国江河湖泊的生态治理和菌草新型产业发展提供了范例。

菌草还是用途广泛的生物材料。以每公顷土地年产450吨鲜草计，可以用来生产160立方米板材，产值约4.6万美元；或生产45吨菌草纸浆，产值约2万美元；还可生产各种优质纸张、包装盒、包装袋等大宗工业产品……

林占熺最后理直气壮地说："20多年来，菌草技术在各国服务的主要经验和应用实践表明，菌草技术可帮助各国发展菌草新型产业，可落实联合国2030年可持续发展议程17个目标中的13个可持续发展目标。"

林占熺建议：一、在中国福建农林大学国家菌草工程技术研究中心基础上组建国际菌草发展合作中心，作为一个专门的国际性合作平台和网络，开展经常性沟通、交流与合作。二、在菌草技术应用基础较好的一些国家，设立联合国2030年可持续发展议程菌草技术示范基地，开展本国或区域性的菌草技术项目培训与推广活动，加快菌草技术的转移。以此次会议为新起点，更加努力为各国提供服务，为落实联合国2030年可持续发展议程作出新的贡献！

会议厅响起了响亮的掌声。它象征对中国原创的菌草技术的巨大信任，象征着对"世界菌草之父"林占熺的无限尊敬。

掌声过后，紧接着是与会贵宾关于菌草技术的踊跃发言。他们在不吝对林占熺和菌草技术的赞美之词的同时，充分肯定菌草技术对可持续发展的巨大作用，并对加速推广菌草技术提出了建设性的建议意见。

"菌草技术是中国经验的一部分，作为更广泛的农村发展举措的一部分。"联合国粮农组织与联合国联络处主任卡拉·穆卡薇女士说。菌草技术有助于解决营养不良问题，可以为可持续发展及农村人民需求服务。菌草技术是一种简单易用的技术，可以提高蘑菇生产的效益，进一步缩短生产周期，最大限度地减少自然资源的损耗，并为家庭提供快速的营养来源。它还可以促进生计，特别是对传统弱势人群，并为农民提供额外的收入来源。

“我们正在目睹一项技术革新，它已经产生广泛的社会、经济和环境影响，使发展中国家能够朝着一种可持续的方向前进，在保护环境的同时，消除贫穷并造福当地社区。”联合国秘书长办公室主任玛丽亚·维奥蒂指出，菌草技术是绿色“一带一路”的一项实用技术，通过开发利用丰富的菌草资源，实现生态、经济与社会效益的有机统一。

“菌草技术看似是个小创意，却蕴含着巨大潜力。”联合国主管经济和社会事务的副秘书长刘振民指出，“一带一路”参与国的经验表明，菌草技术不仅让成千上万的发展中国家农民成功地扩大畜牧生产，创造了不少就业机会和收入，还帮许多国家节约了外汇——当地酒店业不再需要从国外进口蘑菇。菌草技术可以有效促进2030年可持续发展目标的实现。联合国2030年可持续发展议程呼吁采取变革性措施，而菌草技术为我们展示了促成有效变革的途径，为改善人们的生活、建设美好未来创造契机。

“菌草技术给莱索托带来了消除贫困的希望。”来自南部非洲国家莱索托的农业及粮食安全大臣马哈拉·莫拉波说。菌草技术自2007年被介绍到莱索托以来，极大地帮助莱索托加强了粮食安全、减少了极端贫困人口，正在帮助莱索托稳步实现联合国可持续发展目标，并已经有很多来自莱索托农业部门的专家到中国就菌草技术进行了短期或长期的培训。

莫拉波表示，通过设立菌草技术示范基地，莱索托的菌草菇种植已从4个区域扩展到10个区域。中国和莱索托正在开展的菌草技术合作项目，为莱索托全面实现2030年可持续发展目标、消除各种形式的贫困奠定了基础！

“菌草技术不仅可以促进减贫，而且正在成为老挝可持续农业发展的替代技术之一。”老挝人民民主共和国农林部副部长奔邝·坎奔恒说，“老挝政府将大力支持菌草技术落地，农林部已为此成立了由副部长牵头的菌草委员会。”

在高级别磋商会议期间，会议还专门安排于4月15日至18日在联合国大厦一楼的弧形墙区域举办一个关于菌草技术的展览。展览以视频、展板等多种形式，展现了菌草技术在多个国家的成功实践。一个个生动真实的故事，吸引许多人驻足观看，聚精会神地听取介绍：卢旺达基加利市的妮依巴·贝尔瑟德创建的BN生产者有限公司每月生产1万多个菌袋，每月纯收入3000—5000美元；斯里兰卡的马海什·伽马格2017年在福建农林大学培训后，创建了公司，现在每月能生产2万个菌袋，很快将达到每月6万个菌袋……

在展览期间，一首由莱索托妇女菌菇合作社创作并演唱的莱索托语歌曲，正通过视频在现场深情地唱道：“有人说，她是野草；有人说，她是生命；她，是食物，也是药物；她，是希望之物……”

歌声，唱出人们对菌草的热爱与期盼！

歌声，唱出构建人类命运共同体的心愿与向往！

忆往昔峥嵘岁月，望未来任重道远。

20多年来，菌草技术茁壮成长，为发展中国家破解发展难题提供了中国方案。目前，菌草技术已传播到100多个国家，福建农林大学国家菌草工程技术研究中心先后承担了18项国家援外项目，与40多个国家相关机构建立了合作关系，在13个国家建立了菌草技术示范基地，举办了21届国际菌草产业发展研讨会。菌草技术资料被翻译成15种文字，福建农林大学国家菌草工程技术研究中心在国内外举办了270期国际培训班，培训外国专家学者、政府官员、农技人员10112名，许多国家已经涌现出一批菌草企业家。菌草技术发明人林占熺所在的福建农林大学，也与41个国家的71家机构建立了技术合作关系。菌草技术为国家外交、国际减贫、精准扶贫、生态建设与绿色发展作出了积极贡献，被誉为“造福人类的尖兵”“装扮绿色地球的使者”，生动地诠释了构建人类命运共同体的理念，成为中国农业国际合作的金色名片。

2017年、2019年，联合国总部相继举行两次国际菌草盛会，为菌草技术向全球推广应用搭建起更加广阔的平台。向世界推广菌草技术，成为促进构建人类命运共同体的具体实践。菌草技术站在构建人类命运共同体新的起点。

菌草技术在中外之间架起了一座座友谊之桥，为全球减贫事业和应对气候变化贡献了中国方案和中国智慧。

2019年4月28日，国家主席习近平在北京延庆出席2019年中国北京世界园艺博览会开幕式，并发表题为《共谋绿色生活，共建美丽家园》的重要讲话，向全世界发出共同建设美丽地球家园、共同构建人类命运共同体的倡议。

2020年8月11日，《人民日报》刊发巴新东高地省省长彼得·努姆的文章《向中国借鉴农村扶贫和农业发展经验》，讲述他两次访问中国留下的深刻印象。

彼得·努姆感恩地说，多年来，在中国专家的帮助下，东高地省结束了不产稻谷的历史，参与旱稻生产的农户都实现了稻米的自给自足。一批批当地农民通过中国开展的培训项目，掌握了摆脱贫困的技能，为推动巴新的农业经济发展、扩大就业、减少贫困开辟了新的可持续发展道路。

他特别指出："中国在许多方面都具有学习借鉴的意义。正是中国共产党的努力才让中国取得了今天的成就。在我看来，了解中国的最好方法就是到中国看看。"他说，在中国访问期间，他看到中国共产党对国家发展有清晰长远的规划，中国共产党的决策总是从人民利益出发，时刻思考怎样做才能为人民创造更多机会、带来更美好生活。他还了解到不少农村地区都走上了现代化农业产业园建设之路，农民在家门口就能找到工作改善生活，还有效增加了政府收入。"我非常赞赏中国提出的共建'一带一路'倡议，期待着两国进一步加强联系，携手发展。"

2020年9月26日，在联合国成立75周年之际，中国与联合国经济和社会事务部、联合国开发计划署共同举办了联合国减贫与南南合作高级别视频会议。会议发布了由中华人民共和国外交部和国务院扶贫办编制的《消除绝对贫困——中国的实践》，其中"开放篇——减贫合作共筑亚太命运共同体"，收录了斐济菌草技术示范中心实例。

2020年11月17日，新华社头条英文与视频报道“习主席器重中国‘神草’鼓励全球减贫”，讲述了习近平主席与菌草技术国际减贫的渊源。

2021年5月7日，驻巴新使馆临时代办陈季良在巴新主要媒体《国民报》发表题为《贫穷不是命中注定，中巴新可携手战胜贫困》的署名文章。不久，卢旺达驻中国大使本杰明也感激地对福建农林大学国家菌草工程技术研究中心副主任林冬梅说：“在你们的身上，我看到了人道主义的光辉。菌草技术不只是扶贫，它治理水土流失的价值不能仅仅用金钱来衡量，因为每一寸流失的土壤都是我们的国土……”

2021年5月27日，联合国非洲区域线上菌草技术讨论会成功举办。来自19个国家的120多位代表线上出席了会议，其中包括来自联合国经济和社会事务部、联合国开发计划署、泛非绿色长城机构和萨赫勒—撒哈拉国家共同体的官员，农业、食品和营养领域的专家及企业家。

“新冠肺炎大流行已演变成健康、社会和经济危机，将全球经济推向数十年来最严重的衰退，对穷人、妇女、青年和生活在脆弱环境中的人群造成了严重的影响。”会议主持人联合国经济和社会事务部可持续发展司官员阿姆森·斯班达呼吁，各国要抓住菌草产业链带来的发展机遇，充分利用菌草技术的优势，帮助尽早消除贫困和饥饿、促进粮食安全、应对气候变化。联合国将与福建农林大学一起，组织更多的在线培训课程，促进菌草技术本土化的应用。

“菌草技术适应性强，生态效益好，经济效益高。其投入省、见效快的特点适合在非洲各国应用，在新冠肺炎疫情期间举办非洲区域菌草技术讨论会正当其时。”林占熺在致辞中鼓励与会代表共同努力，发展菌草产业，为后疫情时代的经济复苏作出积极贡献，为实现农业可持续发展发挥更大的作用。

林冬梅在会上作了题为《菌草技术研究与应用》的报告，介绍了非洲菌草技术示范基地的运行成效。她还喜悦地告诉大家，福建农林大学已为莱索托、卢旺达、南非、尼日利亚、加纳、坦桑尼亚、肯尼亚等非洲国家培养了21名菌草专业的硕博士留学生，并直接培训了45个非洲国家的6674名技术员和农户，非洲已有数万人从中受益。在新冠肺炎疫情期间，菌草专家仍坚持在巴新、斐济、莱索托、卢旺达和中非共和国等地服务当地人民。“技术本土化、推广本土化、人才培养本土化是菌草技术实践成功的秘诀！”

与会非洲多国专家学者、企业家分别就菌草技术荒漠化治理、畜牧业发展、农民培训等方面进行了深入分享，并热切希望今后主办方能举办更多这类会议和培训。

在林占熺的调兵遣将下，各项构筑菌草人类命运共同体的工作仍有秩序地进行着。林冬梅和菌草技术团队满怀雄心壮志，马不停蹄地着手制定福建农林大学国家菌草工程技术研究中心的菌草事业发展“十四五”规划和实现联合国2030年可持续发展议程方案。他们要乘联合国把菌草技术列入全球可持续发展议案重要项目的东风，乘福建省加快全面推进“21世纪海上丝绸之路”核心区建设的东风，让菌草技术惠及更多国家，助力相关国家实现2030年可持续发展目标；要推进菌草技术产业化，实现菌草产业在各国的可持续发展，让菌草技术成为中国为国际社会提供的一项准公共产品。

根据初步规划和目标，在今后5年内，福建农林大学国家菌草工程技术研究中心将与联合国经济和社会事务部、中国驻联合国使团紧密配合，有序推进菌草项目在全球尤其在欠发达国家落地，在发展中国家再建20个左右的菌草生产培训示范基地，并在此基础上，好中选优、兼顾地区，打造若干个可持续发展的菌草生态产业示范园（区、省）。到2030年，菌草技术对发展中国家脱贫减穷及生态治理，将发挥明显的作用，成为推广应用地区或国家的主要产业，给当地百姓带来实实在在的好处。

林冬梅坚定地表示，对于父亲取得的成果，她没有不可逾越的压力。她的压力来自菌草事业的可持续发展。“我们将加快菌草技术在欠发达国家的复制推广，在世界范围内进一步推动菌草业这一新兴产业的发展。在推进脱贫致富奔小康、建设美丽中国、服务‘一带一路’建设、应对气候变化、保护好人类赖以生存的地球家园、构建人类命运共同体的进程中，让菌草技术发挥更大的作用。”

林冬梅充满信心和干劲地说：“我愿做构建人类命运共同体的一棵‘青青草’！”

一棵“青青草”！

一棵促进第三世界可持续发展的“生态草”！

一棵造福发展中国家人民的“幸福草”！

就在林占熺团队以成为“青青草”为荣，为成为“青青草”而奋斗之际，2021年9月2日上午，国家主席习近平向在北京线上线下相结合召开的菌草援外20周年暨助力可持续发展国际合作论坛发来贺信。

在庄严的钓鱼台国宾馆会议大厅，国务委员兼外交部部长王毅宣读了国家主席习近平的贺信并致辞。

习近平在贺信中指出，菌草技术是“以草代木”发展起来的中国特有技术，实现了光、热、水三大农业资源综合高效利用，植物、动物、菌物三物循环生产，经济、社会、环境三大效益结合，有利于生态、粮食、能源安全。我长期关心菌草技术国际合作，2001年中国首个援外菌草技术示范基地在巴布亚新几内亚建成落地，至今这一技术已推广至全球一百多个国家，合作紧扣消除贫困、促进就业、可再生资源利用和应对气候变化等发展目标，为促进当地发展和人民福祉发挥了重要作用，受到发展中国家普遍欢迎。

习近平强调，中国愿同有关各方一道，继续为落实联合国2030年可持续发展议程贡献中国智慧、中国方案，使菌草技术成为造福广大发展中国家人民的“幸福草”！

王毅在致辞中表示，菌草技术是中国在推进减贫脱贫过程中摸索出的一项成功实践，也是中国助力全球可持续发展作出的一项重要贡献。菌草技术国际合作已成为中国致力于与发展中国家共同发展振兴的一个缩影。中国将进一步深化互利合作，让菌草成为更多发展中国家民众的“幸福草”“致富草”。

王毅表示，习近平主席指出，“大家一起发展才是真发展，可持续发展才是好发展”。中国将继续推动国际抗疫合作，继续加强国际发展合作，继续承担国际责任义务，以实际行动践行承诺、履行责任，为更多发展中国家实现可持续发展提供力所能及的帮助，共同推动构建更加紧密的人类命运共同体。

国家国际发展合作署署长罗照辉在讲话中说，20年前，时任福建省省长习近平作出重要批示并亲自推动，使菌草技术作为官方援助项目首次在巴布亚新几内亚落地。以此为发端，菌草带着中国人民的大爱和慈悲奔向世界，从南太到非洲，从南亚到拉美，再到联合国舞台，开启造福人类之旅。正是在习近平主席的持续推动下，20年来菌草技术助力扶贫、生态环境保护和可持续发展，把财富和希望带给各国人民，成为同杂交水稻比肩的中国援外扶贫"金字招牌"，受到热烈追捧。巴新前内阁部长给女儿起名"菌草"。莱索托人民发自内心创作歌颂菌草的民歌，至今仍在传唱。

"今天，我们荣幸地邀请到菌草技术的发明人林教授。让我们以热烈的掌声向他表达敬意。"罗照辉说，35年前，中国福建省有一位林占熺教授通过常年不倦地探索试验，把岁岁枯荣、相伴山风秋月的小草，培育成造福人民的"宝草"。菌草产量高、成本低，耐得住干旱、留得住水土、斗得过风沙，为中国和受援国人民脱贫致富立下汗马功劳。

林占熺在发言中强调，习近平主席、中国政府十分重视菌草技术的国际交流与合作。至今，通过人员培训、项目援助、国际合作等方式，菌草技术传播到世界106个国家，举办培训班270期，培训学员10509名。发展菌草是保障全球食品安全和保护环境的必然趋势和最佳选择，是为人类提供优质菇类食品、为家禽家畜提供优质饲料的理想经济高效的途径，是增加就业、减贫的有效措施，是应对全球气候变化挑战的有力武器。

“各国多年应用实践表明，在联合国2030年可持续发展议程的17个目标中，菌草技术可对其中13个目标作出实质性的贡献。”林占熺表示，这次论坛将有力推进菌草技术在全球推广发展，我们将坚持“发展菌草业，造福全人类”的宗旨，为落实联合国2030年可持续发展议程作出积极的贡献！

联合国秘书长古特雷斯及相关国家政要在视频致贺中充分肯定菌草技术助力联合国2030年可持续发展议程所取得的显著成效，表示期待与中国开展更多类似菌草惠民生的国际合作项目，共同为全人类实现可持续发展作出更大努力。

“通过推广菌草技术以加强发展中国家知识储备和国家能力，从而改善其政策和项目，更好地助力可持续农业和环境发展，这一举措至关重要。”联合国秘书长古特雷斯在贺词中说，消除包括极端贫困和饥饿在内的一切形式和维度的贫困是当今世界面临的最大全球性挑战。菌草技术将有利于消除贫困、促进生产活动、提升创收和创业，尤其让贫困的小农、妇女、青年等群体受益，为实现可持续发展目标作出贡献。

他说，实现联合国2030年可持续发展议程，南南合作和三方合作比以往任何时候都更为重要。中国在过去几十年间致力于消除绝对贫困，取得了成功，树立了强有力的榜样，这一经验可通过南南合作同其他国家分享。展望未来，中国实现乡村振兴和共同富裕的愿景将成为南南合作的重要灵感来源，有助于我们继续努力改善最弱势群体的生活条件，并确保包容性发展。

“巴新是全球首个接受中国菌草援外项目的国家。”巴布亚新几内亚总理马拉佩在视频致贺中说，2000年，习近平主席在担任福建省省长期间，亲自将菌草和旱稻种植技术示范项目引入巴新东高地省。该项目持续运作至今，在农耕创新、扶贫和粮食安全等方面为当地民众带来了实实在在的好处。菌草技术是巴新摆脱贫困的得力工具。占巴新国土大部分的高地地区曾被认为不适合稻米生产，但中国技术彻底改变了这一认识。截至目前，高地地区有700多名菇农参与菌草菇的生产，其中一半以上是妇女；有3000多户农民掌握了旱稻种植技术。食用菌和稻米已同咖啡一样，成为巴新高地地区最重要的经济作物，促进当地民众增加收入、实现性别平等和摆脱贫困。

“菌草就是我们的脱贫致富草。菌草技术为巴新和其他发展中国家开辟了一条新的可持续发展之路。”马拉佩最后说，“这一技术兼顾农民创收和环境保护，为实现联合国2030年可持续发展议程作出贡献。菌草项目是中国脱贫攻坚伟大成就的缩影，也是中国送给世界的礼物。今年是中国共产党成立100周年，中国取得了消除绝对贫困的历史性成就。我再次向习近平主席、中国政府和人民表示衷心祝贺。中国的成功为巴新这样的发展中国家树立了榜样，提供了宝贵经验。今年是中巴新建交45周年，巴新高度重视对华关系发展，期待同中国开展更紧密合作，并欢迎中国继续与巴新分享发展红利和菌草技术这样的发展经验。通过共同努力，我们一定会拥抱可持续发展的更美好未来。”

“牢固的命运共同体，将中非共和国人民同伟大的中国人民结成一体。”中非总统图瓦德拉在视频致贺中说，“我非常满意地看到，尽管疫情仍在，但从习近平主席做出特别指示以来，菌草技术仍在开拓发展。得益于菌草技术的有益实践，很多中非农民已成功培育多种菌菇。在中国驻中非菌草技术专家组的帮助下，这个具有多重影响的发展项目终将惠及多个不同生产部门。”

图瓦德拉总统指出，菌草技术不仅成为中国同世界各国建立崭新友谊和兄弟情谊的纽带，而且为广大发展中国家可持续发展带来希望。中国菌草技术的运用符合中非政府的农业发展理念，希望两国间菌草合作将为菌草技术带来更多功效和用途。

巴基斯坦总理伊姆兰·汗在视频致贺中说，在新冠肺炎疫情大流行期间，通过可持续的方式实现经济恢复、增长和发展至关重要。菌草技术就是这样一种方式。它不仅帮助农民发展低成本的商品化农业种植、畜牧业喂养，还有助于防治荒漠化、保护环境。

伊姆兰·汗总理指出：“中国是发展中国家扶贫的典范。过去40年，中国不仅实现飞速发展，还取得了8亿人口脱贫的瞩目成就。我高度赞赏中国在应对全球气候变化方面发挥的引领作用，十分认同和钦佩习近平主席提出的‘共建繁荣、清洁、美丽的世界’的中国方案，以及中国努力争取在2060年前实现碳中和的承诺。”

伊姆兰·汗总理最后表示：联合国已宣布2021年至2030年为联合国生态系统恢复十年。巴基斯坦提出的诸多绿色倡议完全符合联合国上述目标的精神。先进的菌草技术不仅助力扶贫和可持续发展事业，而且十分契合巴基斯坦社会经济发展需要。这种创新的、可负担的、生态友好的技术，有助于促进巴基斯坦实现消除贫困和饥荒的目标。开展菌草技术合作，实现菌草技术在巴基斯坦的应用与推广，将有助于落实好巴基斯坦的国家扶贫计划，促进巴基斯坦的繁荣与发展。

老挝总理潘坎在视频致贺中说："众所周知，在过去的20年里，中国已经将菌草技术引入世界上100多个国家，为人类和生态系统带来益处，对可持续发展作出重大贡献。此外，菌草技术还通过维护绿地和防止土地荒漠化等方式为环境保护作出了重大贡献。我高度赞赏菌草技术项目成功推广发展，为2030年可持续发展议程作出重要贡献。"

"老中两国山水相连，两国人民友谊源远流长。"老挝总理潘坎说，今年是老中建交60周年，也是老中友好年。目前老中正在合作开展大型基础设施项目，两国还将继续加强种植业和畜牧业等农业领域合作，为两国人民带来实实在在的利益。在联合国经济社会事务部资金支持下，老挝与中国有关方面于2019年2月开始实施菌草技术应用合作项目。"我们认为，老挝具备菌草技术应用的条件和环境，希望老挝菌草技术支持计划将通过多双边合作模式延续、扩大并带来具体成效，进一步增进老中两国友好合作关系，丰富老中命运共同体内涵。"

太平洋岛国论坛秘书长普纳在视频致贺说："我愿对中国菌草技术在帮助包括太平洋岛国论坛成员斐济、巴布亚新几内亚等在内的100多个国家消除贫困和实现可持续发展方面取得的成就表示衷心祝贺。太平洋岛国论坛期待进一步加强与中国在诸如此类的重要倡议上的合作，以支持我们蓝色太平洋的可持续和韧性发展。”

非洲联盟委员会农业、农村发展、蓝色经济和可持续环境委员萨科在视频致辞中说：“今天的会议无疑是关于菌草的。菌草是一种在中国开发的技术，它可以用切碎的草培养不同类型的食用菌，并正在帮助各国减少贫困。这项技术已经转移到亚洲、非洲和南太平洋的100多个国家。在非洲，据我所知，该技术已在卢旺达、莱索托、南非、马达加斯加、厄立特里亚、刚果（金）和尼日利亚等8个国家应用，并在卢旺达、莱索托和中非共和国建立了示范中心。”

他指出，食用菌可以成为解决世界粮食短缺和健康问题的一部分，因为它们的位置高于蔬菜和豆类。此外，食用菌还含有具有药用价值的生物活性化合物。如今，食用菌已成为一个价值数十亿美元的产业，其需求量在不断增长。“我们期待将这项技术推广到所有55个非洲国家，通过新成立的非洲大陆自由贸易协定促进非洲内部的农业贸易。”

论坛结束后，与会嘉宾在罗照辉的引领下，共同参观了菌草援外20周年成就展。展馆里，一幅幅菌草扶贫攻坚、治理生态的历史照片，一簇簇生机勃勃的碧绿菌草，让人看花了眼的各种菌草产业化产品——高品质的香菇、白木耳、竹荪、杏鲍菇、海鲜菇、猴头菇等，琳琅满目，散发着淡淡的清香；沙漠、盐碱地等种植出来的每亩产量为玉米青贮饲料二至四五倍的优质牧草，让人联想起不久后我国将告别大量进口粮食饲料的历史，成为发展高质畜牧业的大国；各种深加工的灵芝产品，成效超过天然灵芝；各种样式的菌

◎ 菌草援外20周年成果展上展出的菌草菇

草纤维板和由菌草加工而成的小摆件，坚固环保、精巧美观，让人爱不释手；还有“以草代木”生产各种板材、高级纸浆，“以草代煤”发电、生产沼气，以菌草治理水土流失、荒漠化、沙化、盐碱地和受金属严重污染土地，逐步形成崭新的技术体系……这一切，令来自国内外的嘉宾，纷纷叹服中国菌草技术为世界带来改变，对菌草技术产业化前景充满信心与期待。

会后，罗照辉表示，在习近平主席的持续推动下，20年来，菌草助力扶贫、生态环境保护和可持续发展，已成为中国援外的“金字招牌”。国际发展合作署愿充分发挥双方优势和作用，加强署省合作，把菌草援外做大做强，为构建人类命运共同体作出积极贡献。

喜讯传开，福建农林大学国家菌草工程技术研究中心一片沸腾，坚守在巴新、斐济、卢旺达、莱索托、中非等国的菌草技术示范基地的成员，战斗在祖国四面八方的菌草工作者，个个欢呼雀跃、兴奋不已，以此为荣、信心倍增。一个参加福建农林大学菌草技术工作不久的年轻人，兴奋地在微信上写道：“这封信我读了很多遍，读到眼眶湿润了。千言万语难以表达我内心的激动与自豪……”

这是习近平主席继2018年11月访问巴新，对菌草技术援外给予充分赞扬和肯定后，再次对菌草技术为构建人类命运共同体所作贡献给予高度评价和激励。贺信为菌草事业新的使命、新的目标、新的发展指明了前进的方向。

这是福建农林大学国家菌草工程技术研究中心团队无限的光荣，是值得全国菌草人欢庆和纪念的一天；是中国菌草援外新的里程碑，是推进全球菌草产业发展的新起点！

喜讯一个接着一个，一浪高过一浪。

2021年10月6日，第一个向建党百年献礼的宁夏石嘴山市菌草科技创新产业园，迎来大丰收。金秋的阳光普照大地，菌草产业园满目苍翠、绿浪翻滚，红旗招展、彩带飘舞。

来自亚洲、非洲、欧洲、南太平洋等地区的50多个国家的政府官员、专家学者、企业代表，以及联合国经济和社会事务部、联合国粮食计划署、联合国工发组织的80多名代表，在线上“云参观”菌草丰收现场，寻找减贫致富、治理生态的方案。他们对以此打造人类命运共同体，产生了浓厚兴趣。

尼日利亚包奇州菌草技术示范基地负责人拉万迪·易卜拉·欣达

蒂表示："菌草在我们这里已试种2年，效果很不错，我们原本不能种植的土壤，现在也能够种植农作物了。"

联合国经济和社会事务部可持续发展目标司国家战略和能力建设处处长阿姆森·西班达表示："联合国经济和社会事务部随时准备与所有利益相关方合作，通过使用菌草技术促进生产活动、创收和创业，不让任何人掉队。"

联合国粮食计划署驻华代表屈四喜表示，将进一步推动菌草技术在全球特别是在非洲撒哈拉沙漠南部边缘西非国家落地，造福当地民众。"菌草技术是人们追求美好生活的创新途径。菌草技术的推广，不仅帮助人们摆脱了贫困，而且走出了一条环境保护和可持续发展的新路子。"

林占熺表示，目前黄河流域沙漠治理、土壤改良等菌草生态治理已经取得突破性进展，将进一步探索菌草生态效益与经济效益相结合的新模式，造福全人类。他强调："大量的实践证明，发展中国家应用菌草技术发展菌草业，有利于他们的就业，有利于解决他们的粮食安全问题，有利于他们消除贫困。我衷心希望，发源于中国的菌草技术，能作为中国献给世界人民的一个礼物，成为广大发展中国家的'幸福草'。"

青山绿水春常在，来年菌草更胜今。

人类只有一个地球，地球是我们的共同家园。

人类历史证明：生态兴则文明兴，生态衰则文明衰。

菌草虽小，却有着顽强的生命力，撒向天山南北、长城内外，传遍五湖四海、四面八方，造福万民。

菌草少言，却能架起人类合作共赢的桥梁，拉紧各国友谊合作的纽带，朝着命运共同体的方向奋勇前行。

生态优先，绿色发展；菌草挺拔，芬芳万里。只要我们秉持人类命运共同体理念，贡献中国智慧和中国方案，世界一定会天更蓝、地更绿、水更清、民更富，一定会变得更加美好！

后　记

这本书马上要付梓了！

我首先要感谢林占熺教授。1998年，我们有幸相识于宁夏闽宁镇扶贫攻坚的战场上。其间，我耳闻目睹了林占熺及其团队为帮助当地摆脱贫困，付出难以想象的艰难困苦的故事，其中的“菌草故事”，深深地感动了我。从相识到相知，从相知到相敬，我成了林占熺的“粉丝”。从此，我关注菌草事业的每一步发展，乐意为菌草技术取得的每一个成果而呐喊，甚至打定主意：用自己的笔，把林占熺团队牢记初心、默默奉献的风貌写成通讯，让他们成为全国人民学习的榜样。遗憾的是，繁重的新闻时政报道任务，让我直到退休仍没有实现这一夙愿。退休前夕，报社领导找我谈话，我缺憾地提出，林占熺是个值得宣传的先进典型，我在职时来不及完成这项任务，建议报社能请其他同志去完成这件很有意义的事。

退休后，林占熺还经常邀我跟他到各地去看种菌草，看生态治理，看菌草援助欠发达国家……渐渐地，我这 “看客”的角色不知不觉迸发出巨大的创作源泉，写出一篇又一篇反映菌草技术改造自然、创造奇迹的作品。我的新闻写作生命也由此得到延长和提升，菌草也成为我人生中最有价值的一部分。在20多年追踪、采访中，林占熺成了我心心相印的良师益友。从他身上，我不仅学到不少菌草的科学知识，更学到他为菌草事业不懈奋斗的钢铁意志！

我要感谢多年来与林占熺并肩奋斗的“菌草人”。是他们，无怨无悔地选择艰辛的菌草之路，常年战斗在最穷最苦的地方，以坚实的脚步践行“发展菌草业，造福全人类”的承诺，在广袤大地上写出许多感人的“菌草故事”；是他们，向我讲述和提供大量林占熺团队动人的故事和材料，使我获得丰富的创作源泉，写出《林占熺与中国菌草》一书。但是，由于种种原因，他们当中的许多“菌草故事”没有被挖掘、没有被讲好，在此，我只能向他们说声“抱歉”，让他们继续当菌草事业的无名英雄。

我还要感谢福建人民出版社。早在改革开放初期，该社就敢为人先，支持我撰写出版 “世界经济强人荟萃丛书”，并荣获全国第三届图书“金钥匙”奖一等奖。2021年，又诚邀我创作《林占熺与中国菌草》，向党的二十大召开献礼。因年岁已长、创作渐衰，我自觉难堪此任，一度打起了退堂鼓。是福建人民出版社的同志，不断给我鼓励打气，增添了我的信心，才让我一年多笔耕不辍，三易其稿，总算顺利完成本书的写作任务。

写书是一项常与“遗憾”为伴的工作，在此，恳请所有读者对本书的差错和缺失不吝指正，以便有机会加以修改补充。

黄世宏

2021年11月20日